走进我的交易室

Come Into My Trading Room
A Complete Guide to Trading

华 章 经 典 · 金 融 投 资

ALEXANDER ELDER

〔美〕 亚历山大·埃尔德 著

高闻酉 马海涌 王帆 译

机械工业出版社
CHINA MACHINE PRESS

图书在版编目（CIP）数据

走进我的交易室 /（美）埃尔德（Elder, A.）著；高闻酉，马海涌，王帆译 . —北京：机械工业出版社，2013.12（2025.11 重印）

（华章经典·金融投资）

书名原文：Come Into My Trading Room: A Complete Guide to Trading

ISBN 978-7-111-44995-9

I. 走… Ⅱ.①埃… ②高… ③马… ④王… Ⅲ. 股票交易—基本知识 Ⅳ. F830.91

中国版本图书馆 CIP 数据核字（2013）第 288352 号

北京市版权局著作权合同登记 图字：01-2013-1419 号。

Alexander Elder. Come Into My Trading Room: A Complete Guide to Trading.

ISBN 978-0-47-122534-8

Copyright © 2002 by Dr. Alexander Elder.

机械工业出版社（北京市西城区百万庄大街 22 号　邮政编码　100037）

责任编辑：黄姗姗　　　　版式设计：刘永青

北京富资园科技发展有限公司印刷

2025 年 11 月第 1 版第 28 次印刷

170mm × 242mm · 19.25 印张

标准书号：ISBN 978-7-111-44995-9

定　　价：89.00 元

客服电话：（010）88361066　68326294

引　言
Introduction

　　"交易者十分自由，他可以在全球任何一个地方生活、工作，可以对日常事务充耳不闻，可以不理会任何人。"在我的第一本著作《以交易为生》一书中，我以这段话作为开场白。自该书出版以来，与那些因成功交易而实现了财务自由的人相识并成为朋友，已成为我人生之一大快事。

　　我一年要组织几次交易者训练营，在一个远离俗世的度假胜地进行为期一周的密集授课。我为学员们取得的成绩而自豪：一位股票经纪人成为一个全职交易者，他停止了自己的经纪业务，移居到里约热内卢，追逐他梦中的拉丁美女。一位心理学家成功地转型为一家期权做市商，她赚取的利润足以让其丈夫提前退休，夫妻二人移居至维尔京群岛，在岛上的同步吊床中双宿双飞。还有一哥们在佛蒙特州买下了一座山，在山顶上建了一间交易室。我希望所有的学员都能成功，但这绝非易事。

　　要换一个灯泡，需要多少个心理医生？一个就够了，但是，灯泡必须得自己想被换才行。

　　要想在交易中取得成功，你需要具有某些特质，没有这些特质，你将寸步难行。这些特质包括：遵守纪律、能够承受风险以及对数字比较敏感。一个饱食终日、沉溺于烟酒而无法自拔的胖子是不可能成为一个好的交易者的，因为他缺乏纪律；一个锱铢必较的吝啬鬼也很难承受住市场的风险；一个对数字一窍不通，只会做白日梦的人，当价格快速变换时，必然会陷入亏损的境地。

除了遵守纪律、能够承受风险以及对数字比较敏感之外，一个成功的交易者还需要具备3 M：理智（mind）、方法（method）及资金（money）。理智意味着形成自己的心理规律，能在嘈杂的市场中保持冷静的头脑；方法意味着开发出一套价格分析系统及可用于决策的交易程序（决策树）；资金指的是资金管理，这意味着在任何交易中，你只能用一小部分自有资金去冒险。想象一艘被隔离出许多密闭舱的潜艇，当某间密闭舱进水时，整艘潜艇不会因此而沉没——你必须用这种方法来构建你的交易账户。交易心理、交易策略、资金管理，这些技巧都是可以通过学习掌握的。

你需要多长时间才能成为一名有竞争力的交易者？这要花费多少钱？需要制定什么样的规则，采用什么样的方法，如何分配交易资金？你要先学什么，再学什么，最后学什么？你应该在什么样的市场中交易？你的预期收益是多少？如果你对这些问题感兴趣，这本书正合你意。

你可以在交易中获得成功。之前有人成功，当前也有人成功，这些成功者也是从零开始，他们学会了如何交易，为自己创造美好生活。表现最好的交易者发了大财，而有些人则因为无知或缺乏自律而惨遭失败。如果你认真地通读本书，交易对你将不再陌生，你会听到我在你的耳边反复提醒你，为你指点迷津，指出一条通往自律、负责、职业的交易之路。

交易是一场自我探索之旅。如果你乐于学习，如果你敢于承担风险，如果你对丰厚的回报感兴趣，如果你准备为之付出努力，你将拥有一个远大前程。你会努力工作，并充分享受这一探索之旅的快乐。

我希望你能获得成功，现在让我们开始这一旅程吧。

本书的结构

源自于内心深处的文字有其自身的运行轨迹。在写作过程中，这一轨迹不断地发展变化。在写作之初,你会制订一个写作计划,但随着写作进程的不断深入,你会发现,已于不觉中远远偏离了原来的轨道。

3年前,在从墨西哥的一次交易者训练营返回纽约的航班上,我开始撰写本书。在那次训练营中,交易新手的比例较往常高,其中还有很多女学员。他们不断地让我推荐一本入门书,并戏称之为傻瓜交易指南。当然,这个训练营里没一个是傻瓜,学员个个都是人精,他们聪明、敏锐、充满活力,但是,他们确实需要学习交易规则及如何使用交易工具。我计划撰写一篇简要的交易实务介绍,名为《金融丛林中的菜鸟交易指南》,并准备在圣诞节之前就将其搞定。

现在,当本书付梓时,3个圣诞节已经过去了。本书的入门部分很简单,但是我试图努力对交易理念进行深度发掘,希望和读者们分享我自《以交易为生》一书出版以来9年中的学习心得。我开发出了新的交易指标与交易系统。我的资金管理方式变得更加简洁明快,我还设计了一套保存交易记录的新方法。与成百上千交易者的共事经历,让我清楚该如何有效地指导人们彻底改变其交易生涯——从交易时无章法可循,随心所欲地买进卖出过渡到带有一股冷静的职业交易范儿。略微花几分钟了解一下本书的组织架构,有助于你最大限度地发现本书的价值。

本书的第一部分是“金融丛林中的菜鸟交易指南”。它主要是为那些刚刚对交易产生兴趣的读者准备的。这一部分列出了交易成功所必须涉及的主题,并为那些主要的交易陷阱提供了危险警示。即使是有经验的交易者也可以在回顾这一章节时获益,尤其是“成功的外部障碍”的概念,在与交易有关的文献中,这一概念还是首次出现,对有效市场理论的批判也值得关注。

第二部分是“交易成功的3个要素(3M)”。这部分向你提供了成功交易所需的3个要素——理智、方法及资金。理智指的是交易心理;方法指的是发现交易机会,做出买卖决策;资金指的是为保证长期的生存与成功,交易者对交易资金的管理方式。在回顾交易心理规则时,我将与读者分享我钟爱的分析工具，有些工具尚属首次披露。这一部分还包括系统测试、日间交易以及一种新的止损方法。循序渐进的资金管理策略也从未在其他交易文献中披露过。

第三部分是"走进我的交易室"。这部分将为你提供另外一件独特的工具——一整套明确的可以帮助你有效安排时间及工作、保存交易记录的执行细则。妥善保存交易记录，这是成功交易的标志。完善的交易记录有助于从过去的经验及教训中学习。你可能已经知道保存交易记录的必要性，但你现在需要知道具体的保存方式。当你研读了这一部分之后，相信不会再有人管你叫"丛林中的菜鸟"了。

当你阅读本书时，请认真品味、标出重点并反复研读你最感兴趣的地方，这本书是凝结了我 20 年交易及教学经验的诚意之作。写作本书花了我 3 年时间，要想掌握其中的精义，只读一遍恐怕是不够的。请打开你的图表分析软件，调出你的交易记录，用你的数据测试书中的所有概念。只有经过实践的检验，书中的思想才能彻底为你所用。

当你读完本书时，相信你的交易知识已经得到了全方位的升级，你可以在一个更高、更理智、更成功的平台上进行交易了。

男性还是女性

几乎每个非小说作家都会面临这样一个左右为难的问题：使用哪种人称代词指代——"他""她"，抑或是"他或她"？

从性别上来看，男性交易者远比女性交易者更多，比例约为 20：1，但是，随着越来越多的女性涉足于金融市场，这一比例正迅速趋近于平衡。在我举办的交易训练营中，学员大多数是交易老手，从性别构成比例上来看，这一比例正从过去的男性交易者占绝大多数发展为男女各占一半。

我发现，女性交易者中的成功比例较高。女性交易者往往不那么自负，而自负通常是交易的大敌。男性的自负这一特质最能代表其性别特征，从远古时代就给我们带来了战争、骚乱、流血牺牲，同样也让他们在交易中屡受挫折。某位男性交易者在研究了图表后决定买入，现在他已经陷入自我膨胀中——他必须成功！如果市场的走势和他预想的一样，他会继续等待市场进一步证明他的英明——越成功越好。如果市场的走势与他预想的相反，即市场对他不利，他会苦苦支撑，等待市场反转，以证明他是对的。他这样做的后果就是使他的账户不断地缩水。

与之相反，女性交易者更有可能问一个简单的问题：钱到哪里去了呢？她们更愿意兑现盈利，关注损失的规避，而不是试图证明其做法的正确性。女性交易者更容易跟随潮流，顺势操作，抓住方向，提前离场，及时获利了结。当我告诫交易者们保存交易记录是极其重要的成功因素的时候，与男性交易者相比，女性交易者明显更能接受这一观点。如果你想聘请一名交易者，在其他条件相同的情况下，我由衷地建议你录用一名女性交易者。

当然，男性交易者远较女性交易者为多。就英语的发音来说，"他"的发音要比"他或她"或是交替使用这两个人称代词更简单，因此为阅读方便起见，我将在本书中通篇使用男性人称代词"他"。我相信你能理解这一点，这绝非有意冒犯女性交易者。我希望每一位读者，不分性别、不分地域，都能无障碍地阅读本书。

作者简介
Preface

　　亚历山大·埃尔德（Alexander Elder），医学博士，现居住在纽约，是一名专业交易者，著有《以交易为生》（*Trading for a Living*）和《以交易为生学习指南》（*Study Guide for Trading for a Living*）等书。这些书于 1993 年首次出版，被交易者公认为当代交易的经典之作，在国际上十分畅销，他的著作被翻译成中文、荷兰文、法文、德文、希腊文、日文、韩文、波兰文和俄文。他还著有《从卢布到美元》（*Rubles to Dollars*）一书，该书介绍了俄罗斯转轨的情况。

　　埃尔德博士出生于列宁格勒[⊖]，成长于爱沙尼亚，16 岁进入医学院。23 岁的他在做随船医生时，从一艘航行在非洲的苏联船只上跳下，并向美国申请政治避难。其后在纽约成为一名精神病医生，同时在哥伦比亚大学教书。做精神病医生的经验让他对交易心理学有着独特的洞察力。埃尔德博士的著作、文章以及交易软件评论让他成为当代交易领域的领军人物。

　　埃尔德博士在各个研讨会上深受欢迎，他也是交易者训练营（一门为期一周的交易者课程）的创始人。

目 录
Contents

金融丛林中的菜鸟交易指南

华章经典·金融投资
HUAZHANG CLASSIC
Finance&Investing

交易者是与生俱来的还是后天培养的？这个问题没有简单的答案。天赋与学习能力都很重要，但是，对不同的人来说，这两者的重要性也不相同。一种极端情况是，某些天才，他们几乎不需要学习；另一种极端情况是，赌徒与白痴，他们上什么培训课都无济于事。剩下的我们这些人处于二者之间，有些交易天分，但还需要接受教育。

一个天才交易者无须借助书本，因为他对市场有着极佳的感觉；赌徒则忙于享受肾上腺激素大幅提高所带来的快感；本书是写给那些处于中间状态的交易者的。

第1章
Chapter1

投资，交易，还是赌博

一个刚刚踏入市场的新手如同面临着一片充满财富与危险的森林，他有三条路可走。第一条路是为投资者准备的，这是一条阳关大道。选择这条路的大多数人就算是没有发财，至少也可以保住本金。第二条路是为交易者准备的，它一直通向森林的深处。很多人会在这条路上迷失了方向，但能走出来的人似乎都发了大财。第三条路是为赌徒准备的，它貌似一条捷径，却使人陷入沼泽，难以自拔。

你能区分这三条道路吗？你必须认真选择自己要走的路，如若不然的话，你最终将走上赌徒的道路，尤其是这条路和投资者之路与交易者之路均有交叉。

📊 聪明的投资者

投资者通过察觉经济走势并在大众发现这一机会之前买入股票来获利。一个聪明的投资者不需要频繁交易，只需坚守其持仓组合即可以获取巨额收益。

把时间拉回到20世纪70年代，我购买了一家名为爱心关怀公司（Kinder Care）的股票，这家公司设有连锁幼儿护理中心。该公司致力于将幼儿护理事业发展得像麦当劳的汉堡一样，具有可靠、统一的标准。爱心关怀公司迎合了婴儿潮出生的那一代人需要托管小孩的需求。我的朋友有一半都是在那个时期有了小孩。美国正在发生巨大的社会变革：参加工作的女性人数创纪录地增长。对这些双职工家庭而言，他们的宝宝必须有人照顾，随着这一新的社会趋势达到顶峰状态，爱心关怀公司的股价也屡创新高。

美国电话电报公司（AT&T）一度垄断了长途电话业务。在20世纪70年代末期，一家籍籍无名的小公司 MCI 赢得了一场旷日持久的法律诉讼，这使其可以与美国电话电报公司展开竞争。我们面临的是一个放松管制的时代，作为第一家尝鲜的公司，MCI 的股票在当时的股价只有 3 美元，这也为投资者提供了又一个一夜暴富的绝佳机会。

几年前，我和朋友乔治从加勒比海地区飞往纽约。在戴尔公司的名字还不为大多数人所知时，乔治就购买了价值 30 000 美元的戴尔公司股票，3 年后，在技术分析的帮助下，乔治在股价达到顶点时将其抛出——这笔交易让他成为百万富翁。乔治慵懒地躺在头等舱的座椅上，仔细研读着几份投资建议书，试图在互联网技术中找到下一波投资趋势。这一次，他又对了！在其后的一年里，互联网股票就像摆脱了地球引力一样，一飞冲天。

这就是投资的魅力。如果你可以以每股 4 美元的价格购进戴尔公司的大量股票，并在几年后以每股 80 美元的价格将其抛出，你完全可以"腰缠十万贯，骑鹤下扬州"，而不是坐在电脑屏幕前，死盯着价格的点滴波动。

走投资者之路，它的缺点是什么？投资需要极大的耐心与极强的自信心。要想做到在克莱斯勒公司刚刚从破产的边缘被拯救过来之后，或是在大众尚不知晓互联网搜索引擎为何物时就购入这些公司的股票，你必须对自己解读社会及经济趋势的能力抱有极大的信心。我们多数人都是事后诸葛亮，很少有人能做到未卜先知，而敢于根据自己的判断投入重注并坚持到底的人更是微乎其微。那些能够持续做到这一点的人（如沃伦·巴菲特或彼得·林奇），都可以被视为投资界的超级巨星。

聪明的交易者

交易者利用价格的短期波动赚钱。交易的原理在于：通过我们对市场的解读，如果价格将上涨，就买入；如果上升动力不足，就卖出。此外，我们还可以就市场下降下注，如果分析表明市场处于下行通道，就可以做空，当市场见底回升时再回补。这一原理非常简单，但实施起来并不容易。

要想成为一个好的分析师很难，要想成为一个好的交易者更是难上加难。初学者总认为自己一定能赚钱，因为他们觉得自己都很聪明，能熟练地使用电脑，在做生意方面都有成功的经验。你可以买一台功能强悍的电脑，还可以从供应商那里购买一套测试系统，但是，光想靠这些就把真金白银投进去，无异于坐在一只缺了两条腿的三脚凳上，另外两个因素是交易心理与资金管理。

保持心态的平衡，其重要性一点也不亚于分析市场。你的个性会影响到你的洞察力，而洞察力是决定交易成败的关键因素。不管是为了在市场下跌时（这是不可避免的）的生存，还是为了长期的成功，学会管理交易账户上的资金至关重要。交易心理、市场分析及资金管理——要想成功，你必须熟练掌握这3个要素。

有两种方式可以从群体行为中获利。第一种是动量交易——在交易者们稍有所察觉，市场被逐步推高之时买入，在市场失去上升的动力之时卖出。在其尚未形成之前确定一种新趋势难度极大。随着趋势的不断明朗，整个群体开始躁动不安：业余玩家对其手中的持仓头寸深信不疑；而职业交易者则依然保持冷静，并继续监控发展趋势。只要他们发现群体开始恢复正常状态，他们不等市场反转即会兑现离场。

另一种方法是逆势操作策略。这种方法认为市场的偏离必将回复常态。逆势交易者在向上突破的动力耗尽时做空，并在下行速度趋于减缓时补仓。初学者往往喜欢逆势操作（市场不会继续下跌了，咱们动手吧！），但大多数投资者都被套牢在价格的最高峰，从此在山顶上"站岗"。一个喜欢迎风撒尿的男人是没有权利抱怨天价洗衣账单的。只有做好充分的准备，保证在市场出现麻烦时能够全身而退，职业交易者才可以逆势操作。如果你想搏一次市场反转，你一定要保证你的离场策略及资金管理方案均已调试完毕。

动量交易者及逆势交易者均利用群体中两个相互对立的行为获利。在进行一笔交易前，务必确定你做的是投资行动，还是动量交易，抑或是逆势交易。交易指令一旦达成，请一定按原计划行事！绝不要在交易中改变策略，因为这只会增加对手手中的筹码。

业余玩家整日想的都是交易，而职业交易者则用同样的时间来思考如何全身而退。他们还十分注重资金管理，计算在当前的市场状况下他们所能承受的持仓规模，是否采用金字塔式的仓位管理法，何时兑现部分获利筹码，等等。他们还会耗费大量的时间来妥善做好其交易记录。

有效市场理论

正当交易者殚精竭虑，竭尽所能地从市场中攫取利润的时候，一个令他们心烦意乱的消息不期而至——有效市场理论。这一理论的倡导者主要来自学术界，他们坚信价格反映了全部可用的市场信息。人们根据他们所获的消息买进卖出，最新的价格反映了人们对市场的全部已知信息。这一观察结果还是有一定道理的，而有效市场理论的鼓吹者们却从中得出了一个奇怪的结论：没有人可以战胜市场。他们声称，市场无所不知，交易就好像和一个水平远高于你的人下棋一样。不要花费时间与资金，你只需简单地选择一个指数投资组合，并根据股价波动进行选股。

对那些成功的交易者来说将作何解释呢？有效市场理论家认为这纯粹是撞大运。大多数人都会在某些时候赚钱，然后又会将获利尽数吐出，还给市场。但是，怎样解释那些年复一年持续战胜市场的交易者呢？沃伦·巴菲特是20世纪最伟大的投资者之一，他曾经说过：与那些有效市场理论的信奉者在同一市场上搏杀，就如同与那些相信闭着眼睛出牌也能赚钱的人一同玩牌一样。

我认为有效市场理论对市场提供了一种最真实的看法，但我还认为它同时也是一堆毫无用处的垃圾。有效市场理论的合理之处在于，市场的确反映了全部参与者的集体看法；这一理论的致命错误在于，它假设投资者与交易者都是理性者，假设他们总会追逐收益最大化、损失最小化。这是对人类本性的一种极其不切合实际的看法。

在股市收盘之后一个美好的周末里，大多数交易者都可以保持理性。他们会冷静地研究图表，确定投资对象，在什么位置兑现离场，以及何时斩仓出局。一到周一开市，即便是最好的行动方案也可能被紧张的交易者改得面目全非。

交易与投资是理性与情感的混合体。人们总是克制不了行事的冲动，即使他们已经在这上面吃过大亏。某个赚钱的赌徒会由于到处吹嘘而错失了卖出信号。一个在市场上屡次失败的交易者可能会变得风声鹤唳。只要他持有的股票稍一下跌，他马上会无视自己制定的交易规则而将其卖出。而一旦股票开始上涨，超出他初始盈利目标的时候，他就再也忍受不了可能会错过行情的煎熬，从而在远超其设定的买点处入场。股价徘徊不前，他也保持观望，先是满怀希望，然后随着股价的暴跌而万分恐惧。最后，他再也忍受不了这种压力，割肉离场，而股价此时已接近底部。这一过程中哪有什么理性可言呢？他的初始购入计划可能是理性的，而实施这一计划的过程则完全是情绪化的。

情绪化的交易者追求的不是长期利益最大化，他们过于追求肾上腺素的短期刺激，或是沉浸在心惊肉跳的恐惧感中，迫不及待地想摆脱困境。价格反映了投资者与交易者的理智行为，但同时也反映了大众的集体癫狂。市场越活跃，交易者也就越发情绪化。理性的个人成为少数派，他们被手心汗湿、心跳加速的乌合之众所包围。

当市场清淡、价格波动范围狭窄时，市场更为有效，此时人们的脑子比较正常。在趋势形成时，市场的效率开始下降，人们变得更加情绪化。市场平稳时很难赚到钱，因为你的交易对手都相对冷静。理性者是交易者们最危险的敌人。从那些为趋势的快速变化而激动不已的交易者手中赚钱是最容易的，因为情绪行为是人类最原始的本能，也最容易预测。要想成为一名成功的交易者，你必须自始至终都保持冷静，从那些兴奋过度的业余玩家手中赚钱。

人们在独处的时候会更理性一些，而加入群体之后则变得更加冲动。当一个交易者紧张地关注某只股票（某种外汇或是某只期货合约）的价格时，他的行为很容易与那些交易这种工具的人产生共鸣。随着价格的起起落落，全世界交易者的眼睛、脑袋乃至身躯都不由自主地随之共振。市场就像会催眠的魔术师一样，有节奏地挥动着他那只魔笛；而交易者像被催眠的蛇一样陷入恍惚状态。价格变化越快，交易者也就越发情绪化。整个市场的情绪化越强，其效率也就越低。对那些冷静、自律的交易者来说，无效率的市场会创造出大把的赚钱机会。

一个理性的交易者只要保持冷静，严格遵守交易规则就能赚钱。在他的周围，欲壑难填的乌合之众热衷于追涨杀跌，又因损失及恐惧感而捶胸顿足。而聪明的投资者会一以贯之地遵守其交易规则。他可能会使用一套机械的交易系统，也可能像一个自由裁量的交易者那样对市场进行研判，然后做出交易决策。不管采用哪种方法，他按交易规则行事，而不是跟着感觉走。这也是他最大的优势。一个成熟的交易者会利用有效市场理论的巨大漏洞来赚钱，这一理论假设投资者与交易者都是理性人，而大多数人都不是理性人，只有赢家才是真正的理性人。

价格是什么

每笔交易都由买卖双方共同达成，交易方式可以采取面对面，也可以使用电话或互联网，可以通过也可以不通过经纪人。买家想尽可能地压价，而卖家想尽可能地抬价。双方都感受到来自周围那些犹疑的交易者的威胁，这些人随时可能跳出来，抢先与对方成交。

当购买欲望最强的买家担心价格将绝尘而去，从而将其报价稍许提高时；或是当最急于脱手的卖家担心他的货会砸在手里，同意将其报价略微降低时，交易才会成交。有时，某个沉不住气的卖家会将其手中的货以跳楼价尽数甩给那些冷静、训练有素的买家。所有交易都反映了市场的群体行为，你面前屏幕上闪烁的每笔成交价格都代表着市场参与者对价值形成的瞬间共识。

公司及商品的基本价值变换比较缓慢，但价格的变化却十分迅疾，因为群体共识可能是瞬息万变的。我的一位客户曾经说，价格与价值之间的关系弹性十足，简直就像一根能拉长一英里的皮筋一样，这也使得市场在过高的定价及过低的定价之间不断地摇摆。

群体行为的常态是：左右摇摆，制造声势，纯属乌合之众，不成气候。但是，群体偶尔也会兴奋，并在市场高涨或恐慌时爆发，但这通常只是浪费时间罢了。少许真假难辨的小道消息会在群体中激起点点涟漪，而这些变化也将显示在我们的屏幕上，价格与技术指标即是这一群体心理学变化的反映。

如果市场并未发出明显的做多或做空信号，许多新手会紧盯着屏幕上的数字，努力确认交易信号。一个有利信号会从你的图表中迎面而来——你绝不能错过它！如果市场并未提供这样的机会，你不能为交易而交易，而应该耐心等待这一信号的出现。这样的等待是值得的。越是三脚猫越是四处招风惹雨，而那些职场老手寻找的是轻松获利的机会。失败者只是追求行动带来的快感，而胜利者追求的是最大的胜算。

急剧变化的市场会释放出最佳交易信号。当群体被情绪所左右时，冷静的交易者却会发现最好的赚钱机会。当市场横盘整理时，许多成功的交易者开始离场，让那些赌徒及经纪人来趟这浑水。杰西·利弗莫尔（20世纪的一名大投机家）曾经说过，有时需要做多，有时需要做空，而有时则需要去钓鱼。

📈 聪明的赌徒吗

绝大多数人在其一生中总会赌上那么几次。对大多数人来说，这只是小赌怡情；而有些人则会沉溺于其中不能自拔，某些成功者甚至将其作为谋生的手段。赌博为极少数人提供了一种谋生手段，而为大众提供了一种娱乐方式，但是，某个赌徒一夜暴富的可能是微乎其微的。

有些著名的投资者喜欢赌马。这些投资者包括麦哲伦基金的彼得·林奇，还有沃伦·巴菲特，他经常出版一些与障碍赛马有关的小册子。卢是我的一个好朋友（我的第一本书就是献给他的），他在障碍赛马上耗了好几年，以赌马为生。然后，他购买了一个交易席位，像一位冷静的障碍赛马手一样在金融市场中驰骋。某些纸牌游戏（如百家乐，baccarat）的输赢完全靠手气，而其他一些纸牌游戏（如21点，blackjack）则需要某种程度的技巧，因此将一些高智商者吸引进来。

职业玩家将赌博视为一种工作。他们不断地计算概率，只有当计算结果对其有利时方才采取行动。反之，失败者热衷于交易，他们赌了一把又一把，对使用的交易系统也是半生不熟。

如果你是为娱乐而赌博，你需要遵循一套资金管理规则。第一条规则是限制你每次能输掉的最大金额。一次偶然的机会，我被朋友拽进一家赌场，我将当晚可以输掉的钱放进右兜，而将当晚赢的钱放进左兜。只要我的右兜空了，我马上收手，决不再碰左兜一下。有时我会发现左兜的钱比右兜多，但我也绝不会去数它的多少。

我的另一位朋友是成功的商人，他很喜欢拉斯维加斯这个花花世界。一年中总有那么几次，他会怀揣5 000美元飞到那里度一个周末。在输光所带的钱之后，他会在泳池里游个泳，吃顿美餐，然后再乘机返家。他每次最多为赌博娱乐支付5 000美元，下注绝不会超过其设置的初始目标。钱输光之后，他会静静地躺在游泳池中，绝不跟那些不能自拔的赌徒一样——他们不断地用信用卡购买更多的筹码，等待下一次"翻盘"的机会。一个没有资金管理计划的赌徒注定会输得一干二净。

第2章
Chapter2

在什么样的市场中交易

很多人并不重视某些关乎一生的重大决策。他们往往只是根据所处地点、时间或是机遇来做出这些决策。在哪里生活，在哪里工作，在什么样的市场中交易——我们有时只凭心血来潮就做出决策，而很少严肃认真地思考。这么多人对他们的生活不满意，也就毫不奇怪了。你可以凭一时兴起来选择交易市场，也可以停下来认真思考是否在股票、期货或期权市场上进行交易。这些市场各有利弊。

成功的交易者都是理性者。成功者为了盈利而交易，而失败者只是过把瘾就死，而且都不知道自己是怎么死的。他们注定会被驱逐出场，但不知所去。

在选择交易市场时，请务必牢记，不管是股票、期货还是期权，你所选择的每种交易工具都必须符合两个标准：流动性与波动性。流动性指的是某种交易工具与其他同类型交易工具相比的日平均成交量。成交量越高，投资者也就越容易进出。你或许可以在一个交投清淡的股票上建立盈利头寸，但你很难在获利离场时顺利脱身，并可能为交易滑点（slippage）付出高昂的代价。波动性指的是交易工具的波动幅度。波动幅度越大，交易机会也就越多。比方说，许多公用事业股的流动性很高，但因其波动性很低而难于交易——它们所处的价格区间过于狭窄。如果你想构建长期投资组合，成交量低、波动性也低的股票可能是一个不错的投资选择，但它不适合用来交易。记住，不是所有的市场都可以用于交易，即便你对这些市场的未来走势有着强烈的预感，它们还应具备良好的流动性及波动性。

📈 股票

股票是公司所有者的凭证。如果一家公司发行了1亿股股票，而你购买了其中的 100 股，那么你就拥有了这家公司的 $1/100^6$ 的股份，成为这家企业的部分所有者。如果其他人也想成为这家公司的所有者，他们就需要出价竞购你持有的股票，从而抬高了该股票的价值。

如果人们看好一家企业的发展前景，他们会竞购该企业发行的股票，推动该公司的股价上涨。如果他们不看好该企业的发展前景，他们将抛出股票，这将使该公司的股价走低。上市公司努力推动其股价上涨，因为这会使他们更容易通过发行股票或债券来筹资。公司高管的奖金通常也和股票价格挂钩。

从长期来看，企业的基本价值（尤其是盈利情况）是股票价格的决定因素，但是，约翰·梅纳德·凯恩斯，一位 20 世纪著名的经济学家，同时也是选股专家，他这样反驳道："从长期来看，我们都死了。"市场充斥着众多的垃圾股，有些根本无利可图，其股票却有可能在某个时刻摆脱地球引力，股价一飞冲天。那些新兴行业股票（如生物技术或互联网股票等）的价格可能会直冲云霄，人们看重的是企业未来的盈利前景，而非当前的实际经营状况。经营一般的企业，其股票也可能表现上佳，但最终会归于沉寂。而那些经营有方的盈利企业，其股票也有可能起伏不定，甚至下跌。市场反映了每位参与者对每只股票全部感受的总和，股票的价格下跌，意味着主力在出货。不管在哪个市场中，一条根本原则是："可以买低，但绝不可买跌。"不要买已经位于下行通道的股票，即使这只股票看起来很划算。如果你喜欢该股票的基本面，请使用技术分析方法来确定其已经位于上行通道。

沃伦·巴菲特是美国最成功的投资者之一，他总喜欢说，如果你买入一只股票，你就和一位名为"市场先生"的躁狂抑郁症患者成为伙伴。市场先生每天忙忙碌碌，不是要买断你的生意，就是要将他的股份卖给你。大多数时候，你都不用搭理他，因为这个家伙脑袋不太好，但是，市场先生偶尔也会变得极其压抑，这使他会将手中的筹码极其廉价地甩给你——这就是你该出手的时候了。在其他时候，市场先生会变得极其狂躁，他手中股票的报价也是高得离谱，这时你应该将股票尽数抛出。

这个想法因其简单明了而极具智慧，但是却很难实施。市场先生会将我们大多数人打得落花流水，因为他的情绪极具传染性。多数人都想在市场先生情绪低落时买进，而在其精神失常时将股票抛出。我们需要保持冷静的头脑，也需要客观的评价标准，以确定多高算太高、多低算太低。巴菲特在做决策时，依据的是基本面分析及其神奇的直觉。交易者可以使用技术分析来实现这一点。

至于直觉，这是某种可以由投资者或交易者通过多年的成功投资经历培养出来的感觉。而新手所称的直觉通常只是一种赌博的冲动罢了，我要告诫他们：你们连谈直觉的资格都没有。

我们应该交易什么样的股票？在美国，这样的股票超过 10 000 只，国外股票的数量就更多了。彼得·林奇（一位极其成功的基金经理）曾经这样写道，他只购买那些连傻瓜都能经营的简单公司的股票——因为最终连傻瓜都会来购买这种公司的股票。但是，林奇是一位投资者，不是交易者。许多公司的股票即便是基本面不怎么样，其价格也可能走出梦幻般的行情，能让做多的交易者在其股价崩盘之前赚到很多钱，而那些做空的交易者在崩盘时也同样能满载而归。

即便我们将那些流动性差、波动幅度小的股票都剔除，股票市场也能为我们提供大量的选择机会。打开一份财经报纸，那些与波澜壮阔的牛市行情及惊心动魄的熊市行情有关的报道将呈现在你的眼前。你应当追随这一潮流，去交易这些媒体报道中的"弄潮儿"股票吗？他们是不是已经渐行渐远了呢？你将如何捕捉未来的龙头股呢？要做出如此多的选择，这让许多新手感到压力山大。他们就和熊瞎子掰玉米一样手忙脚乱，在各种股票之间快进快出，而不是只盯住几只股票，认真分析它们。那些新手对仅交易一只股票并无信心，他们会选择利用交易软件选股，从而需要追踪成百上千只股票。

除了股票之外，你还可以选择它们的亲戚——共同基金，在欧洲也称为单位信托基金。长期投资者往往会将资金投资到持有几百只股票的分散化基金中。交易者往往会关注那些可以让他们交易于某些特定行业板块或整个国家市场的行业基金。你可以挑选心仪的行业板块或者国家，而选择个股的工作就交给那些著名的基金分析师去做好了。

选择一只成功的股票或基金的任务十分艰巨，远远不是只靠在某个聚会中打听个小道消息或是在报纸上浏览财经头条就能完成的。交易者必须开发出一整套的基本面或技术面的选股参数，严格遵守交易系统的纪律，还要为自己的交易账户建立一张严密的资金管理安全网。我们将在第二部分中对这三个方面的问题进行深入的探讨。

接下来该怎么做? 路易斯·安吉尔(Louis Engel)写的《如何购买股票: 人人都能读懂的理性投资指南》(*How to Buy Stocks*)是一本为股票投资者及交易者提供的最佳入门书。作者已过世多年,但出版社会每隔几年就更新再版一次——请务必购买最新的版本。

期货

我们对期货的第一印象是它非常危险——十个交易者有九个会在他们初涉交易的第一年爆仓。如果进一步分析,你会发现危险不是来自于期货,而是来自于期货交易者自身。期货为交易者提供了某些最佳的获利机会,但是危险必然与回报相伴。赌徒如果在期货上玩火,他很容易烧着手,有时候甚至连头发也烧没了,如果一个交易者资金管理得非常好,他无须担心期货。

期货曾经叫作商品期货(commodities),是经济中不可或缺的组成部分。过去,人们常喜欢讲,商品期货就是能落下来砸着你脚的东西,包括黄金、糖、小麦、原油等。几十年来,很多金融工具开始像商品期货一样交易,包括外汇期货、债券期货、股指期货等。期货这一概念既包括了传统的商品期货,也包括了新出现的金融期货。

期货就是一份合约,该合约规定在未来某一特定日期交割某一特定数量的商品。期货合约对买卖双方均有约束力。在一份期权合约中,买家有交割的权利,但无交割的义务。如果你购买的是一份看涨期权或看跌期权,你可以随自己的意愿行权或放弃行权。但在期货合约中,你可能没这么大的权利。如果市场行情对你不利,你要么按要求追加保证金,要么斩仓出局。对交易者来说,期货的要求比期权更为严格,但其定价也更合理。

买入一只股票,你就成了一家公司的部分所有者。如果买入一份期货合约,你并未拥有任何东西,而只是签署了一份有约束力的合约,合约规定你必须在未来买入某种商品,该商品可以是一车小麦,或者是某些国库券。期货合约的卖方负有到期交割的义务。你购买股票的资金是支付给了卖家,但在期货交易时,你的保证金是存放在期货交易经纪公司那里作为担保,以保证你在期货合约到期时履行买入商品的义务。人们喜欢将保证金称为信用金(honest money)。在股票交易中，你需要为借入的保证金支付利息；在期货交易中，你所缴存的保证金可以为你带来利息。

每份期货合约都有交割日期，交割日期不同，价格也不相同。某些专业人士会分析它们之间的价差，以找到行情的反转点。大部分期货交易者都不会等待太长时间，而会提前平仓了结合约，兑现利润及亏损。期货合约的交割日期会迫使人们采取行动，它为人们提供了一个检查现状的有用机制。某人在股票上一套就是 10 年，还自我麻醉说这只是纸面的损失。而对于期货来说，交割日期会让那些一厢情愿的人不得不面对现实。

要想了解期货的原理，我们可以拿期货交易与现货交易（即直接买卖一定数量的商品）对比。比方说，现在是 2 月，黄金的现价为每盎司 400 美元。经分析，你认为它很有可能在几周内上涨至每盎司 420 美元。你可以用 40 000 美元从经纪商手中买入 100 盎司黄金。如果你的分析是正确的，你的黄金将在几周内上涨至 42 000 美元。你可以将黄金出售，得到 2 000 美元的利润，或者是 5% 的利润率（未扣除手续费）——很棒的一笔交易。现在我们来看看，根据同样的分析，如果你用期货进行交易，情况又将如何。

由于现在是 2 月，4 月是黄金期货的下一个交割月份。一份期货合约包含了 100 盎司的黄金，价值为 40 000 美元。这份期货合约的保证金只要 1 000 美元。换言之，只需 1 000 美元，你就可以控制价值 40 000 美元的黄金。如果你的分析正确，每盎司黄金的价格果真上涨了 20 美元，你的利润大约是 2 000 美元。这笔利润将和你使用现金购买了 100 盎司黄金所赚到的利润大致相同。但是，你现在的利润率不是 5%，而是 200%，因为你只缴纳了 1 000 美元的保证金。期货绝对可以放大你的收益！

一旦理解了期货的基本原理，大多数人就会变得极度贪婪。某个拥有 40 000 美元的业余投资者打电话给他的经纪人，要求买入 40 份期货合约！如果他的分析是正确的，黄金上涨至每盎司 420 美元，他将在每份合约上赚到 2 000 美元，总利润为 80 000 美元。在几周之内，他的资金就涨了两倍！如果他再将这样的交易重复做上那么几次，到年底之前他就会成为百万富翁了！这种一夜暴富的想法会毁掉那些赌徒。他们到底忽略了什么问题呢？

问题在于，市场的运动轨迹绝非一条直线。图表中充斥着各种各样的假突破、假反转及狭窄的横盘整理区。每盎司黄金可能会从 400 美元上涨至 420 美元，但也完全有可能在此过程中跌至 390 美元。如果有人以现金购买了 100 盎司黄金，这 10 美元的下跌会造成 1 000 美元的账面亏损。对一个期货交易者来说，如果他用 1 000 美元购买了一份 100 盎司的期货合约，下跌 10 美元意味着他已经爆仓出局。在他到达这一悲惨境地之前，他的经纪人就会打电话要求他追加更多的保证金。如果你已经在某笔交易中投入了大部分资金，你将没有足够的资金储备，你的经纪人会将你的持仓头寸强行平仓。

赌徒都梦想着暴富，他们会将杠杆效应运用到极致状态，从而在市场出现第一轮不利于他们的波动时就被清理出局。他们的长期分析可能是对的，黄金也许会涨到其目标价格，但是新手注定会失败，因为他将大量的本金都投入到保证金中，用于储备的资金太少。让交易者破产的并不是期货，而是糟糕的资金管理。

对那些资金管理方法非常好的投资者来说，期货极具吸引力。期货能提供高收益率，但是要求有铁的纪律。如果你是刚刚接触交易，你最好选择那些变动缓慢的股票。一旦你已经成为一名成熟的交易者，你可以考虑进行期货交易了。如果你自律甚严，期货可能比较适合你。我将在第二部分对此进行深入探讨，并介绍一些适合起步者的交易品种。

接下来该怎么做？　乔治·安吉尔（George Angell）写的《期货教战守策》（*Winning in the Futures Markets*）是期货交易者的最好的入门书（也是该作者撰写的最好的一本书）。特维莱斯和琼斯（Teweles and Jones）写的《期货交易实用指南》（*The Futures Game*）是一本期货交易的小百科全书，几代期货交易者从中受益（一定要买最新的版本）。托马斯 A. 海尔奈莫斯（Thomas A. Hieronymu）写的《期货交易经济学》可能是最深奥的一本期货著作，但该书早已绝版，你可以试着去找一本二手书来看。

📈 期权

期权就是打赌，赌的是某一特定的股票、指数或期货在某一特定的时间内达到或超过某一特定价格。请停下来，重新读一遍这句话。注意，在这句话中，特定（specific）一词共出现了三次。你必须选择正确的股票，预测其波动的幅度，并预测其到达目标位的速度。你必须做出三个选择，只要你做错了其中一个，你就会赔钱。

当你买入一份期权，你要在一次跳跃中穿越三个圈。你必须选择正确的股票或期货，正确地预测其走势，正确地预测其发生的时点。你是否曾经尝试在游乐场园中让球一次穿过三个圆环？这一三重风险让期权投资成为一种极具风险的游戏。

期权提供了杠杆———一种只需少量现金即可控制一大笔头寸的能力。期权的全部风险仅限于你为它支付的价格。如果预测正确，期权能为交易者快速盈利；但是，如果市场的走势和你预测的相反，你可以毫无牵挂地转身离去！这是经纪公司宣传的标准流程。它吸引了大批的小交易者，他们无力直接购买股票，却想着以小搏大，最后往往是在期权上马失前蹄。

我所在的金融交易公司多年来一直向交易者售书。只要有交易者回头购买一本新书，这就说明他又开始活跃在市场中了。许多客户每隔几个月或几年就会购买一些与股票或期货相关的书籍。但是，如果某个交易者第一次买的是期权书，他就再也不来了，为什么呢？是他很快就赚了很多钱，再也不需要其他书籍了吗？还是他已经破产出局了？

许多新手购买看涨期权是因为他们买不起股票。某些在期货市场上受挫的交易者会转而购买期货期权。失败者不去反省自己的交易无能，却想从期权那里找感觉。遇到困难时想的不是怎样去解决它，而是采用回避矛盾的方式，这是注定不能成功的。

成功的股票及期货交易者有时会使用期权来降低风险或保护利润。严肃的交易者很少买入期权，他们只是在某些特殊情况下购买期权，我们将在后面的章节中对此进行讨论。对那些因资金不足而选择用期权代替股票的人而言，此举也是无济于事的，因为期权的真实成本一点也不低。

当那些过分乐观的新手纷纷购买期权时，专业人士会在他们身上赚尽便宜。他们报出的买卖价差十分惊人。如果他们为某份期权报出的买入价为75美分，而卖出价为1美元，你在一开始买入时就已经落后了25%。所谓"你的损失仅限于你为期权支付的费用"这一说法的实际含义是：你的损失可能是100%！输了个底朝天有什么可宣扬的呢？

　　我的一位客户是美国股票交易所的场内做市商。因为她怀孕了，就想从场内做市商转为在家交易，因此，她到我的班上学习技术分析。她说："期权"是一门交易希望的生意。你可以买入或卖出希望。我是一个职业玩家——我出售希望。每天早上我到交易所内去发现大众的希望。然后，我对希望定价，并将其销售给大众。

　　职业玩家更愿意出售期权，而非购买期权。出售期权是一种资本密集型生意。要想成功，你需要几十万美元，而大多数成功的期权卖家的运营资金都高达几百万。即便是这样，这也不是一个无风险游戏。我的一位朋友曾经是美国顶级的基金经理，几年前，他因卖出无保护的看跌期权（naked puts）而在一天之内赔掉了 20 年的盈利，因此还上了《华尔街日报》的头条。

　　期权的卖方有两种类型。有保护的期权卖方买入一份股票，并对应卖出一份期权。无保护的期权卖家卖出股票的看涨与看跌期权，但并不持有相应的股票，而是以账户中的现金为保证。卖出无保护的期权就像在玩空手套白狼，但是市场的一次猛烈震荡就会让他倾家荡产。卖出期权绝非儿戏，它只适合那些纪律严明、资本雄厚的交易者。

　　市场就像一个水泵，从那些信息贫乏者的手中吸走资金，再将资金输送到那些为数极少的聪明人的口袋里。为市场服务的人们（如经纪商、供货商、监管者，甚至包括那些在交易所内打扫卫生的人）都会从资金与市场间的流动中得到报酬。由于市场从大多数人中赚钱，向那些为市场服务的人支付工资，并把剩下来的钱给少数的聪明人，所以大多数人显然是亏钱的。有一件事是确定的：大多数人的所作所为及所说所想的都是没有价值的。要想成功，你必须做到卓尔不群。聪明的交易者期待的是这样的一种情况：当大多数人用某种方式做一件事时，资本雄厚的少数人会采取与之截然相反的方式。

　　在期权交易中，大多数人买入看涨期权，而较少地买入看跌期权。内部交易者则一边倒地出售期权。职业玩家用脑子交易，而业余选手的交易由贪婪与恐惧所驱动。期权充分利用这两种情绪获利。

　　交易者的贪婪，是期权的卖方在宣传时主要利用的对象。你一定听过这样的口号："只需少量资金，你就可以控制一大笔股票！"某个业余投资者可能看好一只价格为 60 美元的股票，但是他没有购买 100 股股票所需的 6 000 美元资金。他可以购买行权价格为 70 美元、期限为两个月的看涨期权，每份期权的价格为

500 美元。如果股票价格上涨至每股 75 美元，这份期权将拥有 500 美元的内在价值；同时还具有某些时间价值，某个投机者可以在一个月内将其资本金翻倍！这个业余投资者买入这一看涨期权，并坐等其资金翻倍。

奇怪的事情发生了。如果股票价格上涨 2%，他的看涨期权将只上涨 1%；但是，如果股票价格下跌或是横盘整理，他持有的看涨期权就将迅速下跌。这位业余投资者并未看到他的资金迅速翻倍，反而很快地产生了 50% 的账面亏损，而时间却在一分一秒地流逝。期权的到期日临近了，即使此时的股价高于其购买期权时的价格，期权开始变得越发便宜，账面依然是亏损的。他是该将期权抛出，回收一部分资金，还是继续持有该期权，等待股票飙升呢？即便他知道应该怎样做，他也不想这么做。贪婪迷住了他的眼睛。他继续持有该期权，直到其到期作废为止。

恐惧是购买期权的另一大动力，尤其是期货期权。某个失败者遭受了一些打击——他的分析并不灵光，也没有什么像样的资金管理。他发现了某笔诱人的交易机会，但又担心重蹈覆辙。他听到了诱人的歌声（"有限的风险，却有着无穷的回报"），于是买入了期货期权。投机者买入期权，就如同穷人买彩票。一个买彩票的人，其损失的风险为 100%。在任何情况下，当你冒着损失 100% 的风险进行某种据说是有限风险的投资时，这看起来十分诡异。风险有限，而损失却有可能是 100%？！大多数投机者都无视这一不祥的数字。

期权买家的历史记录并不好。他们可能在某些交易中赚到一点钱，但我从未看到哪个人的身家是通过期权交易积攒的。在这个游戏中获胜的几率实在是太小了，期权买家通常在几次交易之后就被踢出局了。但是，期权具有很高的娱乐价值。它为这一游戏提供了廉价的入场券，如同一张彩票，它可以让玩家不需花费太多即可以做上一个美梦。

在接触期权之前，你最少需要有一年的股票或期货交易的成功经历。如果你是刚刚接触这一市场，根本不要考虑用期权代替股票。不管你的账户多么小，先试着选一些股票炒炒，至少先赚点经验值再说。

接下来该怎么做？　由劳伦斯·麦克米伦（Lawrence MacMillan）所著的《期权投资策略》（*Options as a Strategic Investment*），无疑是历史上最畅销的一本期权著作。它涵盖了期权交易的各个方面，是一本真正的迷你百科全书，也是该作者写得最好的一本。

第 一 步

交易的诱惑之处在于它承诺给我们带来自由。如果你知道如何交易，你可以在全球任何一个地方生活、工作，可以对日常事务充耳不闻，可以不理会任何人。交易吸引了那些智商中上等、喜欢博弈，而且不怕冒险的人。在你无所畏惧地开启这一激动人心的冒险旅程之前，务必牢记，除了满腔热情之外，你还需要对交易的现实情况有一个清醒的认识。

交易会让你压力山大。要成功地存活下来，你需要将你的交易心理状态调试到最佳。

交易会挑战你的智力。要在市场上取得优势地位，你需要掌握好的分析方法。

交易需要很好的数学能力。一个数学文盲无法管理风险，必难以全身而退。

交易心理、技术分析、资金管理——如果你学会了这三样本领，你就可以在交易中大显身手了。但是，我们首先来看看那些阻碍你成功的外部因素。

金融市场建立的目的在于从大多数人手中圈钱。偷盗是不允许的，但市场严重倾向于内部人士，而不利于外部人士。下面我们来看一下那些妨碍许多交易者成功的外部因素，并想办法降低它们的不利影响。

📈 妨碍成功的外部因素

一个投资者的起步资金不需要很多，买价值几千美元的股票就可以了。如果他采用的是买入并持有的策略，他的佣金及其他费用对其交易成败的影响将微乎其微。交易者面临的任务则更加艰巨。看起来微不足道的交易费用可能是致命的，账户越小，风险越高。交易成本可能是其成功之路上一个不可逾越的障碍。

交易成本？

初学者几乎不考虑这个问题，但是，交易成本是使交易者玩完的一个最主要因素。调整交易计划，削减交易成本，这会让你拥有市场上大多数人所不具备的优势。

我有一个朋友，他12岁的宝贝女儿最近突然冒出一个做生意的绝妙主意，她称之为荷兰猪工厂。她用她妈妈的复印机印制了宣传单，并把这些宣传单塞进邻居的邮箱里。荷兰猪在临近的孩童中十分流行，每只售价6美元，但是她可以每只4美元的价格从中心市场购进。正当这个小女孩在做着发财的美梦时，她那交易员老妈问她怎么去中心市场，又怎么将这些荷兰猪运回到悉尼的郊区。"搭别人的顺风车呗，"这个女孩回答道。

一个孩子可以免费搭车，但市场不会给你这个待遇。如果你以4美元的成本买入某只股票，再将其以6美元的价格卖出，你的利润不会是2美元，大部分利润都被交易成本占去。业余玩家通常会忽视交易成本，而职业交易者则对此十分重视，并尽一切可能降低交易成本——除非他们可以将其转嫁到你头上，这时他们会尽可能地增加交易成本。交易新手很容易陷入荷兰猪工厂这样的误区。他们无法理解为什么4美元买进、6美元卖出，最后还是赔钱。

一个交易新手就像一只闯入黑暗森林中的小羊羔一样。它很有可能遭到杀戮，它的毛皮，即它的交易资本被三家瓜分，一部分归了经纪商，一部分归了职业交易者，还有一部分到了交易服务商手中。每个人都想从那只可怜的小羊羔身上分"一杯羹"。不要做那只小羊羔，想想这些交易成本吧。成本一共有三种：交易佣金、交易滑点以及相关费用。

交易佣金

交易佣金看起来可能微不足道，大多数交易者都忽略了这笔费用，但如果将这些费用加总，你会发现，大部分利润都被经纪公司拿走了。

对数量在5 000股以下的交易，经纪公司收取20美元的手续费。如果你的账户上有20 000美元，你以每股100美元的价格买入了200股股票，交易费用占交易总额的1‰。如果将这些股票卖出，你还要缴纳一笔佣金，交易成本上升至资金总额的 2‰ 左右。如果这样的交易一周一次，无论你是否盈利，在月末，你的经纪公司都会从你的账户中赚取将近 1% 的佣金。如果这样的交易持续一年，你的交易佣金将占资金总额的 12%。这绝不是一笔小数目。如果职业基金经理的年收益率能有 25%，那他们会相当满意，但是，如果他们每年要支付 12% 的佣金，25% 的收益将是一个不可能完成的任务。

但是，比这糟糕的事还在后头。

来看一个小散户，他只能买上每股 20 美元的一手股票（100 股），总价款为 2 000 美元，但他同样要支付 20 美元的佣金，这高达其资金总额的 1%。当他结束交易时，还需支付一笔佣金，这就使其成本达到 2%。如果他每星期都做这样一笔交易，到月末，他的交易佣金将占其账户总额的 10%，年化费率则超过了 100%。投资大师乔治·索罗斯的年平均收益率也只不过是 29% 而已，如果索罗斯必须战胜这 100% 的交易佣金天堑，那他根本就无法实现 29% 的年收益率。

你的账户规模越大，交易佣金所占的比例也就越低，而你需要克服的障碍也就越小。拥有大规模交易账户是一个很大的优势，但是，不管你的资金规模有多大，都不要过度交易。每一笔交易以及看起来不起眼的交易佣金都会妨碍你的成功，你需要设计一种不能频繁交易的系统。

我曾经碰到过一些期货交易者，他们要为其全方位服务经纪公司支付 80 美元的双向交易费用。他们说，最权威的专家建议值这个价，但是任何负责任的职业交易者都会告诉你，任何支付 80 美元双向交易费用的期货交易者将丝毫没有成功的可能。人们为什么愿意支付这么离谱的费用呢？因为贸然闯入黑暗森林的小羊羔非常害怕大灰狼，也就是那些职业交易者，因此，他要请人来保护，也就是那些可以提供全方位服务的经纪公司。仔细盘算一下，你就会清楚，与其和你的保护人签订这样一份扒皮合同，还不如去试试运气，看看到底能不能遇上大灰狼。

的确有一些全方位服务经纪公司的建议值这个价。他们能提一些好点子，为交易者提供好的成交价位，他们的交易佣金也还靠谱。可问题在于，他们只接受那些能给他们带来大生意的资金。如果你的账户上有 100 万美元的资金，而且交易历史十分活跃的话，你会得到他们青睐的。

如果你账户上的资金只有几万块或是十几万块，而且一周仅仅交易那么一两次的话，不要为了一个虚幻的安全感而将时间和金钱浪费在昂贵的经纪公司上。找一家价格低廉、可靠、只提供基本服务的经纪公司，你只需通过互联网或电话即可与之联系——然后你就应该寻找好的交易机会了。

交易滑点

交易滑点指的是你的订单报价与成交价格之间的差额。你可能为一只荷兰猪报价4美元，而成交价格可能是4.25美元。这是怎么一回事呢？然后，荷兰猪的价格上升至6美元，你下达了市价卖出指令，而成交价却只有5.75美元。这又是为什么呢？在日常生活中，我们已经习惯了按标价成交。而在荷兰猪工厂这个案例中，不管是在买入还是在卖出时，你都被克扣了0.25美元。实际情况可能更糟糕。对一个交易频繁的交易者来说，这里0.25美元，那里0.25美元，加在一起也是一个不算小的数字了。这些钱到谁手里去了呢？对那些市场专业人士来说，滑点是他们收入的主要来源之一，这也是他们对此缄口不言的原因。

股票、期货与期权都没有确定的价格，但它们的确有两种快速变化的价格——买入报价（bid）与卖出报价（ask）。买入报价指的是买者愿意支付的报价，卖出报价是卖者愿意支付的报价。对那些性急的买家，职业交易者会很高兴地满足他们的要求，以略高于市场最近一笔成交价的价格即时卖出。一个贪婪的交易者担心上涨的趋势会一骑绝尘，他会马上以超高的价格从职业交易者那里买入股票。使用同样的手法，这位职业交易者再从卖家手里买入股票。如果你担心价格崩盘，迫不及待地要将股票卖出，职业交易者会以一个略低于市场最近一笔成交价的价格即时买入。性急的卖家往往会接受一个低得离谱的价格。滑点的大小取决于市场参与者的情绪。

职业交易者从卖家手里买进，再卖给买家。他可不是在做义工，是在做生意。滑点是他为快速成交所收取的费用。要得到为买家与卖家报价进行撮合的机会，他也得付出大价钱，这需要在交易所租赁席位，或是安装昂贵的设备等。

某些下单方式可以防止出现滑点，而另外一些下单方式则是故意产生滑点。三种最常见的下单方式是限价委托、市价委托及止损委托。限价委托限定了具体的成交价格，如以每股4美元的价格买入100股荷兰猪工厂的股票。如果市场平静，你愿意等待，你就可以按这个价格成交。如果你的委托指令传到厂内时，荷兰猪工厂的股价跌至 4 美元以下，你还可以以更低的价格成交，但别指望便宜太多。如果市场价格高于 4 美元，限价委托单就不能成交。限价委托可以让你控制买卖的价格，但不保证一定成交。

市价委托可以让你立即成交，成交价为市场的即时价格。这种委托方式可以保证你成交，但不保证成交价格。如果你想马上成交，你就不能指望得到最好的价格——你放弃了对价格的控制，遭受了滑点的损失。那些急于成交的交易者将会成为专业交易者的盘中餐。

当市场触及止损点价位时，止损委托就变成了市价委托。假设你以每股 4.25美元的价格购买了 100 股荷兰猪工厂的股票，预期该股票将涨至 7 美元，但你同时还在 3.75 美元处下了一手止损单，以保护你的仓位。如果股价下跌至 3.75 美元，你的止损单称为市价委托单，可以尽可能地保证你成交。你可以全身而退，但如果在一个快速变化的市场中，你有可能遭受滑点损失。

当你下委托单时，你可以选择你想要的控制方式——控制价格还是时间。限价委托可以让你控制价格，但不保证一定成交。如果你下一个市价委托单，成交有保证，但价格没有保证。一个冷静而又有耐心的交易者往往喜欢用限价委托，因为那些使用市价委托的投资者，其资金会持续遭受滑点的蚕食。

滑点成本通常远高于佣金。在《以交易为生》这本书中，我估算了这两种费用的规模，并认为这是该书最具震撼力的一个发现，但却极少有人注意到这一点。被贪婪与恐惧控制了的人们会愿意以任何价格成交，却对其长期利益熟视无睹。所谓的有效市场理论，也就是那么回事吧。

有些日间交易公司承诺向交易者传授如何在买卖价差中进行交易，从而充分发掘滑点的优势。他们的技术不能保证成功，而频繁交易所产生的佣金会抵消任何优势。人们为能看到二级报价（level 2 quotes）而花了大价钱，但我没看到这些人的业绩有什么明显提高。

进行交易就像跳入一条水流湍急的河流一样。水里既有机会又有危险。你在岸上的时候是安全的，还可以控制跳的方向与时机，但要从水中全身而退则困难得多。你可以选一个出水的位置——某个盈利目标，你可以在这个价位上下一张止盈单。你也可能想着随波逐流，乘胜追击，这时，你应该用跟踪止损单保护仓位。这样做会增加你的利润，但也会增加滑点损失。

在进场交易时，限价委托效果最好。你可能会偶尔错失一次交易机会，但市场从不缺少这样的机会。市场交易之河已经流淌了几百年。一个严肃的交易者会利用限价委托进场交易、兑现离场，并用止损单保护他的仓位。任何减少滑点损失的方法都会增加利润，也会增加我们长期成功的机会。

相关费用

有些费用是不可避免的，尤其是交易的初始阶段——你需要买一些书、下载一些交易软件、与某个数据服务商签约，等等。费用越低越好，这很重要。业余玩家有个很可爱的习惯：用信用卡为交易相关的费用（如电脑费用、注册费用咨询顾问费用等）结账，而不是将这些费用从交易账户中扣除。这让他们看不清自己损失的真实情况。

优秀的交易者会在盈利的仓位上加仓，而减少亏损的仓位。这一道理也同样适用于费用。输家总是喜欢往错误的地方砸钱，而赢家会将部分利润如法炮制在成功的运行模式中。成功的交易者只有在他们赚取了足够的利润时，才会奖励自己一台新的电脑，或是一套新软件。

即便是最好的工具也有可能让你输得落花流水。最近在法兰克福举行的一次研讨会上，一个交易者为某个强大的分析软件包而激动不已，他准备在下周就去买。这套分析工具的价格为每月 2 000 德国马克（约合 1 000 美元），但据说可以给他以极大的分析优势。"你的交易账户上有多少钱？"我问道。"50 000 德国马克。""那你可买不起，这套软件一年要耗掉你 24 000 德国马克。要支付这笔费用，你的年收益率得接近 50% 才行。不管这套软件有多棒，按这个价格购买，你肯定会赔钱。找一套便宜的软件吧，有些软件一年费用不到 1 000 德国马克，这只占你的账户资金的 2%。"

机构交易者可以得到经理、同事及公司员工的支持，但私人交易者只能是孤军奋战。某些咨询机构会打着帮助他们摆脱困境的幌子来从他们身上大肆捞钱。越是迷惑，你就越容易轻信这些咨询机构。在任何领域中，不管是律师、汽车机械师，还是大夫，10 个当中有 9 个是平庸之人。你不会相信某个水平一般的汽车机械师或大夫，却宁愿从某个你所尊敬的朋友那里得到建议。大多数交易者不知道去问谁，只能去问广告打得最响的那些投资顾问，而最好的专业交易者很少在这些顾问当中。

我认识多年的一个投资顾问最近被联邦政府指控，说他从日本客户那里骗取了好几亿美元。在这之前，他已经将自己成功地打造为美国最杰出的市场专家，是媒体瞩目的明星。我在一次投资会议被人介绍与其相识，那时，人们愿意花几千美元来听他讲课。他问我对他的讲课内容感觉如何，我说，听起来很有意思，但大多数我都听不懂。"这就对了"，他兴奋异常，"只要我的客户相信我知道的比他们多，他们就会终身追随我！"我立刻意识到这个人很不老实，不过，令我更惊讶的是他竟然能骗到这么多钱。

有些交易建议则好得令人难以置信。只要花上几美元，你就可以买到一本凝结着作者毕生心血的书。花上几百美元，你就可以得到最新的财经资讯，里面的建议都是原创，极有帮助。但是好的建议毕竟稀缺，而大批唯利是图的公司则拼命地从那些忧心忡忡的交易者中攫取钱财。我有两条原则，可以过滤掉那些最坏的骗子：回避你不懂的服务，回避要价过高的服务。

如果你听不懂某个投资顾问说的是什么意思，离他远点。交易吸引的是那些智力中上者，你也应该属于这类群体。如果你在经过一番努力后仍然理解不了某些事情，这可能是某些人在忽悠你。说到书籍，我会远离那些文笔较差的书籍。语言是思想的一种反映，如果一个人写都写不清楚，那他的思路也清楚不到哪里去。我还会回避那些没有参考文献的书。我们都从前人那里受益良多，如果一个作者不承认这一点，他要么是目中无人、要么是懒惰，或两者兼而有之。对交易者来说，这是很可怕的，如果他的写作风格是这样一种类型，我不会接受他的建议。当然，我也十分鄙视剽窃者。书名不受版权保护。近年来，有很多人剽窃了我的第一本书《以交易为生》的书名，他们通常只是对书名稍做变动。我也确信某些家伙也会剽窃本书的书名。你还指望能从一个不能自我思考的人那里学到什么东西吗？

回避要价过高的服务，这是我的第二条原则。这些服务包括书籍、研究报告或是专家研讨会等。一份价格为200美元的研究报告可能比2 000美元的研究报告更有价值，一场要价500美元的研讨会也可能比一场5 000美元的研讨会更棒。销售天价商品的公司实际在卖一种隐形承诺，即他们提供的是"开启财富之门的钥匙"。

它们的客户通常已经输红了眼，正在拼命寻找翻盘的机会。橄榄球运动员将这一行为称作"万福玛丽亚传球"——在比赛结束前的最后一秒钟里，某个行将落败的球队会拼命地将球向前掷出，希望能达阵得分。从技术上来说，他们已经输了，现在只不过是孤注一掷，想挽回败局罢了。如果某个账户损失过半的交易者花 3 000 美元买下一套交易系统，他实际上也是孤注一掷。

那些能对你有所帮助的投资顾问则往往比较谦逊，他们的服务定价也十分合理。制定一个离谱的价格实际上是一种营销技巧，它提供了一种潜在的信息：我提供的服务具有某种魔力。实际上没什么魔力——没人能履行这一诺言。如果服务质量不错，相对较低的价格意味着你赚了；如果服务质量不好，你的损失也不会太大。

有人曾经问西格蒙德·弗洛伊德，他所认为的对待病人最好的态度是什么。"善意的怀疑主义"，这位伟大的精神分析学家如是说。对交易者来说，这同样是金玉良言——保持合理的怀疑精神。如果你发现对某些东西不明白，再尝试一次；如果你仍然弄不懂，或许它对你没什么价值。如果某人向你兜售开启财富之门的钥匙，你跑得越快越好，将费用控制得越低越好。一定要记住，你所收到的任何信息只有经自己的数据验证，变成你自己的东西以后，它才是有价值的。

📈 做好充分的准备

一个成功的交易者就像一条逆流而上的鱼。交易佣金、滑点损失及相关费用都是你前进的阻力。你的收益必须超过这三点障碍才能赚钱。

如果不会弹钢琴或跳舞，你不必为此感到羞愧；同样，如果你感到交易太难而转身离去，你也不应为此而感到羞愧。许多交易新手没做好充分的准备就杀进了市场，结果落得个金钱及精神上的双重打击。这是一个大场面，但是如果你想离开，最好趁早离开。

如果你决定了交易，请往下读，因为我们将在接下来的部分中讨论交易心理学、交易策略及资金管理。但首先我们必须讨论交易的实际问题——如何开户、如何选择计算机及怎样开始收集数据。

资金规模至关重要

在市场上赚钱还是赔钱部分取决于你账户上资金量的大小。两个人可能做的是一笔同样的交易，但一个人的资金会增值，而另一个人却亏本出局。如果他们是在相同的时间，购买相同数量的同一只股票的话，这种情况怎么会发生呢？

假设我俩相遇，决定玩一个小时的掷硬币游戏，按正反面决定胜负——出现正面，你赢；出现反面，我赢。我俩每人出 5 美元玩这个游戏，每次的赌注是 25 美分。只要我们使用的是一枚质地均匀的硬币，一个小时后，我俩的输赢会大致相等，每人手里大约还是 5 美元。

如果我们使用相同的硬币，玩的是相同的游戏，只不过这次你一开始手里有 5 美元而我手里只有 1 美元，情况又将如何？你有可能最后赢光我手里的钱。你有可能赢，是因为你手中的资金更抗输。要输光手中的钱，你需要连续输掉 20 次；而对我来说，只要连续输掉 4 次就够了。连续输 4 次的可能性远高于连续输 20 次。小资金账户的麻烦之处在于它没有足够的储备来应付即便是短期的交易损失。成功的交易总是伴随着失败的交易，短期内的连续损失就会将那些资金规模小的交易者扫地出门。

大多数新手交易者的初始资金都不多。市场上充斥着大量的噪声——即那些影响交易系统的价格的随机扰动。如果遇到一个噪声干扰期，一个小交易者将缺乏保护措施。他的长期分析可能非常准确，但市场会将其吞噬，因为他缺乏足够的耐力，扛不住一波连续的失败。

回想起 20 世纪 80 年代，那时我还是个啥也不懂的交易菜鸟。一天，我走进街角的一家大通银行，用信用卡透支取现 5 000 美元。我那岌岌可危的交易账户向我发出了追加保证金的指令，我得赶紧把这笔救命钱转进去。那个眼光锐利的出纳打电话叫来了银行经理，经理要求我在收据上按手印。整个过程让我感觉十分难堪，但是我拿到了钱——在接下来的几个月里，我把这些钱又悉数填了进去。我的交易系统没啥问题，但却死在了市场的噪声上。直到我账户上的钱高达 5 位数这样的一种安全状态之后，我才开始赚钱。那时候，我真希望有人能提前告诉我资金规模的概念啊！

用一个小资金账户交易，就像驾驶一架飞机在树梢那么高的水平上做超低空飞行一样。你根本没有机动的空间，也没有思考的时间，稍有疏忽或是运气不好，突然冒出来的一根向上的树杈就有可能让你机毁人亡。你飞得越高，就越有时间发现故障，摆脱危险。低空飞行，即便是对飞行专家而言也极具挑战性，而对初学者来说则意味着死亡。要获得足够的回旋余地，交易者需要用更多的资金来换取更大的交易空间。

一个账户上资金充足的交易者，在做任何小规模交易的时候都可以从容交易；而一个资金量比较小的交易者就会很紧张，因为他知道任何一笔交易都可能让他的资金大幅增加或减少。随着压力的逐渐增大，他的分析能力也在逐渐下降。

在教我的大女儿学双陆棋的时候，我发现了一个可以说明玩家的理智是如何被金钱所影响的绝佳案例。我的女儿那时只有 8 岁，但却很有主见，也非常聪明。练了几个月之后，她开始能赢我了。然后我建议来钱的——赢 1 个点能换 1 美分，在这个游戏中意味着最大的输赢是每局 32 美分。她总能战胜我，我也持续地提高赌注。当我把每点的赌注上升到 10 美分时，她开始输钱了，然后很快就把赢的钱全输了回去。为什么她能在没玩钱和只赌很少钱的时候打败我，而在赌注增加之后就开始输钱了呢？因为对我来说，3.2 美元只不过是零钱而已，对孩子来说这可是一笔大钱。想到这一点，她就开始变得有些紧张，也就不能充分发挥最好的水平，这样她就很难获胜了。一个资金量很小的交易者会沉迷于金钱的输赢中，这会严重地损害其思考能力、竞技状态及获胜能力。

还有些新手用来交易的资金多到爆棚，这也不是什么好事。资金过于充裕的新手面临着太多的诱惑，从而变得无暇他顾，无法追踪自己的仓位，最终也会赔钱。

在你刚开始交易时，你的账户中到底有多少资金才是最合适的呢？要记住，我们讨论的是交易资金，它不包括你的储蓄存款、长期投资资金、退休基金、房地产投资或圣诞储蓄（一种无息存款），我们只考虑你准备投入到市场中的资金，你用这笔资金所要实现的收益率一定要高于国债的收益率才可以。

要是你的初始资金少于 20 000 美元，入市？想都别想。20 000 美元是入市的最低要求了，但 50 000 美元可以为你提供一个比较安全的起飞高度，同时，我也不建议你的初始入市资金超过 100 000 美元。一个交易新手账户上的资金过多，会分散其注意力，使其交易过于随意。职业玩家的资金越多越好，但新手在刚开始学习交易时，其账户上最好是低于100 000美元。在学会操纵双引擎飞机跃升之前，最好先掌握单引擎机型的驾驶方法。善待自己的资金，这是一个成功的交易者必须养成的好习惯。

新手有时会问我，如果只有10 000或5 000美元，他们应该怎么做。我极力主张他们先仔细研究市场，进行模拟交易，同时找个兼职，努力积蓄交易资金。在刚开始交易时，你的交易账户的规模要适度。你要进行的是一场战斗，资金是你手中的剑，你手中的剑一定要足够长，这样你才有可能战胜那些武装到牙齿的对手们。

📈 硬件和软件

回想起我第一次为交易而购买技术设备时，真是令我感慨万千。我走进一家位于佛罗里达州的药店，在那里买了一件袖珍计算器。一年以后，我买了一件可编程的计算器，它有一台微型发动机，可以驱动卡槽中的磁卡存储器。然后，我买了平生以来的第一台电脑。这台电脑有两个软驱——一个用来运行程序，一个用来读取数据软盘。我把它的内存从48K升级到64K（没错，是千字节k，而不是百万字节M！），在当时，它的运行速度也算得上是火箭级别的了。我的第一只调制解调器的下载速度随随便便就能跑到300比特，不久，我又把它升级到了令人炫目的1 200比特。当硬盘面世后，我给自己买了一块10M硬盘（我当时也可以买20M的，但谁会要这么一件庞然大物呢？）。那时只有一种不错的技术分析软件，售价1 900美元。今天，我只要用1/10的价格就能买上比它强上百倍的软件。

每个交易者都需要电脑吗？我的朋友卢·泰勒（Lou Taylor）所有的研究都是在纸上完成的。我曾经想给他一台电脑，但对他全然无用。包括我在内的大多数交易者离开电脑将寸步难行。电脑可以扩大我们的视野，加快我们的研究速度，但是要记住，电脑不保证你一定赚钱。技术有帮助，但不保证你一定胜利。一个技术拙劣的司机照样能把最好的汽车撞得稀烂。

要成为一个电脑化的交易者，你必须选择一台电脑、一套交易软件以及某种数据来源。交易程序不要求多复杂，在老式的、速度缓慢的电脑上即可运行。一套好的技术分析程序一定得能够下载数据，绘制出周线图、日线图，甚至是日内图表，而且能够提供多种指标。一套好的程序应该允许你在系统中自行加入指标，并让你能够将表单中的证券扫描进自己设置的参数中。为交易者设计的程序数量越来越多，因此，在你阅读本书时，很多学过的内容都会过时。我的公司会坚持更新我们所提供的简要的软件指南，并将其作为一项公众服务提供。如果你想获得一份最新的复印件，请按本书封底所显示的地址与我们联系。

近年来的一个天翻地覆的变化是交易者可以在互联网上获得越来越丰富的资源。今天，你不需要购买任何软件即可分析市场——只要上网，键入你想分析的股票或期货名称，选择指标，轻击鼠标即可。有些网站是免费的，有些则需要注册。既然有这些网站，为什么还要购买技术分析软件呢？打个比方，纽约的公共交通系统非常发达，而我们很多人还是要买车，其道理是一样的。客户经常会问我，怎样在他们喜欢的网站上增加新的指标。如果你是乘坐公共汽车旅行，你就不能要求司机按照你所喜欢的路线行驶。

你能在网站上为自己的指标编程，用其浏览图表，对买入信号标出绿点，而为卖出信号标出红点吗？如果你能发现这样一个网站，你就不需要交易分析软件了。在实现这一功能之前，像我们这样醉心于研究的人还得继续使用那些交易分析软件。只要花上几百美元，你就能得到一套顶尖的分析软件。如果想增加一年的历史数据更新服务，你还需要多花上几百块钱。然而，如果你的账户很小，最好使用免费网站。你要想方设法地将费用在账户上的资金占用比率降至最低。

数据

签约购买一家数据服务商的数据看起来很简单，但这涉及与交易有关的几个实质性问题。你需要跟踪几个市场？你的研究需要几年的回溯期？是否需要实时数据？要想回答这些问题，你需要深入到交易世界之中，也必须对你的决策过程进行认真的反思。

你需要跟踪几个市场？新手们所犯的一个共同错误是试图一次跟踪好多个市场。有些人用交易分析软件来扫描几千只股票，很快就陷入困境。严肃认真的交易者最多应该选择二三十只股票，并日复一日地跟踪这些股票。你需要熟悉这些股票，对它们的运行规律培养出感觉。你知道这些公司什么时候发布盈利公告吗？你知道他们在去年的最高价与最低价吗？你对一只股票了解的越多，你对它的信心也就越足，当这只股票发布意外消息时，你就不至于手足无措。许多职业玩家只盯住少数几只股票，有时甚至只做一只股票。

应该跟踪哪些股票？ 一开始，你可以选择两三个目前最热门的行业。在写作本书时，科技股、互联网、通信及生物技术行业是最炙手可热的行业，但是这一名单随时会发生变化，而且总是在发生变化。在这些行业中每个行业选择 6 只股票并每天跟踪。在这些股票中，你会发现最大的成交量、最稳定发展趋势及最清楚的反转走势。几个月以后，你熟悉了这些股票并赚了一些钱，你就可以将其他的行业也加进来，并选择其中最中意的 6 只股票。记住，对研究深度的重要性远高于研究的广度。从少量熟悉的股票中，你就可以赚到更多的钱。

期货交易者的选择则简单得多——期货的交易品种大概有六七类，最多不过 30 多种。新手应当远离那些波动性最强的市场。以粮食期货为例，你需要分析玉米期货、小麦期货及大豆期货，但是只交易玉米期货，因为它是粮食期货中走势最为平缓、稳定的期货交易品种。在参加自行车比赛之前，你得先学会骑带有辅助轮的自行车。就热带作物交易品种而言，你可以分析全部的交易品种，但只交易食糖期货——该品种交易规模大、流动性强、波动幅度适中。暂时不考虑咖啡及可可，这些品种的变动幅度都快赶上标准普尔指数了。毫无疑问，新手绝不能碰股指期货，场内对这一交易品种的昵称是"火箭"。你需要两三年的时间来熟悉股指期货，但在现阶段，如果你有意交易股指期货，可以交易 SPDRs [⊖] 或 QQQs [⊜]，交易所市场指数等。

你的研究需要几年的回溯期？ 在电脑屏幕上，一张日线图可以很容易地显示出过去五六个月的历史交易状况。用蜡烛图的话，你能看到的时间跨度会少一点，因为蜡烛图占用的空间更大一些。单看日线图是不够的，你还需要至少两年的周线图。学习历史有助于你分析未来，瞄一眼 10 年的图表，看看在一个长期的时间跨度里的高点及低点也是很有帮助的。

对期货交易者来说，时间跨度在 20 年或 20 年以上的图尤为有用。期货与股票不同，它有自然的上限及下限。这些上限及下限并不是严格的，但是在你买卖

⊖ 标普存托凭证。——译者注
⊜ 又称 QQQQs，纳斯达克 100 指数基金。——译者注

之前，尽量确认你是否接近其下限或上限。

期货的价格下限即为生产成本。当其市场价格跌破这一水平时，生产商就会退出，供应减少，价格上涨。如果食糖供过于求，它在国际市场上的价格就会跌破糖类种植作物的成本区，主要的生产商就会关闭生产企业。有时也有例外，比如某个极度贫穷的国家，在国际市场上出售商品来赚取硬通货，同时向其本国的工人支付贬值的当地货币，这样，该商品的价格可能会跌破生产成本，但这一情况维持的时间不会太长。

大多数商品的价格上限是其替代品的成本。如果价格合适，一种商品完全可以由另一种商品替代。比方说，当玉米的价格上涨时，由于玉米是动物的饲料，用小麦饲养动物可能会更便宜。随着更多的农民用小麦代替玉米，就会减少对玉米的购买量，这也就使玉米价格失去了上涨动力。在一个癫狂的市场当中，价格可能会短暂地超过其价格上限，但这种情况不会维持太长时间，市场最终会回到其正常的价格区间，这也就为聪明的交易者提供了赚钱机会。以史为鉴，可以让你在别人疯狂时依然能保持冷静的头脑。

期货合约每隔几个月就会到期，这使得我们很难用长时期的图表来对其进行分析。就日线图而言，我们主要参考当前活跃的交易月份，但是怎样分析周线图呢？这里，我们分析那些连续性期货合约。这种合约使用数学工具将几个期货合约月份连接起来。你最好是花些钱来下载两套数据——可回溯至半年前的当前活跃的合约数据，至少可回溯至两年前的连续性期货合约数据。用连续的数据来分析周线图，然后转换至当前月份，再来研究日线图。

你需要实时数据吗? 实时数据把市场上的每档价格变化传送到你的电脑屏幕上。一个实时的电脑屏幕是这个地球上最引人瞩目的地方之一，简直和高速公路连环撞车一样吸引人的眼球。看着自己的股票在面前跳动有助于你发现最好的买卖机会，或者是让你忘记现实，沉浸在肾上腺激素所带来的快感中。

实时数据会改变你的交易水准吗？实时数据可以帮助一小部分人，对大多数人则毫无作用。我的一个交易员朋友说，在桌子上摆上一台实时电脑显示器，就跟摆着一台"吃角子老虎机"一样，你得不断地往它的嘴里喂硬币。

使用实时图表来交易看似非常简单，但它实际上是这个星球上最快的游戏之一。你在上午10时05分买入，看着价格上涨了几个点，然后到10时15分就赚了几百美元。一天之内重复几次这样的交易，在下午 4 时，你就可以带着几千美元回家了，也不用持仓过夜。安心地睡了一夜之后，早上回来接着干。问题在于：要这么做，你需要非常完美的反应能力。如果你停止思考，没有及时兑现利润，或是不舍得及时止损，你就死定了。

大多数成功的日间交易者都是 20 岁出头的男人，我遇到的成功的日间交易者极少有超过 30 岁的。当然也有例外——我有一个朋友，她已经 70 多岁了，是一个极其出色的日间交易者，但她也出奇地遵守规则。这个游戏要求你有快如闪电的反应速度，还要有不假思索的行动能力，30 岁以上的人大多很难还有这种能力。

新手并不需要实时数据，因为他们需要将全部的精力用在学习利用日线图和周线图进行交易上。一旦你开始从市场赚钱，你就可以将学到的新技巧用在日间交易上了。当长期图表发出买入或卖出信号时，使用实时数据，不是为了做日间交易，而是用它来寻找进场或离场的点位。

一旦你决定了使用实时数据，一定要保证该数据是真实而且不延时。大部分交易所的实时数据都是按月收费的，而互联网上有很多免费的实时数据，一般延时 20 分钟。这种延时不妨碍其娱乐效果，但用于做交易简直就是自杀。如果你需要实时数据，那就一定要找最好的。

📈 分析与交易

市场会产生海量信息：年报和季报、盈利预测、公司内部人士报告、行业集团研报、技术预测、周线图、日线图、日间交易图表、技术指标、交易量、聊天室的各种观点看法、互联网上永无休止的讨论。当面临如此之多的数据时，你很快就会认识到，你的分析永远无法做到面面俱到，尽善尽美。

某些亏钱的交易者陷入了过度分析的怪圈。他们得出这样一种奇怪的想法：如果分析了更多的数据，他们就不会再赔钱，从而成为赢家。从他们所绘制的美丽图表及满柜子的股票分析报告中，你会很容易发现这类人。他们会向你展示每张图表所发出的指标信号，但是，一旦你问他们现在应该怎么办时，他们就开始支支吾吾了，因为他们并未进行真正的交易。

分析师靠提供正确的信息获得收入，而交易者依靠盈利来获得收入。这是两种不同的目标，要求的素质也截然不同。在机构中，交易者和分析师分属于不同的部门，个体交易者则享受不到这么好的条件。

依靠分析所得到的收益呈现快速递减的状态。分析的目的不在于面面俱到，而在于开发出一套决策程序，并以资金管理为保证。你需要开发出几套分析屏幕，从而将海量的市场信息精简到可管理的程度。

基本面分析

基本面分析就是利用供求状况来预测价格的运动。股票的基本面分析研究的是公司产品的供求状况。期货的基本面分析研究的是商品的供求状况。

公司是否宣布实现了一项新的技术性突破？是否有海外扩张的计划？是否建立了一种新的战略合作伙伴关系？是否任命了一位新的执行总裁？公司发生的任何事情都有可能影响产品的供给及其成本，而社会上发生的任何事件都会对公司的需求产生影响。

基本面分析难度很大，因为随着时间的推移，各种因素的重要性也在变化。比方说，在经济扩张期，基本面分析师主要关注增长率；但在萧条期，他们关注的是公司股息发放的安全性。在一个欣欣向荣的牛市中，发放股息的行为就像是一件不合时宜的老古董；但市场一旦进入熊市期，检验股票价值的标准最终就转向了它的收入能力。基本面分析师必须关注大众的行为，因为大众的注意力会不断转换，从市场份额到技术创新，再转到其他一些当下流行的东西。基本面分析师研究的是价值，但是价值和价格之间不存在直接联系，价格与价值之间的关系就像一根能拉长一英里的皮筋一样，弹性十足。

期货市场上基本面分析师的工作也绝不轻松。你是怎样解读对利率和经济产生主导作用的美联储的行动呢？你又会怎样分析谷物在关键生长期的天气预报呢？你将如何分析结转库存量与南北半球的天气关系呢？这两个半球间的天气循环差异达 6 个月之久。你需要穷极一生的精力来研究基本面，或者从相关的专业人士那里购买研究报告。

基本面分析的应用范围远比技术面分析窄得多。不管是大豆期货还是 IBM 的股票，不管是周线图、日线图还是日内图表，一条移动平均线所反映的信息都是类似的。无论是用在政府债券还是英特尔公司的股票上，MACD 柱形图所表达的信息也是类似的。我们是不是应该放弃基本面，而专注于技术面分析呢？很多交易者都喜欢选择一条最好走的路，但我认为这是不对的。

对那些想抓住长达几个月或数年的大趋势的长线交易者来说，基本面的因素极其重要。如果基本面是向好的，我们就应该看多市场；如果基本面因素是看跌的，我们就应该做空市场。对那些短线交易者或者日间交易者来说，基本面分析意义不大。

在基本面分析中，你不需要精通每只股票及每种商品。有一些非常聪明的人专门精于此道，他们会发布相关的研究报告。当然，也有很多基本面分析师会捶胸顿足，万分遗憾，因为他们实在不明白为什么自己非常了解市场，但却无法通过交易来赚钱。

如果我们可以借鉴基本面分析师的思路，再使用技术分析进一步筛选，我们就会远远地领先那些单纯的基本派和技术流。牛市的基本面必须得到上升的技术指标的确认，否则就值得怀疑。熊市的基本面必须得到下跌的技术指标的确认。而如果基本面分析和技术面分析所得到的结论是一致的话，一个聪明的交易者就可以大显身手了。

接下来该怎么做？ 对股票进行基本面分析的书主要是格雷厄姆和多德所著的《证券分析》（*Security Analysis*）。这两位作者早已去世多年，但是他们的追随者一直在对书的内容进行更新。如果你决定研究这本书，你就要购买最新版本。格雷厄姆有一个学生，就是沃伦·巴菲特，他成为世界首富。有一本书通俗易懂地解释了巴菲特的基本面分析方法——由罗伯特 G. 哈格斯特罗姆（Robert G. Hagstrom）所著的《巴菲特之路》（*The Buffett Way*）。与期货的基本面分析有关的最好的书是由特维莱斯和琼斯写的《期货交易实用指南》。这部经典著作大约每10 年被更新再版一次（务必购买最新版本）。这本书有一章专门分析了各期货市场的基本面。无论你交易的是大豆还是瑞士法郎，你都可以迅速地找到驱动市场的关键因素。

技术分析

金融市场就是牛熊共舞的舞台。牛将价格顶上去，熊则将价格压下来，而图表可以显示牛熊的足迹。技术分析师通过研究图表来发现他们在何时具有压倒性的力量。他们试图寻找出重复出现的价格形态，尽早确认出上涨趋势或是下跌趋势，并发出买卖信号。

随着时间的推移，技术分析在华尔街的作用也在不断发生变化。它在 20 世纪早期一度十分流行，技术分析是查尔斯·道（Charles Dow）引进的，他是《华尔街日报》的创办人，也是道·琼斯平均指数的发明者。一些著名的分析师，比如罗杰·巴布森（Roger Babson），准确地预测出 1929 年的顶部。在其后的 25 年间，技术分析开始走下坡路，为了保住他们的饭碗，机构分析师不得不把他们的图表藏起来。从 20 世纪 80 年代开始，技术分析再次卷土重来。个人电脑的普及使得交易者很容易利用技术分析软件进行分析。

近年来，股票市场开始流行短线交易。在过去，人们习惯买入那些能够长期投资的"好股票"，将其束之高阁，坐等分红；如今，"买入并持有"的策略不再受青睐。经济变化的速度越来越快，股价变动的速度也越来越快，新的行业不断涌现，老的行业不断湮灭，许多股票的波动幅度远甚于商品，技术分析则非常适应这种快节奏的变化。

技术分析主要有两种类型：经典技术分析方法及计算机分析方法。经典的技术分析方法建立在图表分析的基础之上，它的操作一点都不复杂，用笔和尺即可轻松完成。经典技术分析师寻找上涨趋势和下跌趋势、支撑区与阻力区、重复出现的形态，如三角形和矩形等。这一领域的进入门槛不高，主要的缺点是比较主观。当某个经典技术分析师感觉股市要上涨了，他的尺子会不由自主地抬高一些；如果他感觉股市要跌，他的尺子会略微下移。

现代的技术分析依赖于计算机指标，其信号更为客观。这些指标的类型主要有两种：趋势跟踪指标和振荡指标。趋势跟踪指标的作用在于帮助我们对趋势进行确认，这类指标主要包括移动平均线、趋向系统（directional system）及 MACD（指数平滑移动平均线）。而振荡指标的作用在于帮助我们对反转趋势进行确认，这类指标包括随机指标、强力指数及相对强弱指标（RSI）等。使用这些指标的重要之处在于：从这两组指标中各选择几个指标、设定它们的参数，并长期使用之。业余玩家经常会误用指标，他们想让指标显示自己希望看到的东西。

不管是铅笔，还是电脑，都不是技术分析的主要工具，每个分析者两耳之间的器官——大脑才是最重要的。当然，如果两个技术分析人士的水平相同的话，使用电脑的会更占优势。

技术分析既是科学也是艺术，它部分是客观的，部分是主观的。它既依靠于电脑化的方法，同时也跟踪大众心理，而这一部分永远也达不到完全客观。技术分析的最佳模板是民意测验。民意测验专家使用科学的方法，但也需要足够的心理学资质，以便设计调查问卷，并选择测验技巧。在我们的电脑屏幕上显示的价格形态是大众行为的反映。技术分析也要利用社会心理学，它也是一门通过分析大众行为来赚钱的技术。

很多新手被海量数据所折服，掉入自动交易系统的陷阱。这些交易系统的经销商宣称：这些最好的交易工具已经过回溯测试，而且被整合进保证赚钱的交易系统。每当某个新手激动万分地告诉我他要去买一套自动交易系统时，我就问他：你以什么为生，如果我也买了一套自动决策系统和他竞争的话，事情又会怎样。人们总愿意相信某种魔法，如果这种魔法既不用他们干活，也不用他们自己思考的话，他们就会乖乖地掏出钱包来。

成功的交易，建立在 3 个 M 的基础之上——理智、方法及资金管理。无论你所使用的技术分析方法有多精确，它对你的成功只能起到三分之一的作用。你还需要过硬的交易心理与正确的资金管理，本书后面将对此加以讨论。

接下来该怎么做？ 《股市趋势技术分析》（*Technical Analysis of Stock Trends*）⊖被认为是经典图表分析的扛鼎之作。1955 年之后的任一版本均可，因为那是该书所经历的最后一次重大修订。约翰·墨菲（John Murphy）所著的《金融市场技术分析》（*Technical Analysis of the Financial Markets*）则对现代及经典的技术分析方法做了全面的回顾。我的第一本书《以交易为生》用大量的篇幅讨论了经典及现代的技术分析。

何时买卖

交易的秘诀在于没有秘诀。世界上也没有成功的密码。新手总是在孜孜不倦地寻找赚钱的窍门，同时也有无数的人在大肆兜售这一秘诀。实际上，交易需要努力工作，还需要一点天分。这与人类的其他事业没有什么差别。不管你是做外

⊖　由爱德华兹（Edwards）与麦吉（Magee）著于 20 世纪上半叶。

科手术，教授微积分，还是开飞机，要想成功，你都需要懂规则，守纪律，努力工作，还要有一点天分。

一个聪明的交易者会关注基本面，他会明白经济中的决定因素，他会将大多数时间花在技术分析上，致力于确认趋势及反转点。在本书后面的章节中，我将分析一些关键的技术分析工具，并据此制定一份交易计划。

市场一直在变化，保持灵活性是交易成功的最重要因素。某个天才程序设计师最近告诉我他一直在赔钱，但只要有人在他斩仓的地方接盘，就一定能赚钱，因为他的止损单总是十分接近下跌的底部。我问他，为什么不在他设置止损点的位置下单买入呢？他不愿意，因为他非常死板，对他来说，买单就是买单，止损点就是止损点。高学历可以说是交易的一个障碍。布莱恩·莫尼尔森（Brian Monieson）是芝加哥的一位著名的交易者，在一次采访中，他这样说道："我有一个数学博士学位，也有控制论的背景，但我能在交易中克服这些不利因素并赚钱。"

许多专业人士总想做到尽善尽美，从不出错。工程师认为，万事皆可计算；医生认为，只要实验的次数足够多，他们就能够做出正确的诊断，给出正确的治疗方案。但治疗一个病人所需要的东西太多，远远不是精确性就能解决的。有个众人皆知的笑话，有很多医生和律师在市场中赔了钱。为什么？当然不是因为他们不够聪明，而是他们过于自大，不知道随机应变。

市场总是处于高低不定的环境中。在图表中所显示的交易信号非常清楚，但是当你开始真刀实枪地交易时，套用著名军事史学家约翰·基冈（John Keegan）的一句话："你已经走进了战争的迷雾。"在市场中没什么是确定的，只有概率。你有两个目标——赚钱、学习。无论输赢，你都必须从交易中学到东西，从而保证你在未来成为一名成功的交易者。浏览基本面消息，解读技术指标发出的信号，贯彻你的资金管理及风险控制原则。现在，你已经做好一切准备，开始行动吧！

交易成功的 3 个要素（3M）

低买高卖，高位做空，低位回补。交易者与冲浪者都想捕捉到最好的浪头，但是前者所面临的沙滩上充满了石头，而不是沙子。职业玩家等待机会，而业余玩家受情绪驱动，往往一个猛子就扎了进去——他们总是在市场处于强势的时候买进，而在市场处于弱势的时候卖出，他们的资金也在市场不断地折损。低买高卖，这一原则听起来十分简单，但贪婪与恐惧会让人将所有美好的理念都抛诸脑后。

一个职业玩家会耐心等待他熟悉的图形在市场中出现。他也可能注意到市场出现一波新的上升趋势，预示着后市还有上涨空间。或许，他感知到市场的反弹乏力，这预示着市场即将陷入衰退。一旦某种形态得到确认，他会果断进行交易。对于何时进场、何时获利了结，如果市场对其不利，何时止损离场等，他都有着清晰的认识。

交易就是一场对价格变化的赌博，但这之间存在着一个悖论。每个价格反映了市场参与者对价值形成的最新的共识。进行交易就是在挑战这一共识。买卖双方均不同意这一集体智慧，认为市场价格被低估的是买者，而认为市场价格被高估的则是卖者。买卖双方均预期这一共识会发生变化，他们同时也在挑战市场。这个市场上聚集了某些最聪明的头脑，也涵盖了某些最有钱的人士。与他们对抗是一件危险的事情，你必须慎之又慎。

一个聪明的交易者会试图找到有效市场理论的漏洞。他仔细研究市场，寻找市场出现的短暂无效期。当大众沉浸在贪婪的氛围中时，新入市者争先恐后地涌入市场，疯狂购买股票。当股价下跌，大众陷入紧张状态时，他们完全无视股票的基本价值，开始了恐慌性抛售。这一幕幕情感剧冲淡了市场客观的有效性，为那些自律的交易者创造出盈利机会。当市场冷静而有效率的时候，交易的风险很大，交易佣金及滑点损失会进一步降低胜率。

大众的智力变化缓慢，价格形态会不断重复，尽管其具体形式会有不同的表现。情绪波动提供了交易机会，而有效市场又会全方位地压缩交易者的盈利空间，这只会增加他们的成本。只有严守交易纪律，等待价格形态的出现，技术分析工具才有用处。只有在市场提供了特别好的投资机会时，那些职业高手才会杀入市场。

根据混沌理论，许多过程都是混乱无序的，如河中的流水、天空中飘动的云朵、棉花市场上价格的变动等。这些混沌状态有时会呈现出短暂的有序性，谓之分形。

不管是望远镜，还是显微镜，也不管从多远观看，这些分形都很相似。如果你从航天飞机上向下看，缅因州的海岸看起来是锯齿状的，如果你亲临现场，趴下用一只放大镜来看的话，结果也没什么大的区别。在大多数金融市场中，长期的周线图与短期的5分钟图表看起来如此的相似，如果不做特殊标注，你几乎说不出它们之间的区别。工程师已经认识到很多过程都处于混沌状态，如果能够很好地利用这一暂时的分形期，利用其短暂有序性的话，他们就可以更好地控制这些过程。一个好的交易者也应当这样做。他应当认识到，金融市场也处于混沌状态，大多时候是无法预测的，但可以发现一些短暂的有序性。通过有效的自我训练，他就能做到，在发现这些价格形态时，他就能做到果断买卖，绝不犹豫。

成功的交易取决于 3 个要素（3M）——理智、方法及资金管理。交易新手关注分析，而职业玩家却能做到在三维空间中游刃有余。他们能做到知己知彼——既懂得自己的内心感受，又掌握市场上大众的交易心理学。每位交易者既要掌握选择特定股票、期权或期货的方法，又要懂得何时扣动扳机——做出买卖的决策。资金管理指的是如何管理自己的交易资本。

理智、方法及资金管理——交易心理、交易方法与资金管理，人们有时会问我哪个要素更重要，这就像问一条三脚凳的哪条腿更重要一样，拿走任意一条腿，你坐上去试试？我们将在第二部分中重点关注成功交易的这 3 个要素。

第4章
Chapter4

自律的交易者[⊖]

交易者带着满心期许来到市场中，但赚钱的人并不多，有些人连老底都赔光了。金融行业向公众隐瞒了真实的统计数据，撒了一个弥天大谎，声称输家的钱全被赢家拿走了。实际上，输家所输的钱只有一部分到了赢家的口袋里，输家所输的钱大部分都以经营成本（佣金、滑点损失及费用等）的形式流向了整个交易行业。这些成本由赢家与输家共同承担。一个成功的交易者必须不断进步，这样，他才能跨越某些巨大的障碍。表现仅仅高于平均水平是远远不够的，必须成为群体中的佼佼者才行。要想获胜，你必须做到智慧与纪律兼备。

大多数交易新手都是贸然入市的，他们的交易计划很不成熟，对交易心理及资金管理也是知之甚少。大多数投资者会在几次惨痛失利后满身伤口地退出了市场，也有一些交易者会设法筹集更多的资金，再度入市搏杀。我们不必称那些在市场上赔钱的人为失败者，因为他们还是从中得到了某些收获。从市场交易中，他们得到的是美妙的娱乐价值。

市场是这个世界上最有趣的娱乐场所。它就像一个将牌局、棋局及赛马场融为一体的大赌场。这个游戏是全天候运行的，无论何时，你都会有参与的机会。

我的一个熟人，家庭生活一塌糊涂。他每天都在办公室工作到很晚，以避开其妻子，但是办公楼在周末并不开放，这让他不得不回到家中。在周日的早晨，他不想参加什么"家庭聚会"，而是躲在地下室里。他在那里安装了一套交易设备，使用的交易系统是从另外一个失败的交易者那里借来的，他承诺用将来的利润偿还。在周日的早晨，在波士顿的郊区能有什么交易可做呢？原来，中东地区的黄金市场在周日的早晨是开放的。就这样，这位仁兄常常会打开报价屏幕，接

⊖ 感谢马克·道格拉斯，本章的标题借用了他的一本著作的书名。

通电话（这还是在互联网未出现的时候），开始交易起阿布达比的黄金来了！

他从来不会问自己，和那些本地交易者相比，他的优势在哪里。在波士顿的荒郊野外，他有什么东西是那些在阿布达比的交易者所不具备的呢？本地交易者为什么会给他送钱呢？每个职业交易者都了解自己的优势所在，但是，问一个职业玩家，他的优势是什么，他往往会感到一片茫然。一个人不了解自己的优势所在，也就真的没有这一优势，因此注定要赔钱。这个世界上最富有的投资者，沃伦·巴菲特曾经说过：如果你坐在一个牌桌上打牌，你必须在 15 分钟之内找到那个给大家送钱的倒霉蛋；如果 15 分钟后你还不知道谁是这个答案的话，那你肯定就是那个倒霉蛋了。我那个波士顿的哥们最后破产，连房子都赔光了，这让他本已十分糟糕的婚姻更是雪上加霜。在此之后，他再也没有交易过阿布达比的黄金。

无论贫富，许多人都碌碌度日，感到空虚而烦躁。正如亨利·大卫·梭罗[⊖]在 200 多年前所写的那样："大部分人过着默默而绝望的生活。"

我们每天早上都要从同一张床上起来，吃着同样的早餐，驾车沿着同一条路去工作；在办公室里，我们看到的还是那几张老脸，还得处理老旧办公桌上的凌乱文件；我们驾车回家，百无聊赖地看着电视里的肥皂剧，喝一罐啤酒，再回到同一张床上睡觉。日复一日、月复一月、年复一年，我们不断地重复这一生活，感觉像是被判了无期徒刑，还不能假释。这样的生活还有什么盼头？或许，来年会有个短暂的假期？我们会报名参加跟团旅游，乘机飞抵巴黎，和组团的其他人一起坐上公共汽车，在凯旋门前逗留 15 分钟，再在埃菲尔铁塔上面盘桓 30 分钟，然后回家，再次重复这样的日常生活。

大多数人都过着这种千篇一律的生活——无须思考、无须决策，也无须感受现实生活残酷的那一面。日常生活让人怡然自乐，却也极度无聊。

即便是娱乐节目也变得乏味了。在周末，你能坚持看下去多少部好莱坞的电影？在去过迪士尼乐园多次之后，你是否感到，坐在那些肥皂盘一样的塑料座椅中旋转，只不过是一次漫无目的的重复运动罢了。我要再一次引用梭罗的话："在人类的所谓游戏与消遣底下，甚至都隐藏着一种凝固的、又不知不觉的绝望，两

⊖　Henry David Thoreau，1817—1862，美国著名作家、改革家和哲学家，自然主义者。——译者注

者中都没有娱乐可言。"

然后，你开了一个交易账户，发出一笔买入交易委托单，买入500股英特尔公司的股票。任何人，只要有几千美元，就可以摆脱这种千篇一律的生活，在金融市场中找到自己的兴奋点。

突然之间，这个世界变得生气勃勃起来！英特尔公司的股票涨了半个点——你开始查看报价，飞跑着去买一份报纸，从中寻找最新的消息。如果你有一台正在工作的电脑，你会在屏幕上开一个小窗口，跟踪股票报价。在互联网出现之前，人们习惯购买便携式调频收音机，用其收听市场报价，并将其放在半开的抽屉里。收音机的天线从那些中年男子的桌子里面伸了出来，看起来就像射进监狱牢房里的几缕阳光。

英特尔公司的股票涨了1个点！你应该出手获利吗？还是增仓等待其翻番？你的心在剧烈的跳动——你感觉自己活力无限！现在，股票涨了3个点。你用股价乘以所持股份的数量，发现才过了几个小时，你的利润已经接近一周的薪水了。你开始计算收益率——如果你在这一年里剩下的时间以这样的收益率继续交易下去的话，到圣诞节时，你得赚多少钱啊！

突然，你从计算器上抬眼看到英特尔公司的股票下跌了2个点。你的胃开始抽搐，你的脸扑向屏幕，身体弯得像只大虾，紧张得喘不过气来，大脑好像短路一样，这一姿势十分不利于做决定。你内心充满了焦虑，像一只困兽。你受伤了，但是你还活着！

一个人在穿戴整齐时所能做的最令人过瘾的事，莫过于交易了。问题在于，想在过瘾的同时还能赚钱，这是不可能的事情。想想赌场里的情况吧，业余玩家为了免费饮料而欢呼雀跃，而职业牌手冷静地玩了一局又一局，大多数时候都不跟牌，当他们发现自己略占上风之时，才会采取行动。要想成为一名成功的交易者，你需要建立钢铁般的纪律（理智）、占据相对市场的优势（方法）、控制你交易账户的风险（资金管理）。

📈 在市场中梦游

交易的原因只有一个合理解释——为了赚钱。是金钱吸引我们投身于市场中，但新游戏带来的刺激又让我们忽略了自己的目标。我们开始为了刺激而交易、为了逃避而交易、为了在家人及朋友面前炫耀而交易，不一而足。一个交易者一旦忘记了他的目标是赚钱，他也就完蛋了。

在周末读书或是浏览交易图表的时候，做到冷静、平和、镇定还是很容易的。当市场收盘之后，人也会变得比较理性，但如果你在电脑的实时报价屏幕前坐上30分钟，情况又将如何呢？你的脉搏是否开始加速？股价的上涨与下跌是否让你进入恍惚状态？受市场的刺激，交易者会产生大量的肾上腺素，而兴奋会对他们的判断力产生负面影响。他们在周末做出的冷静决策，在股市暴涨或暴跌时，早就被抛到九霄云外了。"这次真的不一样了……这一次是例外……现在我不打算设止损，股市震荡的太厉害了"，这些都是情绪交易者的常见用语。

许多聪明的交易者在市场中保持了一种梦游状态。他们的眼睛是睁开的，但是他们的思想是关闭的。他们被情绪所驱使，不断重复他们的错误。犯错误并不可怕，但重复犯错误就不可原谅了。当你第一次犯错误时，这表明你活力无限，还在积极地研究与试验，而重复犯同样的错误，表明你的神经系统有问题了。

失败者的年龄、性别、肤色迥异，但他们的惯常说法却十分相似。下面我们将回顾一下这些人的常见托词。如果你发现自己也经常使用这类语言，请以此作为一种信号，开始学习使用一种新的交易方法。

抱怨经纪人

在最关键或最紧张的时刻（在决定做出买卖决策或是获取与买卖委托有关的重要信息时），交易者习惯听取经纪人的意见。经纪人比他们更接近市场，我们中的许多人由此认为他们比我们知道得更多。我们试图对经纪人的话语进行解读，以确认他是否赞同我们的行动。

难道你交易系统的一部分还包括倾听经纪人的声音吗？难道你的交易系统会在周线图的移动平均线上升、日线图的交易强度指数下降以及经纪人的话听起来更热情时向你发出买入信号吗？抑或它只是在某类指标达到某些参数值时就直接发出买入信号？

总是试图对经纪人的话进行解读，这反映了交易者的一种不安全感，同时也是交易新手的通病。市场规模庞大，价格波动剧烈，它的涨落往往会让身处其中的交易者感到自己的渺小。已成惊弓之鸟的交易者会从睿智而强大的人们那里寻求帮助，指望他们可以将其带出茫茫原野。你的经纪人能做到这一点吗？或许不能，但是，如果你真的赔了钱，你就有了一个绝妙的借口——我做的这笔该死的交易，完全是听信了我的经纪人的主意。

一个正在寻找专家证人的律师最近给我打电话，他的委托人是一位大学教授，在几年前以每股20美元的价格做空了戴尔公司的股票。那时戴尔公司的股票还没有分拆，这位教授是在听信了他的经纪人所说的"戴尔公司的股票不可能再往上涨了"之后才做的空。戴尔公司的股票随后成为市场上的明星，股价直上云霄，一年以后，这位教授以80美元的价格平仓出局，他的损失达上百万美元，这是他一生的积蓄。能拿到博士学位足以证明这位教授非常聪明，但是他却过于感情用事，把上百万美元的积蓄都压在经纪人的话上，从而让其一生的积蓄都化为乌有。当然，很少有人会控告他的经纪人，但是几乎所有交易新手都会抱怨自己的经纪人。

交易者对经纪人的感觉有些类似于病人对心理分析师的感觉。病人躺在沙发上，心理分析师的声音在重要时刻出现，他对病人的心理分析听起来似乎比病人的自我感受还要深邃。实际上，一个好的经纪人只不过就是一个技工，有时候，他可以帮助你在更好的价位上成交，为你提供更为全面的信息。他是你的助手，但不应成为你的投资顾问。从经纪人那里寻求帮助，反映了交易者的一种不安全感，这对交易成功是没有什么好处的。

在使用电子经纪人之后，大多数交易者的交易活动变得更为频繁。低交易佣金是一个因素，但交易心理的变化更为重要。当不需要与真人面对面地进行交易时，交易者的自觉性更差。我们偶尔都会做愚蠢的交易，电子经纪人让我们所做的交易更为隐秘。与打电话给经纪人相比，敲击键盘更不容易让我们有丢丑的感觉。

有些交易者则试图将焦急与恐惧转移给电子经纪人。他们抱怨电子经纪人不按他们的要求去做，如不接受某些特定类型的订单。"你为什么不转户呢？"我问道。我看见他们满脸恐惧。这其实是对变化的恐惧，他们担心改变现状。

要想成为一名成功的交易者，你必须为自己的所有决定及行为全权负责。

埋怨专家

一个初涉市场的交易新手很快就会发现他被各色各样的专家所包围。这些专家专门兜售交易建议。大多数专家都是要收钱的，但有些专家免费提供交易建议，目的在于为他们所在的经纪公司招揽生意。专家们印刷了大量的资讯手册，他们的建议常被媒体引用，许多专家削尖了脑袋也要在电视上露脸。大众渴望明确的交易建议，因此就有专家来满足他们这一需求。大多数专家都由失败的交易者转型而来，但要成为一名专家也绝非易事。专家的成功率极低，很少有人能挺两年以上。当他们头上的光环逐渐褪色之后，客户也就不再续订服务。专家发现，与其坐在那里画趋势线，还不如去卖铝墙板更赚钱。在我的《以交易为生》一书中，与专家的生意有关的那一章所引发的嚎叫与威胁比其他任一章节都来得厉害。

在对待专家的态度上，交易者经历了三个阶段。起初，他们对专家的建议全盘接受，希望借此来赚钱。在第二阶段，交易者开始像躲避瘟疫一样来躲避专家，将他们视为对自己决策程序的干扰，对其避之唯恐不及。最后，某些成功的交易者会将关注的重点放在少数几个能为他们提供赚钱机会的专家身上。

某些赔钱的交易者开始寻求培训师、教师或是治疗师。而同时精通心理学与交易的人可说是凤毛麟角。我就曾经遇到过几位"专家"，他们根本就不懂交易，却宣称他们在心理学方面的经验足以让他们培训交易者。我在这里用一点时间将其与性治疗比较一下。如果我在性方面有问题，我会去看精神病医生、心理分析师、性治疗师，就算是牧师也可以，但我绝不会去找天主教牧师，即便我是一位天主教教徒。天主教牧师没有这方面的实际经验——如果他有这方面的经验的话，你最好离他远远的。一个自己不交易的教师是不值得信赖的。

在对待消息的态度上，交易者同样也要经历三个阶段。交易新手喜欢打听消息，而严谨的交易者会坚持自己做功课，而交易老手也会关注小道消息，但会将这些消息放到自己的交易系统中进行验证，看看这些消息能否经得住检验。只要我听到某个交易传闻，我就会在我的电脑里验证一下。买入、做空或是持币观望，最终取决于我个人的意愿，平均而言，在我所得到的消息中，最后被采纳的大约有 1/20。小道消息会让我注意到那些我可能忽略的盈利机会，但是没什么捷径可以代替你自身的交易努力。

一个遍体鳞伤的交易新手可能会要求查看专家的交易记录。几年前，我曾经出版过一份业务通讯。在这份通讯中，我注意到，即便有独立的评级机构对其进行审核，这些专家也可以轻而易举地修改其交易记录。

我从未见到一个交易者会对专家的建议全盘接受，即便他为这个专家支付了很多钱。如果一个专家有200个注册用户，他们会选择不同的建议，用不同的交易方式进行交易，大多数交易者都赔了钱，而且赔钱的方式也不一样。在咨询业有这样一条规则："如果你想以做预测为生，做的预测越多越好。"专家为梦游的交易者提供了十分便利的借口，因为他们需要为其损失找一只替罪羊。

无论是否听从专家的意见，你都要承担自己交易的全部后果。如果下次你再听到某个小道消息的话，请将其放入你的交易系统，验证它是否发出了一个买入或卖出信号。无论你是否接受这一建议，你都要对结果负责。

归咎于意外消息

当某个突如其来的坏消息使你的股票严重受挫时，你自然会变得愤怒并自认为受到了伤害。你买了某些股票，它也涨了，利空消息袭击了市场，你的股票因此而狂跌。你认为这完全是市场的错？这个消息的确可能是出人意料的，但你也有责任应对任何挑战。

大多数公司定期发布消息。如果你交易某只特定的股票，你应该提前掌握该公司发布盈利消息的时间，并为市场对该消息的任何反应做好准备。如果你不确定即将发布消息的影响，请减少你的持仓量。如果你交易的是债券、汇率或指数期货，你必须掌握关键的经济统计数据发布的时间、熟悉领先指标或失业率对你所处市场的影响。在某些重要新闻发布之前，你最好是缩小止损点，或是降低你的持仓头寸。

如果你遇上了一个真正的意外消息，你该怎么办？比如说，总统被枪击、一个著名的分析师发布了悲观的盈利预期等。你必须研究自己所处的市场，知晓历史上类似的事情发生时情况将如何变化；你必须在该事件影响到你之前，提前做好相关工作。做好这些准备，你就会在消息公布后马上采取行动。比如，在股票市场对总统遇袭消息的反应总是暴挫，然后又完全收复失地，因此，最好的做法就是在跳空低开的缺口处买进。

你的交易计划还要考虑到突发事件所产生的不利影响。你必须设好止损点，交易规模要适中，保证你在遇到不利影响时，资金不会遭受灭顶之灾。交易者会面临很多的风险，你要学会独立负责损害控制。

一厢情愿

如果损失所带来的痛苦逐渐增加，这种感觉如同钝刀子割肉一般，自然的反应就是什么都不做，等待事情自己好转。一个一厢情愿的交易者会给他亏损账户"更多的恢复时间"，但是，这只能让其账户逐步走向毁灭。

一厢情愿的交易者总是生活在幻想中。他坐视损失不断扩大，却说："这只股票会涨回来的，它过去一直是这样。"成功者会接受偶然的损失，如毒蛇咬手，壮士断腕，然后继续前进。失败者却总是在不断推迟认输的时间。业余玩家的交易就跟小孩买彩票差不多，他的输赢全凭运气；而职业玩家则恰恰相反，不管是赚钱还是亏钱，他们的离场计划都是雷打不动的。职业玩家和业余玩家的关键区别就在于他们的离场计划。

一厢情愿的交易者会在35美元的价格买入，将止损点设在32美元。股票跌到33美元时，他说："我得再多给它点空间。"他将止损点调整到30美元。这是个致命的错误——他已经违背了自己的交易纪律，也破坏了交易计划。

你只能往一个方向改变你的止损点，即往你交易的方向。止损点就像船上的棘轮，它的目的在于收紧船帆上多余的地方。如果你开始给你的交易"更多的呼吸空间"的话，多余的空间会剧烈波动，使你受损。如果某个违背交易规则的交易者得到市场奖赏的话，那么，在下次交易中，你可能会掉进一个更大的陷阱。

做出决策的最佳时机是在进行交易之前。你的资金还没有面临风险，你可以对盈利目标及损失情况进行权衡。一旦进行了交易，你就要受到它的牵制。市场让你失去理智，诱使你做出情绪化的决策，因此，你必须事先做好离场计划并严格遵循。

炒股炒成股东，这是小散户的一个通病，而某些机构投资者也会犯这种错误。很多银行及大型金融机构发生灾难的原因就在于，他们对交易者的监管不力。交易者一旦亏了钱就想将其变成长线投资，指望着以时间换空间。如果你在一开始就赔钱，你最终还是要赔钱。不要首鼠两端，在交易初期发生的亏损，是最好的亏损，这是理性交易者所必须遵守的规则。

📈 自我破坏行为的补救方法

喜欢抱怨自己运气不好的人通常也是喜欢找麻烦，把好事搞砸的人。我有一个在建筑行业工作的朋友，他原来有个司机，梦想拥有一辆自己的卡车，自己单干。他存了很多年的钱，然后用现金买了一辆崭新的大卡车。他辞去了司机的工作，整日酗酒，最终他开着那辆还没上保险的车滚下了河堤——车完全撞碎了。这个司机又回来了，想继续干以前的老本行。这是悲剧还是闹剧？还是他害怕自由，潜意识里想找一份有着安全、稳定收入的工作呢？

那些有着成功交易记录的聪明人为什么会一次次地在轻率的交易中赔钱，从不幸发展为大灾难呢？是因为他们无知、运气不好，还是内心就渴望着失败？

许多人都有一种自我破坏的倾向。作为一名心理医生，我的经验告诉我，大多数抱怨问题严重的人实际上是在自我破坏。我无法改变一个病人所处的外部环境，但只要我治好了他的自我破坏症，他所面临的外部问题也就迅速得以解决了。

自我破坏症无处不在，这是因为文明本身就建立在对攻击性的控制基础之上。在我们的成长过程中，我们所接受的教育是控制对他人的攻击性行为——举止得体、不冲撞他人、彬彬有礼。我们的攻击性需要有一个发泄的窗口，很多人转而进行自我攻击，因为对他来说，这是唯一不受保护的目标。我们将愤怒隐藏在心底，学会了自我破坏，难怪有很多人在长大后依然有恐惧、压抑的心理。

对那些极端的自毁情况，社会有一些防范机制：如警察可以与一个想要自杀的人进行谈判，劝其走下楼顶，医学委员会将手术刀从那些容易出事故的医生中取走；但没人会阻止一名自暴自弃的交易者，他可以在金融市场中横冲直撞，把自己撞得头破血流，而经纪人和其他交易者会乐呵呵地从他那里提款。金融市场缺乏对自我破坏者的保护机制。

你正在进行自我破坏吗？证明这一点的唯一方式是做好交易记录，尤其是本书后面将要提及的交易者日记和资本曲线。资本曲线的倾斜程度是反映交易行为的一个客观指标。如果资本曲线向上倾斜，其间的下跌次数较少，这说明你干得不错；如果资本曲线向下倾斜，这说明你和市场并不同步，你可能出于自我破坏的状态。当你注意到这种情况的时候，请减少你的交易规模，在交易日记上花费更多的时间，确定问题出现的真正原因。

你应该成为一名有自知之明的交易者。做好交易记录，以史为鉴，争取在将来做得更好。赔钱的交易者都会感到难为情。遭受一次大的损失就像收获了一个差评——大多数只想将其掩盖之后再走开，再也不想见到它。逃避并不能解决任何问题，化悲痛为力量，惨痛的损失会让你成为一个有纪律的交易者。

失败者销声匿迹

我在多年前的一个发现永远地改变了我的交易生涯。在那些日子里，我的股票就像一个溜溜球一样，不断地上蹿下跳。我对所处的市场已经十分熟悉，在许多次交易中，我买的股票也上涨了，但是我就是掌控不住这些盈利，我的资金也无法增长。通过一次偶然的机会，我参加了一个匿名戒酒会，从中得到的启示，让我最终摆脱了这种大起大落的状态。

有一天傍晚，我陪一个朋友去参加一个由当地基督教青年会组织的匿名戒酒会。这个聚会突然间就引起了我的关注。我觉得满屋的人所讨论的都是我的交易！我需要做的只不过是把"酒"这个词换成"亏损"罢了。

在这个聚会上，人们都在谈论酒精是怎样控制他们的生活的。在那些日子里，我正为我的交易亏损所累——我害怕交易，竭力地想摆脱它们。我的情绪随着上下波动的资本曲线一起波动——涨到高点时，我会志得意满；跌至低点时，我又感到森森的寒意，我的手指在快速拨号键上颤抖。

那时候，我心理医生的业务也很繁忙，因此也接待了不少酒精依赖症患者。我开始发现他们和交易失败者之间的相似之处。踏入市场的失败者就如同踏入酒吧的酗酒者一样，进去时，他们都满怀希望；离开时，他们都头痛不已。酗酒者酒醒后，浑身不舒服，无法自控等。酗酒与交易都会诱使人们跨越愉悦的界限，变成一个自毁症患者。

酗酒者和交易失败者的日子都过得浑浑噩噩——他们都形成了对某种东西的依赖。我办公室的每个酗酒者都要跟我争论诊断结果，为了避免浪费时间，我常常会建议他们做一个简单的测试。我会告诉酗酒者，他们可以在接下来的一周内像过去一样喝酒，但是要记下每次喝酒的情况，然后在下次见面时，把记录交给我。没有哪个酗酒者能坚持写饮酒日记，因为进行自我审视会让冲动行为所带来的乐趣降低。现在，当我告诉失败的交易者坚持每天都写交易记录时，很多人都会觉得这很麻烦。

保存得很好的交易记录说明交易者具有良好的自我意识及自我约束能力；交易记录保存得不好，或是根本就没有交易记录，说明了这个人的交易全凭冲动。一旦我看到一份保持得很好的交易记录，我就知道我发现了一个好的交易者。

酗酒者和交易失败者既不思考过去，也不考虑未来，他们只关注当下——那种酒精流过喉咙或市场价格在屏幕上闪动的感觉。一位酒精依赖症患者不肯接受现实，他不想知道问题的严重性，也不想知道他对自己及别人造成的伤害有多大。

只有一件事能让酒精依赖症患者接受现实，这就是匿名戒酒会所说的"坠入深渊"。这是只有酗酒者自己才能体会到的炼狱般的感受——比方说，一种能够危及生命的疾病、家人的拒绝接纳、失业或其他灾难性事件。这种坠入深渊的痛苦刺破了酒精依赖症患者的自我伪装，迫使他们必须做出选择：要么自我毁灭，要么改变生活方式。

匿名戒酒会是一种自愿的非盈利组织，聚会的目的在于帮助酒精依赖症患者保持清醒。它不需要募捐，不打广告，不进行游说活动，也不参加任何公共活动。该组织没有收费的治疗师，会员之间实行互助，由长期会员组织聚会。匿名戒酒会有一个老会员发起、支持新会员的赞助体制。

一个酒精依赖症患者要想加入匿名戒酒会，需要经历一个所谓的12步程序的流程。每一步程序都是个人成长及恢复的阶段。这个方法非常有效，以至于对其他东西上瘾的人也开始采用这种方法了。

对交易者来说，第一步是最重要的。它看起来很简单，但做起来非常难。很多酒精依赖症患者无法接受这一点，从而退出了匿名戒酒会，然后继续自暴自弃。第一步包括如下内容：在聚会中站起来，面对满满一屋子的正在恢复中的酒精依赖症患者，承认酒精的力量比你更强大。这一步难就难在，如果酒精的力量比你强，你就不能再碰它了。一旦你进入了第一步，你就要全力投入到这场为重新获取清醒的头脑而进行的战争中了。

酒精的毒性如此强大，以至于匿名戒酒会建议酒精依赖症患者一次只能过一天不喝酒的日子。一个正处于恢复过程中的酒精依赖症患者并不指望从现在开始1～5年内都不喝酒，他只有一个简单的目标——今晚睡前不喝酒。这些戒酒的日子最终会逐渐累积成年。匿名戒酒会的整个聚会及赞助体系的目标就是做到一次戒酒一天即可。

要强化戒酒的实际效果，匿名戒酒会不仅想改变酒精依赖症患者的行为，还要改变他们的性格。匿名戒酒会的会员称某些人是"未喝酒酒鬼"。这句话听起来自相矛盾，如果一个人没有喝酒，他们怎么会成为酒鬼呢？仅仅不喝酒还不够。一个人如果不转变思想，当遇到压力或百无聊赖时，他会很容易地回到原来的酗酒状态，要想彻底摆脱酒精依赖症，患者必须改变其生存方式及感觉方式。

我没有什么酒精依赖方面的问题，但心理医生的经验告诉我，匿名戒酒会是令人尊敬的，因为它在治疗酒精依赖症方面是卓有成效的。很多人并不认同这一观点。匿名戒酒会每多一名病人，专业医生的收入就会减少一部分，但我并不为此感到困扰。我在参加了第一次匿名戒酒会之后就认识到，如果成百上千万的酒精依赖症患者可以借此获得康复，将匿名戒酒会的原则应用于交易中，交易者也可以摆脱亏损，实现盈亏平衡，并最终获得成功。

我们怎样将匿名戒酒会的经验转换成交易语言呢？

一个失败的交易者不肯接受现实。他的资产在不断地缩水，但他仍然坚持交易，却不分析哪里出了问题。他像一个在威士忌与廉价啤酒之间不断转换的酒精依赖症患者那样，在不同的市场间不停地换来换去。一个业余玩家如果没有足够坚强的意志不能接受小的损失，他最终会从一个失败走向另一个失败。交易账户的亏损很伤自尊。一笔巨亏或一系列损失会摧毁交易者，使其坠入深渊。大多数交易新手都在崩盘后金盆洗手，从此退出江湖。平均而言，一个交易者的交易周期不是按年而是按月计算的。

那些存活下来的交易者划分为两大阵营。一些人没什么长进，还是按照老办法交易，他们就像酒精依赖症患者那样故态重萌，步履蹒跚地走进酒吧。他们会在账户中注入更多的资金，不断地给那些向他们兜售有魔力交易系统的经纪人送钱。他们仍然在不断地赌博，只不过，在试图扣动交易的扳机时，他们的手因焦虑及恐惧而不断地颤抖。

在坠入深渊后，很少有交易者会想着改变自己。恢复过程漫长而又孤独。200多年前，查尔斯·麦凯（Charles Mackay）曾经撰写了一本关于人们在群体中的疯狂的著作[⊖]，该书堪称大众心理方面的扛鼎之作。麦凯认为：在群体中，人们很快就会变得集体癫狂，而他们恢复理性的过程却孤独而又漫长。我希望我们也能有一个组织可以帮助交易者康复，康复的方式与酒精依赖症患者在匿名戒酒会中的治疗方法相类似。我们没有这样做，因为交易的竞争太过激烈。匿名戒酒会成员的共同目标是致力于戒除酒瘾，而为了帮助交易者康复而举行的聚会很可能被嫉妒和炫耀所荼毒。市场是如此的残酷，在这里我们做不到互相帮助，更找不到赞助者。有些投机者会把自己塑造成交易者的导师，但大多数人的嗜血本性还是让我不寒而栗。如果我们有一个交易者的组织，我会称其为匿名失败者聚会（losers anonymous，LA）。这个名字听起来过于直接，但却很恰当，毕竟匿名戒酒会也没有自称为匿名品酒师聚会嘛。一个不留情面的名字会让交易者直面他们的冲动与自我毁灭行为。由于我们并没有匿名失败者聚会，你还是得一个人走上恢复之路，我写这本书的目的就在于为你在这一路上提供某些帮助。

经营者的风险与损失

多年以前，当我从损失中恢复过来的时候，每天早晨，我会开一个只有我一个人参加的匿名失败者聚会。我会走进办公室，打开报价屏幕，在机器启动时，我会说："早上好，我的名字叫亚历山大，我是一个失败者，我让自己的账户损失惨重。我过去也这么干过，今天，我唯一的目标就是不将损失带回家。"当机器准备就绪之后，我就按照前一天晚上拟就的交易计划开始交易。

我马上就听到有人提出反对意见："你怎么想的，不把一笔损失带回家？每天都赚钱是不可能的。如果你刚买入某只股票，然后它就突然下跌。换言之，如果你买在了当天的高点上，你该怎么办？如果你刚刚做空，股市马上暴涨，你又该怎么办？"

我们必须对损失与经营者的风险进行明确的区分。经营者风险只会对资金产生少量影响，而损失则超越了这一界限。作为一个交易者，我的主营业务就是做交易，因此必须承担正常的商业风险，但我承受不起大的亏损。

⊖ 《非同寻常的大众幻想与群众性癫狂》。——译者注

假设你不是在做交易，而是开了一个经营水果与蔬菜店。当你每次买入一箱西红柿时，你都是在承担风险。如果客户不买，这箱西红柿就烂在你手里了。这是正常的商业风险——你希望将大部分库存卖掉，但有些水果和蔬菜会烂掉。只要你足够小心，每天将因卖不出去而烂掉的比例控制在一个很小的范围内，你的业务就是有利可图的。

假设有个批发商运来了满满一卡车进口水果来到你的小店，准备全部卖给你。他说在未来的两天里，你赚的钱要比过去半年都多。这听起来真不错，但是如果你的客户不买这些进口水果怎么办？满满一卡车的水果都烂掉，这对你的生意来说可是一笔大损失，它会危及你的生存。这不是经营者的风险，而是亏损。

资金管理规则对经营者的风险与亏损之间的区别进行了明确的界定，在本书后面，你会看到这一点。

有些交易者和我争论，认为我的匿名戒酒会的方法过于消极。一位新加坡的年轻女士告诉我，她相信积极思考，并把自己想象成一个成功者。她完全有条件采取积极的思考方式，这是因为她所受到的约束力量来自于外部，来自于其交易所在银行的经理。另外一个和我争论的成功者来自于得州的一位70多岁的女士，她在股指期货交易上取得了空前的成功。她笃信宗教，认为自己是替上帝理财的管家。她每天早晨都起得很早，进行长时间地虔诚祈祷。然后，她驱车前往她的办公室，在那儿待上一整天，交易标准普尔的股指期货。一旦交易对她不利，她立马止损离场，因为她认为这笔钱是属于上帝的，她输不起。她的损失总是很小，却积攒了大笔的利润。

我认为我们的方法有很多相同之处。我们都有独立于市场之外的原则，能够防止我们赔钱。市场是这个世界上最自由的地方，只要你有足够的交易资金，你想怎么干都行。人们很容易在兴奋的时候丧失理智，所以你需要规则。我依赖的原则是匿名戒酒会的方法，另一个交易者可以依赖他们的宗教信仰，而你还可以选择其他的原则。记住，务必保证这套原则让你清楚地知道你在市场中能干什么、不能干什么。

在战斗中保持清醒的头脑

许多交易者用他们做生意或打工赚的钱来开户，很多人还带来了过往的成功记录，渴望在市场上有所作为。如果我们能经营旅馆、实施眼科手术或是进行法庭辩护，我们当然也能在市场的最高价、最低价及收盘价之间找到一条成功之路！但是，市场尽管看起来十分简单，但却时常令我们难堪。

交易中的确很少见到血光崩现，但资金这一市场的命脉却可以深深地影响我们寿命的长短及生活质量。最近，我的一位撰写股市咨询报告的朋友让我看了一大摞他的客户来信。其中的一封信引起了我的注意，这个男人通过交易赚了一大笔钱，这笔钱足以支付他的换肾手术费用。交易拯救了他的生命，但我想，还有成千上万的人，他们的资金需求同样十分迫切，却因为失败的交易而损失惨重。

交易就是一场战斗。当你拿起武器准备投入战斗时，你的头脑是否清醒？你要做好准备，选择有利的时机，准备好之后再行动，完成计划之后，马上撤退。一个头脑冷静、意识清醒的人会选择有利于他的战斗时机。开战及撤退的时机都由他来把握，他绝不会因受到对手的挑衅而贸然出击。一个有纪律的玩家会在几百个可选项目中选择自己最擅长的游戏。他不会像狗一样伸着舌头去追逐所有的兔子，他会为他的游戏提前设局，然后静静地等待收获。

大部分业余玩家都不愿意承认他们为了娱乐而交易。一个常见的借口，为了赚钱。实际上，当交易者在那些不成熟的想法上投下赌注时，大多数人会从中感到莫大的刺激。在金融市场中交易与赛马，本质上是相同的，但前者更受尊重。

我让那些赛马的朋友想象一下赛马的场景：你可以在赛马奔出大门后下注，然后在比赛结束之前就从桌子上取走你的钱。交易可谓是一种无与伦比的游戏，而且极具诱惑力。

📈 成功的交易者

成功的交易者目光敏锐、有好奇心且不虚张声势。他们大都有过失败的经历，都从逆境中成长起来，这些经历磨去了他们身上的浮躁之气。

成功的交易者自信却从不自大。在市场搏杀中存活下来的人会时刻保持警惕。他们信任自己的交易技术及交易方法，但他们会一直睁大眼睛，竖起耳朵，关注最新进展。他们自信而专注，冷静而灵活，成功的交易者都是一些很有意思的人。

　　成功的交易者通常并不墨守成规，有些人还相当另类。和别人在一起的时候，他们经常会打破社会规则。市场就是让大多数人赔钱，只有少数标新立异的成功者才能在市场中游刃有余。

　　市场由乌合之众组成，他们关注着同一种交易工具，被市场的涨落所催眠。想象一下音乐会或者电影院里面的观众吧：当演出开始后，大众的情绪被调动起来，形成了一种无形而强有力的群体意识，他们一同大笑，又一同哭泣。市场中也存在群体意识，但在市场中，群体意识更多起到的是负面作用：他们不是一起笑，一起哭，而是相互之间寻找着对方的软肋，争取一击必中。

　　市场会诱使那些贪婪的交易者重仓买入他们不能承受的头寸，然后用一波他们无法承受的回调走势来摧毁他们。市场还会用一波短暂的逆向震荡来动摇那些不坚定分子的信心，将他们震仓出局，然后大盘再转头直上，一骑绝尘。懒惰的交易者最容易成为市场的牺牲品，市场不断地向那些缺乏准备的交易者发出新的骗局。无论你有哪些心魔——恐惧、弱点和困惑，市场都会将它们挖掘出来，并利用它们来对付你，就像一个训练有素的摔跤手能利用对手的体重将其重重地摔倒在地一样。

　　成功的交易者都已经十分成熟，而且成功地克服了心魔。他们不会被市场打击，而是能自我保持平衡，并寻找群体的弱点，反过来给市场好看。他们显得比较另类，而一旦开始交易，他们会表现得比大多数人更健康。

　　成为一个交易者的过程也是一个自我发现之旅。交易的时间长了，你就会发现所有的心理缺陷——焦虑、贪婪、恐惧、愤怒及懒惰等。要记住，你不是为了接受治疗而到市场上来的，自我发现只是一个副产品，而不是交易的目标。一个成功交易者的首要目标就是积累资本。一笔交易是否健康，最终会归结为你每次交易都要回答的两个问题：我的盈利目标是多少，我将如何保护我的资金。

　　一个好的交易者会对他做的每笔交易负全责。你不能责怪别人从你那里赚了钱，你必须改进你的交易计划及资金管理方法。这需要时间，也需要纪律。

纪律

　　我有一个朋友曾经做过训狗的生意。偶尔有个潜在客户会给她打电话说："我想训练我的狗，让它召之即来，但是我不想训练它坐下来或躺下来。"我的朋友这样回答道："将一条没有系皮带的狗训练成召之即来的程度是最难的一件事，你首先要训练狗学会许多服从动作。你说的话就相当于'我想让我的狗成为一名神经外科医生，但我不想它读高中'。"

很多交易新手都想着坐在电脑屏幕前，通过日间交易即可以轻松地赚到钱，他们想不上高中就能直接成为神经外科医生。

对大多数事业来说，纪律是成功的必要条件，在市场中尤为如此，因为这里没有外部控制。你必须学会自我控制，因为没人会监督你，当然，向你发出追加保证金要求的工作人员除外。你可以做一笔最愚蠢、最具自我破坏力的交易，但只要你账户上还有足够的资金，没人会阻止你。没有人会喊"站住""等一下""想想你在干什么"，你的经纪人只会重复你的交易指令，确认他没有犯错误。一旦你的委托单生效，其他的交易者就会想尽一切办法从你那里赚钱。

人类的事业大多都有规则、标准，并且由专业人士保证实施。无论你有多独立，总有专业机构在对你进行自上而下的监督。如果某个私人诊所的医生给病人开出过多的止痛药处方，他很快就会接到卫生部门的传唤。只要你有足够的资金，市场不会对你的交易活动施加任何限制。不断在损失的仓位上加仓类似于使用过量的麻醉药，但没人会阻止你。实际上，其他的市场参与者就希望你没有纪律，容易冲动。这样，他们就会很容易地从你那里赚钱。只有纪律能够防止你的自我破坏行为。要做到这一点，你必须建立自己的交易规则，并遵循。

纪律意味着设计、测试、切实遵守你的交易系统；纪律意味着你要根据提前设置好的信号进场、离场，而不是出出进进全凭一时兴起；纪律还意味着你要做正确的事，而不是做容易的事。进行有纪律的交易所面临的第一个挑战就是建立一套交易记录保存系统。

交易记录的保存

好的交易者都会保存完好的交易记录。他们保持交易记录绝不仅仅是为了记账，而是将其作为学习与自律的工具。如果你没有保存好交易记录，你怎么计算你的表现，评估你的进步，从错误中学习呢？一个不能以史为鉴的人注定要重蹈覆辙。

当你决定成为一个交易者的时候，你也就等于报名上了一门昂贵的课程。当你搞清楚交易的游戏规则时，你的花费也快赶上读个大学了，唯一的区别在于：大多数学生根本就没毕业——他们中途辍学了，在交了不少学费之后，他们除了几次疯狂的回忆之外，一无所获。

无论何时，当你决定在生活的任何一个领域中提高自己的水平时，保存记录都是有好处的。如果你想成为一名优秀的跑步运动员，做好速度记录对于你设计更好的训练方法是至关重要的。如果资金不足，保持所有的收支记录并不断回顾，你就一定能找到浪费的原因。保存详尽的记录能让问题尽早地暴露，这样，你就能对问题加以改进。

要想做一个优秀的交易者意味着你要学习好多门——心理学、技术分析、资金管理。每一门课程都要求你做好记录。要想顺利毕业，你得在这三门课上都得高分才行。

你要做的第一项关键记录是一份记载所有交易记录的电子表格。你需要记录买入价、卖出价、滑点成本及交易佣金，还有利润和损失。在第 5 章中，当我们讲到价格通道时，我将向你讲述如何评估每笔交易的质量，这样你就可以比较不同市场、不同条件下的交易业绩了。

另一项关键的交易记录显示的是你每月底的账户余额情况。将其绘制成图表，所构建的资金曲线的斜率可以说明你是否和市场同步。你的目标是要实现稳定上涨，中间可以有小的起伏。如果你的资金曲线斜率是向下倾斜的，这说明你和市场不同步，你必须减少你的交易仓位。如果你的资金曲线参差不齐，这说明你是在依靠情绪交易。

第三项关键的交易记录是你的交易日记。一旦你进行交易，你就应当把那些促使你进行买卖交易的图表打印出来，将其贴在一个大笔记本的左侧，在旁边写下几句话，说明进行该交易的理由，并注明你的盈利目标及止损点。当你结束交易离场时，再把这次交易的图表打印出来，将其贴在笔记本的右侧，写下你从这次完整交易中所学到的东西。

对任何交易者来说，这些交易记录都十分重要，在第 8 章中，我们还将对此加以讨论。一只塞满交易确认单的鞋盒算不上交易记录系统。要做的交易记录太多了，时间不够，你想跳过中学直接当神经外科医生吗？交易者失败就失败在没有耐心，缺乏自律精神上。做好交易记录会将你和市场上的芸芸众生分开，帮你走上成功之路。

平时多流汗，战时少流血

你的训练强度取决于你对工作的追求。如果你想当一名清洁工，一个小时的训练时间足矣，你只需学会将拖布头安在拖把杆的一侧，再找一把不漏水的桶就可以了；如果你想驾驶飞机，或是当一名外科医生，你需要学的东西可就多了去了。交易更像是开飞机，而不是用拖把拖地，这意味着你需要花费大量的时间和精力才能掌握这门技能。

社会对飞行员和医生的训练要求要严格得多，这是因为，他们一旦犯错误就将是致命错误。作为一名交易者，你有着财务上自杀的自由——社会对此并不在乎，因为你的亏损正是别人的收益。飞行和医疗行业都有其标准及规范，并有专业机构保证其实施。在交易中，你必须自行建立交易规则并自我监督其实施。

飞行员和医生在学习时，由专业教师通过测试和评估对其实行纪律约束。对交易者来说，他们缺乏此类可以学习、测试或实施纪律约束的外部系统。我们的工作难度很大，因为我们纯属自学成才，交易全凭自律，还得一次又一次地在市场中进行自我测试。

在观看飞行员和医生的训练时，有三点值得注意，它们分别是：逐渐地承担责任、持续进行评估、不间断地训练，直至其自动采取行动。下面我们就来看看能否将这三点应用到交易上。

1. 逐渐地承担责任

航空学校不会在第一天就让一个新手坐在驾驶员的座位上。如果一个刚毕业的医科学生在进入医院工作的第一天被分配干量体温的工作，那他应该感到幸运。在他进入到下一阶段之前，他的指导教师要对其进行仔细考察。

与之相比，对交易新手的教育有何相似之处呢？

这一过程并非循序渐进的。大多数人只凭一时冲动就进场了，他们或是听了一条热门消息，或是听了某人赚大钱的小道消息。一个交易新手花钱总是大手大脚，毫无节制。他在报纸上找到一家经纪公司的名字，将支票快递给该公司，然后就开始了自己的第一笔交易。现在，他开始学习了：市场在何时收盘？什么叫跳空缺口？为啥大盘涨了，而我所持有的股票却跌了呢？

对那些复杂的事业（如飞行或交易）来说，"孤注一掷"的方法并不可取。纵身一跃非常刺激，但优秀的交易者不该追求刺激。如果你没有一项明确的交易计划，还不如带着钱去拉斯维加斯，因为这两者的结果是一样的，至少拉斯维加斯的饮料是免费的。

如果你想认真地学习交易，你可以先开一个相对较小的账户，设定一个交易的学习目标，而不是上来就想赚一大笔钱。认真地记好交易日记，对每笔交易都进行打分。

2. 坚持评估、打分

在学习过程中，飞行学员或医科学生要接受上百次的测试。教师会经常对他们的知识、技巧及决策能力打分。得高分的学生会承担更多的责任，但如果他的分数下滑，他必须学习更多的东西，接受更多的测试。

交易者会经历类似的过程吗？

只要你的账户上还有钱，你就有可能为摆脱困境而仅凭一时冲动就进行交易，导致亏损。你可以把成交确认单塞进鞋盒，在报税的时候将其交给会计师处理。除了你自己，没有人会强迫你看测试结果。

市场始终在测试我们，但极少有人注意到这一点。它会对每笔交易打分，并公布打分结果，但很少有人知道去哪里查询这些打分结果。另一项高度客观的测试是我们的资金曲线。如果你在几个不同的市场中交易，你可以对这些市场分别进行测试，还可以对你的总体账户进行测试。我们中的大多数人会进行这样的测试吗？不会。飞行员和医生必须对其监管机构的问题做出回应，交易者却有机会逃课，因为没人点名，而他们的自律能力也较低。与此同时，测试是交易纪律的一个关键环节，它对能否在市场中取得成功至关重要。正如我们在本书后面所叙述的那样，坚持做交易记录并不断回顾这些交易记录，你就可以将那些缺乏交易纪律的竞争对手爆得连渣都不剩。

3. 坚持训练，让其变成一种习惯

我在医学院最后的几次考试中，我被安排去一个半空的房间里检查病人。突然，我听见窗帘后面有声音。我去查看，那里还有一个病人——他快死了。"他没有脉搏了！"我对另一个同学大声喊着，然后，我们一起把这个人放到地上。

我开始按他的胸部，我同学则对他进行人工呼吸。我俩都没有去找人帮忙，但是有人打开门，发现了我们。一个急救组冲了进来，用除颤器对其进行急救，然后将病人抬了出去。

在此之前，我从未救过人，但第一次就成功了，这是因为我接受了5年的专业训练。当需要采取行动时，我不必进行思考。训练的目的就是让行动变为习惯，从而让我们将注意力放在行动上。

要是你的股票涨了5个点，你该怎么办？要是跌了5个点呢？如果你的期货涨停了，你该怎么办？要是它跌停了呢？如果你在交易时还要停下来思考，那你早就死翘翘了。你应该花时间提前做好交易计划，对任何可能发生的情况都做出相应的预案。在大脑反复演练各种可能的情景，用你的电脑来达到这样一种状态：如果市场大幅震荡，你不需思考即能做出决策。

成熟的交易者要达到这样一种境界：大多数交易行为是自然而然发生的。这让你可以自由地思考交易策略。你所思考的是你要实现的目标，而不需思考为实现这一目标所采取的战术。要达到这一境界，你需要交易很长的时间。你交易的时间越长，交易的次数越多，你学到的东西也就越多。在学习时，可以用较小的仓位多做交易。记住，交易新手的首要任务是学习如何交易，而不是赚钱。一旦你学会了交易，赚钱就是水到渠成的事情。

技 术 分 析

一只股票是升还是降？你到底应该做多还是做空？对于这些疑问，交易者们试图通过研究大量的分析工具来寻求答案。但大部分人往往纠结于这些问题：形态如何确定，对计算机显示的指标和人工计算的结果如何采信；同时，一些绝望的投资者甚至寄希望于占星术一类的迷信手段，而这都会使依靠技术分析的投资者产生一些困扰。

我们知道，没有人能够学习和掌握所有的分析方法，就像没有人能够掌握所有的治病良方一样。一个内科医生不可能十分精通外科的心脏手术，他也不可能十分擅长治疗妇产科和精神科的疾病。所以，没有一个交易人能够了解金融市场的一切，你只能找到一个适合你的方法去做专门的研究。

市场上会放出大量的信息，我们所采用的分析工具就是帮助我们把这些信息归至在一个可控的形式之下。如此，选择合理的分析工具与分析技术并将之归纳成一个有条理的分析系统，然后按此系统进行合理的资金管理。

当我们依据一个图形做单时，如果根据图形右侧的当期数据进行操作，那么，我们所参考的是相关的概率，而不是一个明确的入场点位。要想发现一个合理的价位并以此成交，我们要将目光移至该图的中央去找。

本章摒弃模仿与盲从，旨在演示如何根据技术分析来分析金融市场，并以此为基础为你选择合适的分析工具提供一个合理的模型。同时，你要依据自身所得的数据对各种分析方法进行检验，将之转化为自己的知识、技能。

本书中的许多概念将在本章中以图表的形式展现出来，我将大范围地从金融市场中选取股票、期货等产品的交易图形进行说明。技术分析的用途十分广泛：从产品上说，你可以将其理论应用到 IBM 公司的股票上，也可以因之而分析白银和日元的走势；从地域上讲，无论在美国、德国、俄罗斯、新加坡，还是在澳大利亚，你都可以采用相同的方法进行分析——掌握技术分析的"语言"，你就可以对全球的金融市场进行解读。

对行情进行分析是艰难的，但交易金融产品则更可怕！图形反映的是已经发生的，而技术指标揭示的是多空双方角力的平衡点。除非你成为一个专业的分析师，否则技术分析是没有尽头的。作为交易者，我们的工作就是在分析的基础上，做出买入、卖出以及离场旁观的决定。

在观察了每一个图形之后，你需要根据它们最右端显示的当前行情做出做多、做空或者不做单的决定；同时，你要据此构建相关产品的收益目标、止损价位以及相应的资金管理原则。

📈 基本图形

金融交易是基于价格变化的一场赌博，你可以通过低买高卖来赚取真金白银。因此，对于我们这些从事金融交易的人来说，价格是一个核心要素，很少有人去思考价格的本质是什么。那么，我们到底要分析什么呢？

金融市场中的交易者有在交易所做单的，有通过电话"叫单"的，也有在互联网上交易的，我们把他们分成三类：买方、卖方以及观望者。作为多头的买方想以尽可能便宜的价格拿到多单；而做空的卖方想以最昂贵的价格出售卖单。买卖双方如此这般地进行着交易与角力。但是，金融市场中的多空双方都要承受来自观望者的压力，他们要在大量的观望者进场之前迅速完成交易，否则，他们的预期收益会被夺走。那些在金融市场中徘徊、逡巡、决心在适当时刻参与交易且拥有足够资金的观望者，是使金融市场交易加速的一个动力来源。在市场交易中，每成交一单，买卖双方都要承受这种无形的压力。所以，市场中的每一笔交易都能反映出全体参与者在当时的复杂情绪。如此看来，相关金融产品的价格其实就是全体市场参与者在交易时所表现出的对产品价值的一种认知与共识。

很多交易者并不知道他们该分析什么：是相关企业的利润表？美联储的声明？大豆主产区的天气预报？还是江恩的有序波动理论？而每一个图形都能把握相关市场运行的脉搏，图上每一个价格点位都是市场中全体参与者对相关产品价值的瞬时认知。价格的高点与低点、每条柱线的长度、趋势线的角度以及每个模式所持续的时间长短都是市场交易人群行为的一种反射，把这些问题搞清楚会帮助我们对相关行情有所了解。

在美国的选战期间，一些民意测试机构会对大量的选民进行调研，其中，有些通过精心计算的调查结果是很具有预见性的，政治家们为此要向这些机构支付一定的酬劳。而金融市场在多头与空头之间运行，与此同时，大批缄默的观望者随时准备将他们的资金"砸向"其中的一方，那么，技术分析实际就是对市场上所有的参与者所进行的民意测验——如果是买方占优的牛市，我们就要平掉空单去做多；反之，在熊市当中，我们就要做空；如果买、卖双方实力相当，多空方向不明，一个聪明的交易者就会选择不做单。有时"不做单"也是在市场中的一种正确选择，因为这是保证你不赔钱的唯一方法。

一般来说，个人的行为是很难判定与预测的，而交易群体中大多数人的头脑比较简单且朴素，他们的行为比较有代表性，也比较容易预测。我们不是要与这些人争论什么是理性的，什么是非理性的；我们要做的是辨明相关交易群体的行为，并且判定其行为所形成的态势将会如何持续。如果趋势向上，这就意味着市场中的交易人群对相关产品所持的态度是乐观的，那么，我们就要从多方的角度进行交易；而一旦我们发现市场中的交易群体的乐观情绪正在减弱，那我们就要做空相关的产品；如果交易人群比较迷茫，我们就要出场旁观，等待市场做出决定。

价格的含义

如果想靠近真相，你必须明白你要研究什么。我们知道，金融产品的价格在每一天、每一周的区间之内不停地波动、摇摆乃至徘徊，从而形成最高价、最低价，开盘价和收盘价，这些价格所反映的是市场交易人群的行为模式，而我们的图表、技术指标以及相关的分析工具所揭示的正是市场交易人群的心理活动规律。

许多市场的交易者具有理科和工程学的背景，他们往往试图用物理学的原理来分析市场，解读行情。比方说，这些专业人士可以对交易场中的噪声因素进行过滤，从而获取一个明确的趋势信号。这些方法有一定的用处，但它不能转化为一个自动的交易系统，因为各类市场行情的波动不是一个物理变化的过程，它所展现的是相关交易人群心理变化的过程，而这个心理变化过程所遵循的是各种不同的法则，是无法精确计算的。你不可能用物理的方法来计算金融市场的行情变化，预测其未来的发展趋势，因为市场上交易人群的行为可以让你所勾画的曲线图一文不值。在这个市场中，你不得不在一种不确定的环境中从事交易，这就要求你必须用良好的资金管理方法来保护你自己。

开盘价　开盘价被标注在每一根价格柱子的左侧，它是相关产品在一天当中的第一个价格，它的出现反映了隔夜单的汇集状况。那么，都是哪些人做了这些隔夜单呢？其实，他可以是吃完晚饭之后阅读杂志图片的一个牙科医生；他也可以是一个通过代理人做单的教师，只不过他做单需要他太太的批准；他同样可以是一个决策迟缓的金融机构的官员，开了一天会，等待着他的建议被委员会采纳。总之，这些人都是在第一日收盘以后、第二天开盘之前提交订单的。

本质上讲，各类开盘价反映了缺乏"对称信息"的交易者对价格的一种认知。当这些外行做多或做空之后，专业人士就会进场和他们做"对冲"。比方说，场内的交易商们看到大批买单即将入场，他们会让相关市场略微"高开"，这样，提交买单的交易者就会被要求在更高的价位成交，从而支付更多的资金；接着，这些专业的交易商就会做空，相关产品的价格就会稍微下调，于是交易商们就会赚到一笔"快钱"。反之，如果交易者们提交了大批的卖单，那么，交易商们就会让市场"低开"，这样，他们自己就会在较低的价位拿到买单，而随之而来的微弱反弹同样会使他们挣到瞬时的利润。因此，开盘价就是市场交易者当中的内行、外行、业余以及专业人士之间在一天里所形成的第一个"角力均衡点"。如果你是做快单的，你就要关注开盘之后15～30分钟之内形成的高价点和低价点，而因之形成的价位区间在大多数情况下是要被打破的——注意！这种"破位"很重要：它可以显示一日之中多、空之间哪方占优，而数日间的交易系统就是建立在这种"初始"破位的基础之上的。

当开盘时，如果相关市场上的产品价格与你所预期的方向相反且呈现一个缺口，这是你做单的最好时机。例如：如果前一天夜晚你对相关市场进行分析，得出的结论是要做多某一只股票，而当晚传出一些坏消息，进而一批卖单进场，那么，该只股票的开盘价会相对地降低很多。而在开盘之后的"初始"时刻，一旦该股价稳定在一定的区间之内，且此区间位于你预设的止损点之上，如果你继续看好这只股票，那么，在此区间上限再高出几个点的位置上，你就可以置入你的买单，同时在其下设置止损点，这样就等于你买到了"便宜货"！

最高价　金融产品的价格为什么上涨呢？标准的答案是：因为买方人数多于卖方人数。这句话等于没说。因为每笔交易都存在着一个买方、一个卖方！其实，相关金融市场行情的上扬是指，相对于卖方而言，买方拥有更多的资金、更高的热情。

买方因相关产品价格的上涨而获利。每上升一点，买方的利润就会增加。这样，他们会为其成功而自鸣得意，于是这些人会继续"做多"，同时他们会招来亲朋好友一起提交买单——如此一来，随着多单的增加，相关产品的价格就会持续上扬。而当价格上涨至一定水平，多方的资金告罄，其中一些人就会获利平仓；与此同时，空头看到相关市场行情被高估，于是他们开始提交卖单，则相应的涨势就会停顿，市场调头向下，最后，相关产品的价格就会以下降的方式离开一日之中的最高点。那么，这个最高价位点就是一天当中多方实力的极限值。

每一根价格柱子的最高点反映了一天当中多方实力的上限，显示了他们在相应的时间段能够将市场向上托起的程度——日线图的最高价位点反映了当天多头的实力上限；周线图的最高点反映的是买方在当周的力量极限；而5分钟图的最高点展示了该5分钟内多头的实力极限。

最低价　当相应的产品价格下降时，卖方就会获利，每下降一点，他们的利润就会增加；而价格下跌时，多方则变得越来越胆怯，他们会"砍掉"买单，出场"观瞧"，盘算着以后在更低的价位再行购进。而当买方退缩时，空方则更容易将价格推低，如此，产品价格的跌势就会持续。

卖方做空股票同样需要动用资金，而当空头开始获利平仓时，价格的降势就会放缓，这时，抄底的多方就会陆续入场。一般来说，有经验的交易者此时能够意识到这种变化，他们会平掉空单，转向做多。这样的话，产品价格就会在一天当中的最低点位"筑底"，然后调头向上了。

每一根价格柱子的最低点显示了空方力量的极限值——日线图的最低点反映了当天空方的实力极限；周线图的最低价位点显示了当周空方力量的上限；而5分钟图的最低点表现的是，该5分钟内空方力量的极限值。几年前，我设计了一个指标，被称为"埃尔德线"，这条线通过衡量最高价位和最低价位与移动平均线的距离来对比多空双方力量的强度。

收盘价 收盘价格是标注在每一根价格柱子右侧的一条价位点线，它反映了一天当中交易者对相关产品价值的最后认知水平，大部分人都是在当天的报纸上看到这些价格的，其对未来的市场非常重要，因为对相关交易账户的安排都是基于收盘价格来进行的。

职业交易商在一天当中自始至终地控制着市场：早上，他们利用在开盘价上的优势，"逢高卖、遇低买"，然后释放其头寸，平仓获利。这些交易商所进行的正常操作实际上冲抵了金融市场中的一些过激的行为，并使之回复至正常交易状态——当产品价格达至一个新的高点并呈现停滞状态，专业交易商们就会做卖单，将相关市场向下轻推；而当价格下降之后并呈现一定程度的稳定状态时，专业交易商们就会做买单，从而使相关市场稍微提振。

在开盘时，大批业余交易者所做的买单与卖单对市场会产生一定的冲击，但这些冲击随着时间的推移会渐渐地平息下来。随着这些外行按其既定的方针做单了事，在接近收盘时，相关市场将逐步地被专业的交易商控制。

综上所述，收盘价反映了专业人士对相关市场的认知水平。在参看任意一个图表时，你会发现开盘价格点线和收盘价格点线常常位于价格柱子的两侧，这是因为专业人士和业余交易者在金融交易中往往是处在"相互对冲"的位置之上的。

蜡烛图和点数图 在标注相关金融产品价格运行的轨迹时，柱形图的使用最为广泛，但同时也有其他的表示方法，20世纪90年代，蜡烛图在西方逐渐流行起来。每一根蜡烛代表了每一天的交易，它由一个实体和上下两条影线构成：实体反映的是开盘价与收盘价的点差；上影线的顶部代表的是当天的最高价；下影线的底部展示的是当天的最低价。蜡烛图的信奉者认为开盘价与收盘价的关系指标是一天当中最为重要的数据，如果收盘价高于开盘价，蜡烛的实体呈白色；反之，蜡烛的实体就是黑色的。这些人认为：一根蜡烛实体的高度以及上下影线的长短反映了多空双方的较量与角逐；蜡烛自身的形态以及与相邻几支蜡烛所共同生成的形态能够帮助我们更加深刻地了解相关市场当中各方力量的比拼，同时也能帮助我们对做多还是做空做出决定。

　　蜡烛图的缺点是过于宽大。在电脑屏幕上，随意看一眼柱形图，不需要压缩它的宽幅，就能获得五六个月中每一天的数据。如果在相同的屏幕空间放置一幅蜡烛图，即使幸运的话，你所得到的也不过是两个月的数据；还有，从最终的结果来看，与柱形图相比，蜡烛图不会揭示更多的内容。如果你勾画一条价格柱子，同时关注开盘价与收盘价的相互关联情况，再配以几个相关的技术指标，你就能够对市场行情进行解读，其效果对比蜡烛图而言有过之而无不及。总之，蜡烛图对某些特定人群可能有用，但它不是对所有的交易者都适用。如果你偏好蜡烛图，那你就用它；如果不，你就集中精力研究柱形图，不用担心你会漏掉什么关键的东西。

　　点数图纯粹用价格作为唯一的参考来判断市场走势，它并不关注成交量。它与蜡烛图的区别在于：在点数图上，没有表示时间的横轴。当相关市场行情波动并不活跃的时候，点数图是画不出来的，因为只有在价格的变化超出正常范围的时候⊖，才能在表示价位的格子中标注符号"×"和"〇"⊜。点数图能够使价格密集分布的区域外延，从而帮助交易者发现支撑位、阻力位，同时它也能为确定趋势反转以及"止盈"的目标价位提供参考。点数图比柱形图古老得多，在当时，场内的职业交易人都是在他们交易板的背面描绘这些图形的。

　　其实，选择什么样的图形是交易者个人的事情，你可以选择一个最适合你的、你感觉最舒服的图形作为参考。我比较偏好柱形图，但我也知道很多交易者喜欢用点数图或蜡烛图进行分析。

图形的现实意义

　　价格的点位连接成价格柱子，而相关的一组柱子会形成一些特有的曲线模型，这些模型就好比是相关交易人群在电脑屏幕上书写的情感日记，而一些成功的交易者都在试图确认这些特定的模型，并以此为基础做单。我们知道，垂钓者日复一日所做的是，在岸边耐心地等待鱼儿咬钩，而成功的交易者就像这些捕鱼人一样等待着一个常见的、特定的形态呈现在眼前。

　　一般情况下，很多不成熟的交易者经常不停地更换交易品种；而专业人士往

⊖　比如外汇波动一般要在 10 点以上。——译者注
⊜　× 代表上升的价格；〇代表下降的价格。——译者注

往要在同一产品市场中从事交易很多年，他们要通过长期交易捕捉相关市场的个性，摸索交易习惯，同时，还要掌握市场潜在的诡谲之处。例如：当这些职业操盘手经过确认，发现其长期经营的股票呈现出一个短暂的底部，他们就会做多，而他们的买单就会使该只股票的价格止跌反升，当股票价格上涨后，这些专业人士就会相应地减少买单；但此时，一些没有经验的交易者被该只股票的利好消息所吸引，急忙向场中注入买盘。而当此股票被高估之时，职业交易人开始"出货"，他们的卖单会使股价止升回落；此时，外行们会变得很恐慌，于是他们会抛售其所持股份，这样，该只股票的价格会加速下跌。一旦所有的"弱势"持仓者被震荡出场，股价会下滑至一定的点位，而这个点位又会成为职业操盘手做多的"新底"。金融市场就是如此这般循环往复的。

上述的循环机制不能机械地以数理的模式进行理解，同样，对技术指标的使用也需要一定的判断能力。因此，在观察特定的图表形态之前，我们要确定一些基本的原则：首先，在一个上升的形态中，绝大部分的情况是相关产品的价格所达到的每一个高点都要高于前一个升势的顶点，同时，其向下回调的低点也要高于前一波升势回调的底部；反之，在一个下降的形态中，价格下跌所达至的低点大多低于前一波降势所达到的底点，其向上回调的高点基本上也要低于前一波降势回调的高点。其次，一条上升趋势线要包含两个及两个以上相邻的底部，同时向上倾斜⊖，如果我们透过相关的顶部描绘一条平行线，就会得到一个向上的价格通道；反之，一条下降趋势线要连接两个及两个以上的顶部，同时向下倾斜⊜，如果透过相关的底部描绘一条平行线，这样就会呈现出一个向下的价格通道。再者，所谓的"支撑位"就体现在连接两个及两个以上相邻底部的横线之上，透过对应的顶部画出一条平行线，则一个交易区间就会呈现出来；反之，所谓的"阻力位"则位于两个及两个以上相邻顶部的横线之上，透过对应的底部勾画一条平行线，则我们同样也会得到一个交易区间。

顶部与底部　相关产品价格上扬的顶部是多方力量最强的区域，这些做买单的交易者总喜欢把价格拉升至前所未有的高度而攫取利润，但在顶部，多方的买盘将被来自空方的压力所阻滞；另一方面，降市中所形成的底部是空方力量最强

⊖　即当期底部高于前期底部。——译者注

⊜　一顶比一顶低。——译者注

的地方，做卖单的空头总是希望把价格打到最低而从中获利，但在底部，空方的卖单会被来自多方的阻力所压倒。

我们用计算机或格尺勾画一条线，以之连接相邻的几个顶部。如果此线向上倾斜，那就意味着多方的力量走强，你就不妨做多；反之，如果该线向下倾斜，则显示多方势力趋弱，那么，多单就不是一个好的选择。

同样，如果把在市场中交易的相关产品价格所形成的底部连接成一条趋势线，我们就可以辨明空方力量的变化——若此线下倾，则表明空方实力渐强，那我们就做多；而如果该线上指，则显示空方力量不足，那我们就不应偏好空单。

当几个顶部的连线与相应的几个底部的连线各自趋向平坦，则相关产品的价格波动就被锁定在一个交易区间之内。我们既可以等待当前的行情被"突破"，也可以在此区间范围内做"短线"[⊖]。

上升趋势线与下降趋势线　金融产品价格升降所遵循的轨迹是无形的，当其连创新高，则该产品价格处于升势；反之，当价格连创新低，则相应的行情便处于下降的趋势之中。

在辨明升势的过程中，我们要将价格数度回调所形成的各个底部连接成相应的趋势线。之所以用几个底部判断升势是因为：价格上涨的过程中存在一些无常的、不测的因素，其上扬的顶点究竟在何处不好确定。而通过观察价格回撤来分析升势的方法就显得比较成熟，其历史也比较悠久，如果我们将各趋势线连成一体，那么，一个比较真实的上升趋势的画面就会展现出来。

同理，在判定下降趋势的过程中，我们也要将相关产品价格反转上扬所形成的顶点连接成相应的趋势线。在降势当中，相关产品的市场价格连创新低，于是，新底则更低于前底，但由于弱势持仓者恐慌情绪的蔓延，降势中价格下跌所形成的各个"尖底"是不规则的，所以，透过相关价格反弹上扬所形成的顶部描绘一条下降趋势线，就能更加准确地反映价格下行的状态。

趋势线最重要的特征是它倾斜的方向，若其高抬，则多方占优；若其下指，则空方占优。趋势线期限越长，连接的价格点位越多，它就越有效。趋势线的角度反映了市场交易人群情绪的变化：当市场安静的时候，平淡的态势会持续很长

⊖　在短时间内，逢低买入，逢高卖出。——译者注

时间；如果某种趋势运行加速，那相应的趋势线就要被重新描绘成比较陡峭的形态。当相应的趋势线上扬或下指的角度超过60°，那当前的趋势会被"打破"，同时会出现大的反转，这种情况有时出现在柱形图尾部形态的末端，此处有大批的交易者平仓出场。我们用电脑或格尺描绘趋势线的时候，最好透过相关价格密集区的边缘同时勾画相应的支持线与阻力线，因为这些价格密集分布的区域反映了交易群体中大多数人的行为；而对那些意志最薄弱的交易人群因恐慌而做单所导致的极端价格点位，我们不必在意。

袋鼠尾形态　趋势要花很长时间才能形成，而生成几个尾部形态（以下简称尾线）只需要几天就够了。通过观察尾线我们可以洞悉市场的心理活动，发现价格反转的区间，并因之找寻交易的时机。在测试价格走势的过程中，一条尾线能够为当天提供一个反转的信号。在一定时间序列的柱形图的初始和结尾处，我们需要用至少3根柱子生成一条尾线，这条尾线应由几条相对狭窄的柱子构成，自然，我们也要同时关注中央广阔区域里的柱子图形。中部的柱形图自然也生成尾线，但在第二天到来之前你是无法确定的；而其间若有一根柱子的底边突然收窄，你一定要盯紧它——尾线形状从紧密编织的价格网络之中脱颖而出，由它所提供的信号是不可以错过的！

如上所述让我们联想到一种动物——袋鼠。与马和狗不同，袋鼠是用尾巴"后挺"来推动身体向前跳跃的。你可以根据这种动物尾巴所指的方向来判断其前进的方向。若袋鼠尾向北，那它就往南跳；反之，这只袋鼠就往北跳。而在市场当中，袋鼠尾形态往往出现在相关行情的拐点之处，相关产品价格走势的反转就好比是袋鼠所做的一个与其尾部指向相反的跳跃，而一个袋鼠尾部形态的出现虽然不能预测一波行情的上下界限，但这"第一跳"经常要持续几天，如此则会提供给我们一个交易的机会。如果确认这种袋鼠尾形态并据此做单，相信你会做得很好。

在你依据任意一个模型做单之前，你必须理解这个模型形态究竟要反映什么样的市场情况。那么，相关市场行情为什么像袋鼠一样做"反跳"呢？

其实，交易所的操控者是通过扩大交易量而不是通过判断相关产品的价格走势来获利的。市场行情上下的波动、交易者对价格点位不停的追逐都会带来最大数量的交易订单。其实，这些做市商并不知道相关产品的价格会升、降到一个什么样的水平，他们所做的就是把价格推到更高或更低的点位。而一个"袋鼠尾"形态则显示了市场已经检验并且否定了某种特定的价格水平。

如果相关市场行情跌势过猛且出现反弹，这种状况表明：相关产品价格即使继续下行，它也不会再吸引订单了，接下来，市场要做的是使相关价格上扬，并以此来检测稍高一些的价位能否扩大交易量。反之，如果某种产品的价格上涨过高且向下反转，如此则会在柱形图上留下一个"上指"的袋鼠尾形态，这种情况表明：相关价格的"高腾"已不合时宜，做市商们要在市场中做空来拉低价格，并以此吸引更多的订单，从而扩大交易量。总之，袋鼠尾形态的生成是金融市场操控者为使其收益最大化而"运作"的结果。

无论何时，当你发现在当前的趋势中存在一条很高的价格柱子（其价位是近几个月来价格平均值的数倍），你就要警惕：一个袋鼠尾形态有可能形成，而一旦第二天的柱形图收至此"高线"的底边且变得很窄小，那它就完全是一个袋鼠尾形态。这时，你要在这一波行情结束之前，根据此形态置入你的交易订单。

综上所述，我们可以得到这样一个结论：

（1）当相关产品的行情呈现一个下指的袋鼠尾形态时，你要在靠近"此尾"底部之处做买单。而一旦做多，你要把握的原则是：在此尾部形态下方大约 1/2 处设置止损单，如果市场要吞噬这个袋鼠尾形态，你要毫不犹豫地出场⊖；至于"止赢"点位的设置，你最好参考"移动平均线""价格通道"等相关的技术指标。

（2）反之，当产品价格呈现一个上指的袋鼠尾形态，你就要在靠近此尾部形态底部的区域内做卖单。而一旦做空，你要以同样的方法在此尾部形态之上设置止损单，如果行情继续上扬，你要毅然离场，不要等到市场将此形态完全淹没之时；同样，止盈价位的设置也要参考移动平均线和价格通道等指标。

你可以在任意的时间框架内根据袋鼠尾形态进行交易。在此情况下，我们普遍参看的是日线图（以每一天为时间节点），你当然可以根据一天以内的柱形图或者是周线图来做单。我们要了解的是：在金融市场中，产品价格波动的强度与其时间结构密不可分，周线图上的袋鼠尾形态所引发的波动效应要远远大于 5 分钟图上的。

⊖　此处，作者所要说明的是：一旦价格下跌打破这个尾部形态，那么，重新呈现的下降通道的中央或者尾部与新的目标"底点"垂直连线的 1/2 处，是设置止损的地方。——译者注

趋势线和袋鼠尾形态如图 5-1 所示。

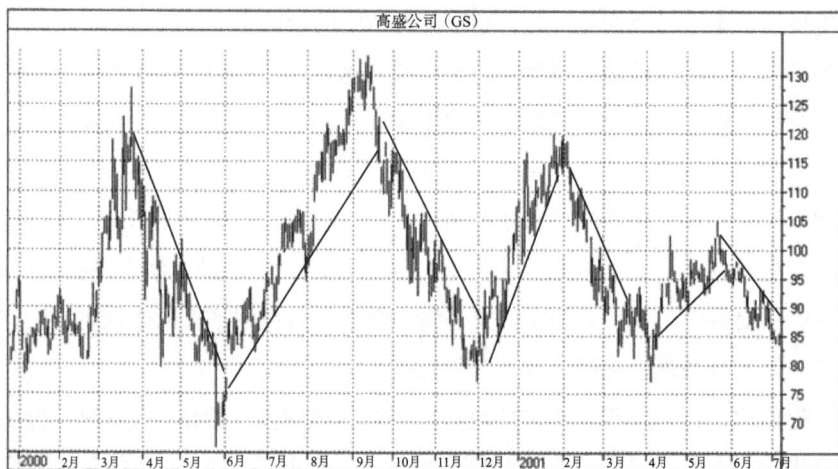

图 5-1 趋势线和袋鼠尾形态

如图 5-1 所示：透过底部描绘的上升趋势线反映的是上涨的态势，而透过顶部所刻画的下降趋势线表明了价格下跌的情况。注意：各个趋势相关通道内的价格点位可以轻易地穿透趋势线，但并不打破此趋势的结构及相关通道，这些价格点位就像橡胶条一样附着在趋势线上，并在既定的趋势结构当中上下延伸。如果你要根据趋势线倾斜的方向做单，你要在靠近它的地方理性地寻找入场点位。而一旦趋势线达到一个新的高点或低点，若再按此趋势做单就显得过时了，这就好比一条年长的老狗所剩的时光已经不多了。图 5-1 右端表明：自 2001 年 5 月以来，该公司股价一直呈现下降趋势，但相关价格的低点离对应的趋势线越来越远，因此，如果你是做空该只股票的，那你此时应该考虑的是平仓获利的问题。

请注意 2000 年 5 月、11 月以及 2001 年 4 月所形成的底部上的几根柱子，同时还要注意 2001 年 5 月形成的最接近当前时刻的顶部上的柱子组，你会发现：这些柱子所生成的就是袋鼠尾形态。而这些形态形成后，市场行情即出现拐点。这说明：在当期的时间序列之内，相关市场行情以一根柱子的形式验证了一个既"空前"又"绝后"的新高或新低，之后，相关价格就会告别极端的点位而反转运行。你可以根据此种情况判定一个袋鼠尾形态，并以此为基础做单。

支撑位、阻力位和假突破 大部分投资者所做的交易其实就是他们以买单与卖单的形式，在金融市场中做出的具有感情色彩的金融承诺，交易者情绪的变化能够推动相关市场呈现出这样或那样的行情与趋势，同时也能使这些趋势发生相应的反转变化。

产品价格在一个特定的水平停留时间越长，在此价位做单的人就越多。例如：一只股票从 80 美元降到 70 美元并在此价位徘徊了几个星期，很多人就会相信这个价格已降到底部，相应的点位是一个支撑位，于是大家在此"做多"。那么，如果大量的卖单入场，将股价打至 60 美元，如此会发生什么情况呢？聪明的多头在股价降至 69 美元或 68 美元的时候就会出场；而那些在场坚持、做买单的交易者就要经历一个很"痛苦"的下跌过程，而一旦该股价反弹回 70 美元，如果这些多头手中的买单还在，那他们会"如遇大赦"般、迅速地抛出这些多单，而他们用以平仓的空单又会、最起码暂时会"封住"该股价的上涨行情。多方这种痛苦的抉择使得之前的支撑位被打破以后，在行情反弹时就会变成阻力位；反之亦然。

投资者心理认知上的后悔情绪也是形成支持位和阻力位的一个动因。例如：如果一只股票在 80 美元的价位停了一下，然后上升至 95 美元，那些在 80 美元没有买入的交易者感觉就像没赶上火车一样难受；如果该股票又降回 80 美元，这些感觉以前丧失机会的交易者就会在此价位买进。因此，由于投资者长期心理上的认可，某些特定的支持位和阻力位会持续存在几个月，甚至几年。当价格达至这些长期存在的点位时，一些人会抓住机会入场，而另一些人则会适时地平仓出场。

当你参看图形做单时，你务必要透过近期的几个底部与顶部描绘相应的支持线和阻力线；同时，你要对在相关区间内逐步形成的某种趋势有一个恰当的预期，然后以此在区间内做单获利。你要记住：支撑位和阻力位不是一成不变的，是要做弹性波动的——它们不是玻璃墙，它们好像牧场周围用金属线编织围成的篱笆。玻璃墙坚硬但易碎，而即使牛群冲击篱笆墙，用口鼻撞它，这个墙可能会倾斜，但不会倒下。

市场行情经常在支持位以下、阻力位之上出现"虚假破位"的情况，相关价格在做了短暂的突破之后，又返回以往的波动区间内运行。比如：上升式假破出现在上涨的行情之中，价格一旦突破至阻力位以上，就会吸引大批多头入场，然后它再反转向下，套牢买单；而下降式假破则出现在下跌的行情当中，当价格跌至支撑位以下，就会引诱大批空头进场，然后它再调头上扬，套牢空单。

上述的假破方式为那些职业交易商提供了最佳的交易机会。这些人很熟悉袋鼠尾形态，而在此形态中，只有一根宽大的价格柱子。但假破在柱形图上的形状是同时出现几根柱子，你找不到任何一根是特别高大的。那么，是什么情况引起假破的现象，而你又要如何应对呢？

一般来说，在一个长期的升势即将结束的时候，相关产品价格升至阻力位，停顿一下，然后猛烈冲击该价位。这时，职业操盘手看到在阻力位之上有大量买单存在，这些买单有些是希望通过价格破位上涨而获利的交易者设置的预约单，另一些是在阻力位附近做空单的交易者所设置的止损单。而这些操盘手本身就是做市商，因此他们知道场内交易者所设的止损点基本在什么位置上。

在做市商要穿透场内交易者及投资者止损的时候，就会出现假破的情况。比如：当一只股票价格即将达至其相应的阻力位60美元时，交易商们可能在58.85美元附近植入买单，当相对的空方势力稍减，股价就会达到60美元以上，于是空头的止损就会被穿透；接着，交易商们在60.50美元的价位以空单平掉多单；当看到买单即将枯竭以后，交易商们又会将该股票卖回60美元以下。这时，柱形图在60美元以上就会呈现一个假破的形态。

标准普尔500指数期货就是以假破而臭名昭著的。该指数的当前价格总是比前一天的最高点或最低点高出或降低几个点位（"一点"是交易所内金融工具价格变化的最小"呼值单位"）。因此，标普指数很难做，但它却能使很多"初入市者"蜂拥而进，而他们的订单却成了场内交易商的"美餐"。

我们要知道：假破之后会出现最好的交易时机。当上升式假破形成以后，相关价格会跌回以往的区间运行，那么，你可以非常放心地做空，同时在假破形态的顶部设置止损单；反之，在下降式假破完成之后，产品价格会反弹回至应有的波动空间运行，这时，你完全可以做多，并在此形态的低端设置止损。总之，如果你还没有平仓，为了防止假破的情况发生，你要尽量压缩交易规模，同时把止损点设置的远一些。如果你的止损点被穿透，你要准备重新再进场。

在你"仓轻"⊖的时候，你可以更加大胆地做单，即可以把止损点放得更远一些；如果某种金融产品价格的波动性很大，你要用空单为你的买单来保驾，用多单为你的卖单来护航；最后，如果你的止损单被穿透，不要气馁，要重新振作再来。一般情况下，金融交易的初学者往往在相关的价格点位只做一次交易，一旦止损盘被穿透，就不再进场；而专业人士往往在事前就制订计划，要在相关金融工具的市场中几进几出，直至将其钉牢。

⊖ 即投资者交易的单数不多。——译者注

支撑位、阻力位和假破如图 5-2 所示。

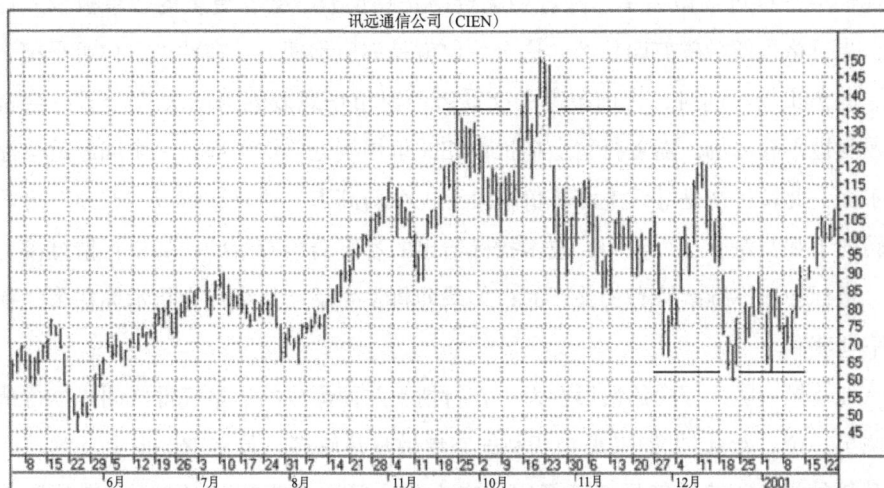

图 5-2 支撑位、阻力位和假破

如图 5-2 所示：2000 年 9 月，Ciena 公司的股票价格达至 140 美元，形成一个顶部，然后上下徘徊，在当年 10 月份上扬至 150 美元以上，几天后又跌回前期顶部（140 美元）以下。在 150 美元以上做买单的投资者会变得很可怜，难道他们真的需要这只股票吗？而此图所呈现的上升型的假破形态表明该股票牛市已经结束了。

2000 年 12 月，市场的空方在 65 美元附近筑底，但过去做多的投资者因绝望而抛售手中的股票，于是该股价在 2001 年 1 月份跌至 60 美元附近。在图 5-2 的右端我们可以看到：Ciena 公司的股价在 2001 年 1 月份后一个月的时间上涨了 50%，远远地离开了前期的底部，而在靠近前一底部附近做空的投资者已被死死地套住了！其实，类似这种情况，我们可以很轻松地运用技术指标来发现相关的转势信号。至于如何运用，我们会在后面内容中要做详细的探讨。

双顶和双底 多头因市场行情上扬而获利，而在价格上涨的过程中，确实会有一些人平仓获利；但由于又有一批做多的交易者陆续进场，相关产品的价格就会持续上升。每一波上涨的行情都会把价格推至一个特定的点位——在此处，总会有相应的多方因价格上涨而欣慰，且对未来做出更加乐观的预期。但这些做买盘的交易者为了规避风险，要将盈利的头寸变现；而当平仓获利的多单数量足够大，且新入市的买单不足以维系价格的升势，那么，上涨行情的顶部就会浮现出来。当行情转头向下的时候，已平仓获利的多头是最轻松的。而那些没有"出场"的做多的投资者，特别是稍晚入市的多头就会感觉"被套"，其头寸的收益会渐渐消失，甚至出现亏损，那他们是继续持有还是平掉多单呢？

如果多头所持的资金足够多，同时他们判断相应的降势其实是被夸大了的，那他们会继续进场做买单；随着相关价格止跌反升，会有更多的多单被投入场中，当价格重新触碰前期顶部，这个价位就是你所预期的，在此处，你可平掉多单、冲击市场；同时，之前被套的交易者面对市场恩赐的第二次"生机"，会奋不顾身地平仓离场。随着行情上扬推动相关价格接近前期顶部，一个问题就会浮出水面：此番行情是继续上涨将价格推至一个新高点，还是在形成"双顶"之后反转向下呢？对于这个疑问，技术指标给出的答案会很有帮助：如果行情继续上涨，指标会让你继续持有相关产品；如果即将发生反转，指标会指示你在第二顶处平仓获利。

如镜像一般，相同的情形会发生在行情下跌而形成的价格底部区间。当行情下调至一个"新低"，如果平仓获利的空单数量足够多，价格就会向上反弹。一旦升势枯竭，价格重新回落，场中所有人都会关注前期的底部能否"撑住"此一轮下跌——如果空方强、多方弱，相关产品价格会破位下行，此番跌势将再创"新低"；反之，若多方强、空方弱，则此番降势中的相关价位将停在前期底部附近，并与之形成双底。关于这些问题，运用相关技术指标能够帮助我们对此加以更加清晰的辨认。

双顶、双底和交易量如图 5-3 所示。

三角形　三角形态呈现于多空双方势力犬牙交错的、价格密集分布的一个特定区域之中。在此区间，由于获利方平仓套现，同时新的追踪趋势的投资者订单也在逐步展开，而对手方对既定趋势的对冲也在同步地进行当中，因此，相关行情会出现一个短暂的"间歇"——它就像一个火车站，在这里，有一批乘客要下车，而新的乘客要登车。它的特殊性在于：此站常常是该列车做出继续前行还是调头回转决定之前的最后一站。

具体来说，一个三角形态的上缘显示了空方势力大于多方势力，因此上升的行情被遏制；而三角形态的下缘表明多方力量优于空方，如此则下跌的行情被阻滞；一旦三角形的上、下两边趋于收敛，则行情的突破就即将来临。一般来说，关注三角形态呈现的趋势对我们无疑是有用的。因为某个三角形态上下两边收敛而成的角度反映了多空双方力量的对比，同时提示了相关行情有可能向哪个方向突破。

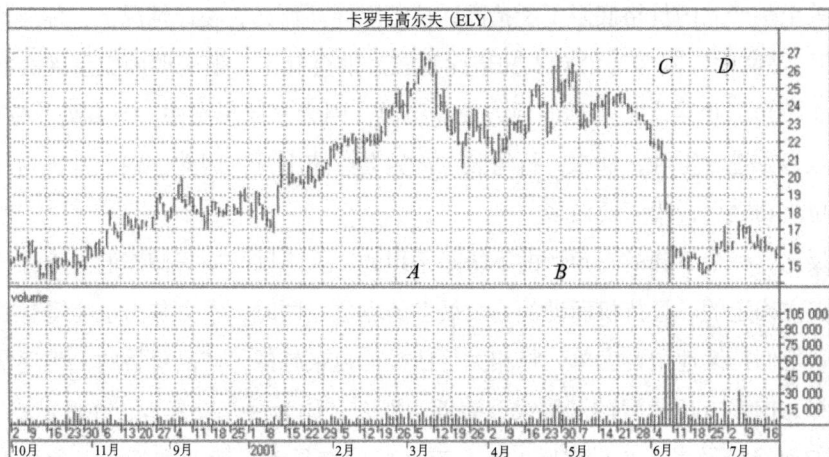

图 5-3　双顶、双底和交易量

如图 5-3 所示：卡罗韦高尔夫 (ELY) 公司股票在 3 月达至一个高点，27.18 美元，即点 A，然后在此附近经过多、空几番争夺；4 月，该股价被打至 26.95 美元，即点 B。几天后，股价自 B 点上扬，与 A 点价位接近，形成清晰的双顶形态。此时，通过研究相关技术指标（如何研究在后面探讨），我们发现：相关行情即将反转向下。

6 月，该公司的创始人，Big Bertha 高尔夫俱乐部的投资者因病逝世，而相应的股价呈现出大跌的趋势。基于一种完全程式化的、感性的因素，投资者大量抛售该公司的股票，他们并不考虑：因某个人的逝世，一个大型的、根深蒂固的企业是否也随之毁灭。

6 月伊始的跌势到后来变成了股票自身价格的下滑，因为在"超低"的价位，大多数的交易者是不敢做空该只股票的。我们注意一下图形下方相应的交易量指标，6 月的成交数量大得惊人，这反映了市场中极度的恐慌情绪。

股价走势图中的 C 点附近呈现出一个近似的袋鼠尾形态，虽然它不是传统意义上的标准形态，但这并不影响我们的判断。果然，股价反弹至 D 点，价格超过 17 元，只不过，此番反弹是一种正常的回调，并不能表明多方势力增强，因此，此种情况通常被称为跌势的"回光返照"。

在 ELY 公司股价图形的右端，该股票的价格渐渐跌至"距离"最近的前期底部的点位，且交易量不大。如果股价自此上扬，那么，双底的形态就形成了。

图形右端的模式是一个标准的、程式化的降势形态，即股价先行下降，随后出现昙花一现式的反弹，然后继续下跌，形成双底；一旦股价自"第二底"重新反转上扬，那么，一个持续的升势就会展现出来。

一个上升三角形的上缘是平坦的，下缘是向上倾斜的。平坦的上缘表明空方已连成一线，当价格抵近上缘时，他们会毫不犹豫地做卖单，这些空头力量强大，他们静静地等待价格到位，然后沽出；与此同时，多方势力也在集中，他们将相关金融产品的价格底限不断抬高，接近上缘。那么，在此情况下，你要如何"选边"站队呢？其实，没有人知道此番较量谁会胜出。但聪明的交易者会在上升形态三角形顶边之上不远的地方设置买单，因为在此形态中，空方处于守势，而一旦多方进攻得胜，那么，行情破位之后会急速上升，因此，在上升三角形向上破位成功之后，我们要做多。

反之，一个下降的三角形的下缘是平坦的，上缘则是向下倾斜的。下缘的横边是多方确定的、且待机而动的一个做多的点位。同时，空方势力也变得越发的集中，他们持续地抛售卖单，将相关行情推得越来越低，产品价格的上限逐渐接近下缘，向多方所设置的"防线"靠近。那么，作为一个交易者，在此状态下，你要如何选择做多还是做空呢？一个有经验的交易者一般要在下降三角形下缘之下不远处设置空单。如此，下缘所支撑的点位能否保得住，就要看相关多头的力量如何，而一旦被多方长期维持的下缘被空方"击穿"，则相关行情会急速地下跌，由此而得到的结论是：下降三角形向下破位以后，我们要做空。

一个对称的三角形表明：多头、空头各自信心满满，双方力量均衡。在此状态下，多方持续向场中注入买单，空方持续植入卖单，两边互不退让，他们之间的"战斗"在相关价格点位达至三角形的顶端（即上下缘收敛之处）之前，是非常激烈的。而对称三角形态被打破之后的价格走向一般要延续此种形态形成之前的行情与趋势。

三角形、旗形与矩形如图5-4所示。

交易量   每个单位的交易量都代表了一个多头和一个空头的行为，它可以用几个计量数据来表示，即一定数量的股份、一定规模的合约或者是一定金额的换手资金。交易量指标在柱形图中位于价格图以下，以直方图的形式表现出来，其重要性在于提供了多空双方如何行动的线索。交易量上升是对已形成的趋势的确认；而交易量下降则表明其对既定的趋势产生出一种疑问。

交易量指标反映了市场参与者之间彼此承受损失的能力和水平。因为在每一笔交易中，必然是一方盈利，另一方亏损。市场行情之所以波动，是由于：在此"零和游戏"当中，亏损一方的新成员向盈利一方提供了足够多的收益。如果行情下降，一些大胆的、鲁莽的多方就会进场做买单，如果没有他们，交易量就不会增加；反之，一旦相关趋势上扬，就会有一批勇敢的、同时也是莽撞的空方入

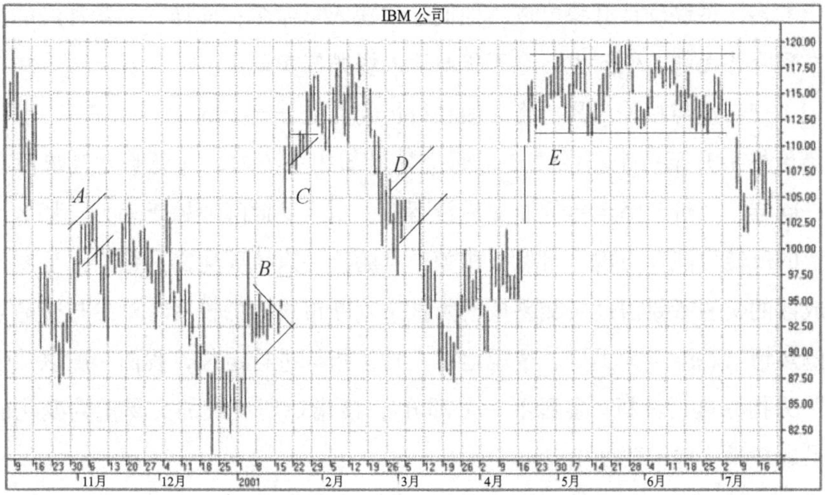

图 5-4　三角形、旗形与矩形

如图 5-4 所示：图形形态好比是多空双方的足迹。形态 *A* 与形态 *D* 被称为旗形——在一个价格密集分布的区域形成后，突然出现快速上升或急速下降的柱形，就好像一根旗杆挑着一面旗帜。当旗形按着形态 *A* 所呈现的趋势延展，那么，一个急速反转的行情就会出现；而当它的运行轨迹与形态 *D* 所展现的趋势相对冲，那此种旗形生成之前相邻的那一波趋势会被强化，并得以延续。于是，在相关旗形的边际之上下，你可以植入相应的买单或者卖单。

形态 *B* 是一个对称三角形，形态 *C* 是一个上升的三角形——破位之后，行情基本延续了该三角形形成以前与之相邻的那一波行情走势，特别是那些排列紧密的、只包含几根柱形的三角形，呈现的此种特征尤为明显；形态 *E* 被称为矩形模式——在此形态下，要注意多空双方是如何冲击此矩形的上下边际的，同时，要关注因之而出现的"假破"；矩形形态出现后，你不要过早地入场做单，当价格点位决定性地突破矩形以后，一个反转的行情一定会出现。

图形右端显示：相关价位已处于矩形下缘几个关键的支持位以下，它就像一个在浮冰之下即将溺死的落水者——如此，可判断趋势向下，价格如果上扬，那就给你提供了一个做空的机会。

场做卖单。所以，交易量上升表明亏损一方不断有订单入市，这样，相关的行情就会持续；而一旦亏损方"砍单"离场，交易量就会下降，相关的行情趋势也就消失于无形了。如此，交易量指标能够为交易者提供一些有意义的启示：

（1）在图形上，伴随着过往的交易区间被突破，单日交易量指标如果达至一个非同寻常的高点，那表明某种行情趋势已经开始；而如果波动的行情已习以为常，根深蒂固，此时如果单日交易量指标呈现高点，那就意味着相关走势即将结束了。

超过平均水平两三倍的交易量指标反映了相关市场的一种忙乱不堪的状态：

当紧张的多方最终确认升势已成，他们会快速入场做多；同样，绷紧神经的空方突然发现降势无底，他们也会毫不犹豫地入场抛售卖单。

（2）交易量与相关产品价格一般在行情拐点处分道扬镳。

当价格上升至一个新的高点，而交易量却相对萎缩，这说明此升势没有吸引力；同样，当价格降至新低而交易量下降，也表明此降势缺乏动力，那么，一个向上的反转可能会出现。自然，相关产品的价格点位要比交易量指标重要，但是，成熟的交易者要通过对交易量的衡量来判断市场中的投资者对参与交易某种产品的热情与态度。为了更加客观地对交易量指标进行定位，我们一般以"强力指数"为指标进行分析（参看下一个部分），该指标所反映的交易量的变化能够给交易者提供一些重要的信息。

📈 技术指标——弹夹中的五发子弹

我有一个朋友在第二次世界大战期间是一个坦克手，从斯大林格勒到维也纳，遍布着他的战斗足迹。为了保养自己的坦克，我的这位朋友总是随身携带三件工具，或者说是"助手"：一个大号的锤子、一个大号的螺丝刀和一句求助的俄语。凭着这些简单的工具，他最后凯旋而归。从中我们或许能够学到一些经验来面对充满风险的金融市场。

一个不成熟的交易者总是不断地尝试着从这样、那样的产品上赚得一些收益，他今天用一个分析工具，明天再用一个，整体而言，其思维是散乱的，其交易也总是赔钱的，其结果只能是"喂饱"了他的经纪人以及相关的做市商。这就像一个没有经验的猎手背着一大堆东西走进森林，但是不久就会发现其中有用的不多，这只能使他越走越慢。而打猎时，他对任何一个移动的靶子都要瞄准，甚至包括自己的影子。而一个老练的猎人知道什么是轻装上阵，同时他也知道自己要追逐的猎物什么，这样，他只需带几发子弹就可以了。由此，我们得到的金融交易的法则是：简单易行并且遵守纪律。一个成功的交易者所经营的金融产品不会很多，选择的技术分析工具也只有几种而已，但他能够很好地运用这些工具为自己服务。如果你跟踪5只股票，你的研究深度与结果会比你跟踪50只股票要好得多；相对于25种技术指标，如果你只运用其中的5种进行行情分析，你的收益也一定会更多，而一旦获得了稳固的收益，你就可以将你的研究在不同的市场扩展开来。

我们所要讨论的技术指标可以由每个交易者进行选择，我将指标分析称之为"弹夹中的五发子弹"——老式军用来复枪的弹夹中只有五发子弹，同样，我所选取的技术分析指标也不会超过5种。如果5种指标对你帮助不大，那10种也一样，因为相关市场本身就有可能没有交易。我将这些指标排列出来供你选择，你要根据不同的交易群体以及交易群体的不同行为模式来发掘相关指标所揭示的普遍规律，其中关键的问题是：你要如何选取适合你的技术工具来进行分析与交易？

我们所要研讨的技术分析工具有：移动平均线、价格通道、平滑异同移动平均线、平滑移动均线柱图、强力指数。这些指标构成了庞大的交易系统。自然，世界上没有完美的技术指标，它们各有优缺点。而对相关指标各自的优势与劣势，我们要有清醒的认识，因为我们要做的是把几种指标融入系统当中，从而充分发挥它们的整体优势，同时使其劣势相互抵消。

技术分析工具的选择

市场行情的波动经常使交易者感到迷茫，因为它常常呈现出两种趋势——在周线图上是上扬的，而在日线图上是下降的，并且任何一个市场在相关行情发生反转之前是不会发电子邮件通知你的！一只沉寂很久的股票会突然变得炙手可热，而一只过去非常热门的股票也同样可以变得无人问津，以至于长期"冻结"你的资金。

所谓金融交易是一场非常复杂的、不同寻常的"游戏"。金融市场当中充斥着大量的交易人群，而技术分析所反映的正是相关投资者的交易心理，因此我们要选择几种分析工具来判明市场交易行为的各个方面。在使用任意一个指标进行分析之前，你一定要先理解它的构成以及它所要衡量的内容。我们也要依据历史的数据对它进行验证，还要掌握它在不同条件之下的运行情况。而一旦你开始检验某个特定的分析指标，你要参照不同的情境变化对它进行调整。最后，你要将之转换成一个自己可信赖的交易工具，并且要"如心使臂"般地熟练地使用。

工具箱与黑匣子　我一直在关注交易者方面的杂志上面的一些广告，因为它们展示了一些电脑品牌，同时还配有由这些电脑磁盘自行驱动输出的价值100美元的账单。我非常想掌握其中一种驱动模式，不过，我想学的不是输出账单，而是输出现金。通过电脑"吃"钱很容易，但要让它把钱"吐"出来就困难了。这些广告还销售一些电子交易系统，称之为"黑匣子"，这个系统将一系列交易规则进行编程，并将之拷贝到磁盘或CD光盘上，同时申请了知识产权保护。这个系统出售给你之后，将为你提供一个能够存储大量市场交易记录的特殊工具——此类工具可以通过收集与市场行情有关的大量数据资料，指示你何时做多、何时做空。其实，编辑这种黑匣子的人和马戏团的小丑没什么两样，如果你相信他们玩弄的把戏，那你在金融市场上能否赚到钱就只有天知道了！一个存储交易记录的超大容量的封闭式系统对我们来说没有任何意义，因为它所提示的交易规则是以过时的数据指标为基础的；任何一台电脑能提供给你的都是过时的交易手段与交易原则。即使包含了自我优化的程序，这种黑匣子式的系统在市场行情发生变化的时候，也会自我"毁灭"。一些初窥门径的金融投资者从黑匣子中体验到一种安全感，他们为此类系统提供了存在的市场空间，但他们的感觉是错误的。

其实，好的软件包应该是一个工具箱——它由一系列的技术工具组成，可以对行情做出分析，还可以帮助你做出判断与决定。一个工具箱能够下载数据、描绘图形、刻画各类指标、标注各种交易信号。虽然它能够提供图形与分析工具，但它的任务是使你能够自己做出交易抉择。

任何工具箱的核心系统都是它的指标序列——这些工具可以过滤原始数据的"噪声"，并且发现噪声背后的行情趋势以及相应的变化与反转；一个好的工具箱允许你修正相关的指标，你甚至可以设计自己的指标系统。但指标都是客观的：你可以对相关的价格走势有不同的看法，但当各种指标都显示行情要上扬时，那它就会上涨；反之，行情就会下降。你要记住：各种指标都来自于产品的价格，指标越复杂，那它离价格就越远，它的现实意义就越模糊；相关金融产品的价格是原生的，相关技术指标则是从中衍生的，对它们的选择是越简单越好。

追踪趋势指标与行情震荡指标　学习运用指标进行分析的方法就像学习外语一样：你要深入其中，不断地纠正错误，不停地练习，直到能够非常熟练地运用它们为止。

优质的技术指标分析工具很简单，它们在市场条件发生变化时，同样能够被良好地运行。这些指标系统相对独立，不易受参数变化的影响。例如：在17日窗口上的某个特殊指标如果给出一个重要的信号，在15日窗口上你是看不到的，在此情况下，你将15日作为参数可能就没有多大用处了。所以，一个良好的指标系统需要在比较宽的时间跨度上提供具有价值的交易信号。

我们把技术指标分为三组：趋势跟踪指标、震荡指标、综合指标。当你使用某一个指标时，你要知道它属于哪个组。而每个指标组都各有优缺点。

（1）趋势跟踪指标包括移动平均线、MACD线（平滑异同移动平均线）、方向指示系统以及其他指标。

抓住大行情意味着你能赚到"大钱"，而通过研究与趋势相关的各个指标，你就可以在升势中做多，在降势中做空。追踪趋势指标本身具有一种惯性，这种惯性使之可以锁定相关行情并顺势运行，但相同的特点又使这些指标在相关价格的拐点处稍显滞后。你要认真分析这个指标组的优势和劣势，就像对待一个矛盾的两个方面，不能够顾此失彼。

（2）震荡指标包括强力指数、相关价格的波动率以及相关的随机指标。

这个指标组可以抓住相关行情运行的拐点，它能够判明当前市场是处于超买（价格过高待降）还是超卖（价格过低将升）的状态。震荡指标对于判断在区间内的走势最为有用，它能够发现相关走势是向上反转还是向下反转。在产品价格做比较平坦的横盘运动时，抓到行情反转的信号就等于在提款机上取钱——每次不会很多，但每次都有斩获。震荡指标的缺陷是在升势中常常过早地给出卖空信号，而在降势中又经常过早地给出做多的提示。

（3）综合指标主要包括看涨共识、交易者的态度、新高与新低指标等。

这组指标主要是衡量当前市场的情绪状态，它展示的是看涨行情还是看跌行情。

各组指标经常是相互矛盾的。比如，当市场行情上扬时，趋势跟踪指标指示我们做多；而同时，震荡指标又显示当前市场处于超买，提示我们应该做空。同样，在降势当中，当趋势跟踪指标给出做空的信号；而同时，震荡指标显示当前超卖，这又给出了一个做多的信号。那我们究竟要相信哪个呢？我们在柱形图上可以很轻松地找到答案，但在右端，即我们要做决定的地方，就不那么容易了。一些初学者对这种复杂性视而不见，他们只选择一种指标进行分析，然而在不知不觉中，行情已经发生意想不到的变化了。另外，还有一些人自制一种决策池：他们把一系列的指标放在一起，然后将各种信号加以平均得出结论。但是这种做法没有意义，因为决策正确与否取决于池中所选取的指标数据，选择的指标不同，得出的结论亦不同。其实，应对各指标之间相互矛盾的情况，我们设计了一种三重滤网系统。此系统将不同的时间跨度与各类指标联系在一起，对于相关问题的解决，有一定的帮助，我们在下面要做详细的描述。

时间——以五进位制衡量的要素 一个电脑屏幕可以轻松地展示 120 根高开低收的价格柱子。如果你打开的是月线图，每根柱子代表的时间是一个月，那么，在月线图上，你所得到的是 10 年的数据，这是多么磅礴的一幅画面哪！你同样可以在周线图上看到过去两年的行情，也可以在日线图上发现过去几个月的相关市场情况。如果打开小时图，每根柱子的时间跨度是一个小时，你就可以聚焦过去几天的行情，同时发现一个短期的趋势。如果你想把时间拉得更近一些，你可以打开 10 分钟图，图上每根柱子代表的是 10 分钟以内的市场情况。

当我们观看这些柱形图时，你会发现：在相同的时间序列里，不同期限的图形所展示的行情波动的方向是不一样的。相关价格在周线图中呈现出来的是升势，而在日线图中展现的却是降势；在小时图中下降，在 10 分钟图中却上扬。那么，你要以哪个趋势为准呢？

大部分初学者常常只关注时间跨度，他们习惯于参考日线图做单。但问题是，一波新的行情走势如果呈现于其他的时间跨度当中，那他们会因为短视而蒙受损失，另一个严重的问题是：如果你参看日线图，那你和其他数以千计的交易者是平等的，因为别人也以日线图做参考，那你的优势在哪呢？你要选择哪一边"站队"呢？

市场行情如此复杂，以至于我们要在不同的时间结构之下对它进行分析。我在《以交易为生》中，第一次提出以"五进位制"的方法将所有的时间跨度联系在一起，而每个特定的时间跨度都可用此方法"收敛"或"离散"成新型的更高一级维度或更低一级维度——例如：大约 5 个交易的星期（准确地说是 4.3 个星期）可以归纳成一个交易月，5 个交易日可以并入一个星期，大约 5 个小时可以合成一个交易日，这是收敛的效果；而我们也可将一小时图拆分成 10 分钟图，将 10 分钟图分割成 2 分钟图，这是离散的效果。三重滤网系统的核心原则是：

你可以选取你最喜欢的一种初始时间跨度，然后迅速向更高一级收敛，收敛之后，可以做出战略性的决策，以决定是做多还是做空；决定之后，我们要返回初始的时间跨度，从中做出战术性的决定，确认入场点位、离场价位、止损点、止盈点。总之，在我们的分析中，我们要加入对时间跨度的衡量，如此，我们就可以在交易竞争当中立于不败之地。

我们对时间跨度的选取在两三种就可以，因为加入更多的时间跨度只能使交易决策的过程变得混乱。如果你参看 5 分钟与 30 分钟图做单，且不留隔夜单，那周线图对你来说真的是没有多大用处；而如果你参看日线图与周线图来判断市场行情，那 5 分钟图上的变化与噪声没什么区别。因此，你首先要做的是选取合适的初始时间跨度，然后向上一维度收敛，在新的时间跨度之下开始做出分析与判断。

移动平均线

移动平均线对交易者来说，是最为悠久、简洁，也是最有用的一种分析工具。它有助于我们辨明资产价格走势，也有助于我们发现入场交易的价格区间。我们在柱形图上标出移动平均线，图中各点反映的是相关资产最新的平均价格。

那么，移动平均线对市场运行规律从更深层次的角度来说究竟意味着什么呢？它到底要衡量什么呢？

我们知道，金融市场上每出现的一个价格都是市场参与者对相关产品价值的瞬间认知，它就好比是快照。如果你向我展示你朋友的快照，并问我他现在是乐观还是悲观，是处于牛市还是熊市？从一张照片我很难答复你。而如果你把他在10 日内同一种状态之下的快照进行排列，同时拿进暗室冲洗，你就会得到一张复合照片。而如果把照片上的 10 个画面彼此进行深度排版，在其褪色之前，此照片所反映的具有代表性的特征就会显像出来。到目前为止，如果你每一天都重复此工作，你就会得到他的情绪平均线。而如果你把他的这些复合照片排成一串，你朋友现在是高兴还是悲伤就一目了然了。

一条移动平均线就是一张相关金融资产市场的复合影像，它用新的资产价格覆盖一系列过往的价格。一条上升的移动平均线反映的是市场中交易人群的乐观状态，此时为牛市；而一条下降的移动平均线则反映的是市场交易群体的悲观情绪，此时为熊市。

一条移动平均线的形成不仅依靠数据，还要看我们如何去构建它。在勾画移动平均线的问题上，我们要采取一系列的措施使之免受市场噪声的影响。首先，我们要决定什么样的数据值得采信；其次，我们要选择合理的时间跨度，使之足以覆盖长期趋势与短期走势；最后，我们要决定合理的移动平均线的类型。

确定移动平均线所需要的数据 那些经常参考日线图与周线图的交易者经常以收盘价构建移动平均线。也就是说，收盘价反映的是每天最终的价值认知，是一天当中最为重要的价格。而5分钟柱形图或一小时柱形图上的收盘价不具备这种特殊意义。一般来说，日间交易者还是选取每一根柱形的平均价会更好。例如：他们可以将每一根柱形上的开盘价、最高价、最低价和收盘价相加，再除以4；或者将柱形上的最高价、最低价和收盘价相加除以3。

同时，我们还可以将移动平均线的原理应用到一些指标上去，如强力指数。一个初始的强力指数反映的是相关市场每天的交易量及价格变化，对这些强力指数加以平均，就会形成一个更加平滑的图形，它们能够反映这些指数的长期趋势。

确定移动平均线期限的长度 移动平均线有助于我们了解趋势。一条上升的均线会鼓励你去做多；反之，下降的均线会驱使你去做空。时间跨度越宽，移动平均线就越平滑。但这里有一个问题——移动平均线（期限）越长，它反映的趋势变化就越滞后；均线（期限）越短，虽然能较好地反映价格的变化，但对于与主要趋势相背离的认识就更为主观。如果你把移动均线拉得很长，它有可能错过一些重要的边际反转信息。而相对较短的均线从技术分析的角度来说，对趋势的变化比较敏感，但是，时间跨度短于10日柱形均线又不能达到追踪趋势的目的。

在我写《以交易为生》^Θ的时候，我采用的是13日柱形均线。但近些年来，我更趋向于将移动平均线的时间跨度拉长，以捕捉一些重要趋势，同时要避免一些瞬时背离的问题。我们在分析周线图的时候，一般以26周移动平均线作为参考，它们所反映的是半年的数据信息。你也可以试着将其长度缩短，看它是否还能保持平滑。在分析日线图的时候，我们以22日均线为参考，其反映的是一个

Θ 本书已由机械工业出版社出版。

月内所有交易日的数据信息，你也可以将其长度缩短一下。无论你选取的均线长度如何，你都要用自己的数据进行检验。如果你交易的品种不多，你就有足够的时间对各种长度的相关产品的移动平均线进行描绘，直至它们变得较为平滑为止。

任何数据指标的时间跨度是在柱形图上（而不是在日期上）被最为准确地表现出来。计算机并不知道你在分析日线图、月线图还是小时图，它只能识别柱形。即使你将日线图上得到的移动平均线拿到周线图或月线图上进行分析，我们最好还是称之为 22 日柱形移动平均线，而不是 22 日均线。

一些精通数学的交易者能够根据不同市场的条件变化，相应地采用不同长度的移动平均线，而这一方法是由约翰·艾勒斯（John Ehlers）、图沙·乾德和佩雷·考夫曼提出的。约翰·艾勒斯在最近出版的《交易者的火箭科学》（*Rocket Science for Traders*）一书中，对与当前市场条件相适应的各项指标都进行了深入的研究与探讨。

确定选取移动平均线的类型　勾画一条均线最简单的方法是将时间跨度上的价格进行加总，然后用和除以时间。举个例子，一条简易的 10 日收盘价均线就是把过去 10 天的收盘价加总再除以 10。这里的问题是：一条简易的移动平均线上的每一个价格在被纳入算式和被覆盖之时，会重复地影响此线两次，每出现一个新高值就会将移动平均线推高，同时给出一个买入的信号，这固然很好；但是，我们参考均线是为了让它们反映最新的价格变化，而如果 10 天之后，线上的高值在时间窗口上一旦下调，均线也会呈现下降趋势并给出一个做空的信号。这样就会变得很滑稽：因为我们如果将均线缩短一天，我们就会提前一天得到这个卖出的信号；反之，我们得到信号的时间就会滞后一天——那么，我们完全可以（主观地）操纵这些预兆性的信号，而无须考虑简易均线的时间步长！

一条指数平滑移动平均线（EMA）能够解决上述问题：它只反映入场价格，对不同时期的价格配以相应的权重——如此，该线并不是在时间窗口上覆盖往价位，而是随着时间的推移将更为远期的价格以较低的权重值推挤出去。其公式如下：

$$EMA = P \cdot K + EMA \cdot (1 - K)$$

$$K = \frac{2}{N+1}$$

式中 N——由交易者自行选择的确定指数平滑平均值的天数；

P——当天的相关资产价格；

EMA——前一日的指数平滑平均数值。

今天，很少有人亲手动笔去计算，因为用计算机测量数值会更快捷、更准确。如果我们决定参考 22 日柱形图中所有收盘价的平滑平均值，则 $K = \frac{2}{22+1} = \frac{2}{23} = 0.087$。

用 0.087 乘以当日的收盘价，再用 0.913（＝1-0.087）乘以前一日的平滑平均值，将两值相加，所得之和就是当期的指数平滑平均值。那么，初始的 EMA 值是如何得到的呢？我们在初始时刻，一般用简易的 22 日移动均线来计算初始的 EMA 值，然后，再以加权的方法确定以后的 EMA 值。这里要注意的是：在你得到有意义的信号之前，你需要运用一两个月的数据对绝大多数的相关指标进行分析。

交易信号 移动平均线（见图 5-5）最重要的信息是它倾斜的方向。当指数平滑平均线向上扬起，它显示出市场交易人群的乐观看涨情绪，这是"做多"的好时机；当该线向下倾斜时，它所显现的是市场中交易人群的悲观看跌情绪，而这又提供了"做空"的机会。

既然移动平均线上方指表示市场之上多头占优；反之，均线下方指意味着空头占优。那么，作为一个交易者，你就有三个选择：做多、做空或者不做。而移动平均线可以让你放弃三项选择中的一项——当它向上扬起的时候，你便不可以做空，如此，你只剩下做多与不做两种选择；反之，当它向下倾斜时，你便不可以做多，只剩下做空与休息两种选择。而当指数平滑平均线上下跳跃的时候，它表明相关产品的市场在多、空之间徘徊，趋势、方向都不明朗，此时最好不要采用追踪趋势的分析方法。这时，你要继续关注指数均线，但在新的趋势形成之前，对此线上出现的一些多、空信号不必太过在意。而一旦平滑异同移动平均线柱图，即 MACD 柱形图和资产价格之间出现牛市反转（信号）之后，你要抄底做单——这时你可摒弃移动平均线上的信息，但一定不要忘记设置严格的止损。如果你获得了收益，记住你的成功并不意味着市场的游戏规则发生变化，把自己凌驾于市场规则之上的交易者会失去谨慎与敬畏之心，从而损失大量的资金。

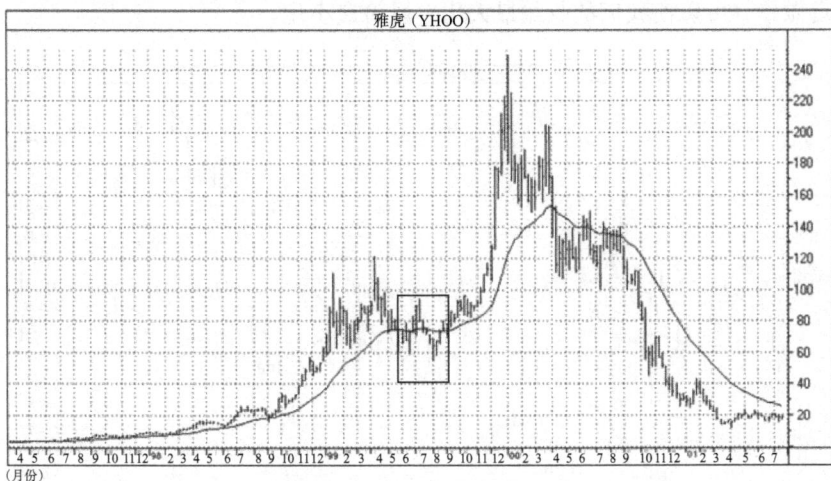

图 5-5　移动平均线——主要趋势

如图 5-5 所示：一条指数平滑平均线是缓慢且平静的，像一个安装在蒸汽碾路机上的风向标。它可以存在于各种时间结构当中，但指数平滑平均线的周线图最为有用——无论市场如何变化想将你晃出场，你都可以按此周线图的变化把握市场的主要趋势。依据移动平均线的周线图做单，你可以领先于很多交易者。同时，你可以根据指数平滑平均线所指示的方向，利用日线图，决定你是持仓在场、入场交易还是平仓出场。

图 5-5 中的 26 周指数平滑平均线展示了雅虎公司股票的一轮波澜壮阔的牛市行情。该股价在初始时刻趋势并不明朗，然后一路疯涨至 250 美元的"顶"，最后跌至狗窝一样的"底部"——如果你早上起床，按此周线图的方向进行交易，相信你的成绩不会太糟！

应该说，市场上没有完美的分析指标，同样，在市场（产品价格）走势比较平坦的时候，依据指数平滑平均线进行分析就存在一定的难度。图 5-5 中，在 1999 年时，指数平滑平均线开始横盘振动。这时多空方向不明，我们需要出场观瞧，或者以做短（期）单为主，这时我们很难把握市场的主要趋势。

请注意图上雅虎股价走势的三条尾线（第四尾线呈现的特征不如前三条尾线那么明显），每当出现一条尾线时，股价数周之内就会下跌一半。在上面的柱形图的最右端，股价走势趋向平缓，而指数平滑平均线呈下降趋势。这表明：股票价格已经见底，但买单不多——这使得指数平滑平均线上升乏力，在新一轮牛市到来之前，该均线的走势将被轧平。

我们在靠近上升的移动平均线的位置以多头进场，在靠近下降的移动平均线的位置以空头形式入场。一般我们用移动均线来区分"价值交易理论"和"博傻交易理论"（见图 5-6）。因为在多数情况下，上升的价格一旦回调至指数平滑平均线的位置时，升势往往被价格的下跌打断，因此我们要在靠近均线的位置做多，同时一定要在指数平滑平均线下不远处设置止损单。这样，如果资产价格重新提振，我们即可获利；若市场反转，则我们的损失会很小。所以，在指数平滑线附近做单，可以使我们的收益最大化、风险最小化。

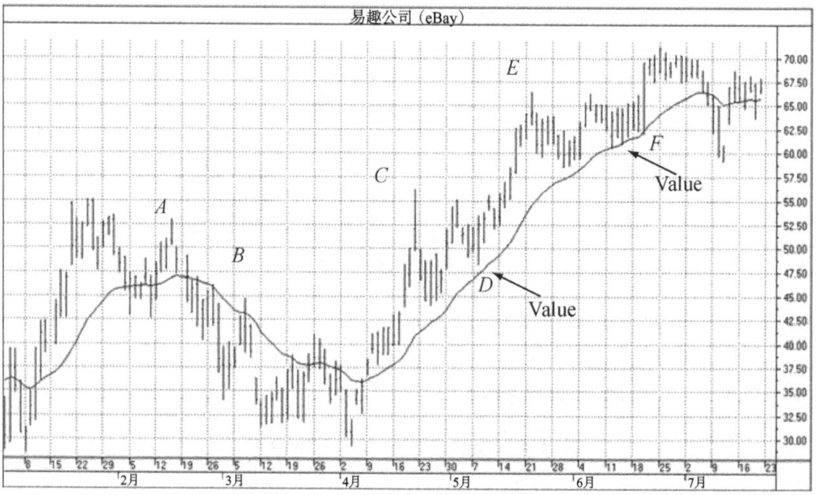

易趣公司（eBay）

图 5-6　价值交易理论与博傻交易理论之辨

如图 5-6 所示：当你在靠近一条上升的移动平均线的位置做多，你的买单具有（内在）价值（D 点和 F 点）；而等待这些合理价位出现的时机，需要的是耐心，但这种方法一定比追涨的做法安全得多。而在指数平滑平均线之上以高价做买单的交易者，他们所支付的价格高于（相关资产的）价值，他们希望出现更为愚蠢的交易者以更高价格"做多"来为他们埋单。可是，心情急躁的交易者如果在靠近顶部（C 点和 E 点）的位置做买单，他们会被（市场的变化）震荡出局，或者他们在焦急地等待着盈亏平衡之时而平仓离场。

很多股票与期货产品都有其特有的行为模式，你应该尽力去辨明和利用这些模式。在我著书之时，eBay 公司的股价走势呈现出状如袋鼠之尾的形态（A 点、B 点、C 点和 E 点）；其中，C 点所呈现的特征最为典型，其他各点的特征也很明显。对资产价格的波动模式进行预期可以使你在其出现之前较早地予以认知。

图 5-6 最右端显示：eBay 公司股价的上升趋势已经结束，股价开始震荡，牛市即将结束——如果你是追踪趋势的交易者，你要转做其他顺势运动的热点股票；同时，你要关注 eBay 公司股票，等待下一波行情的到来。

如果我们在指数平滑平均线以上做多单，并且希望：市场上会有一个更为愚蠢的交易者，他在更高的价位做多单，从而弥补由于我的错误所造成的损失。这种博傻理论是非常错误的——金融市场上几乎不存在傻瓜，而市场本身也不会吸纳愚蠢的交易者，指望他们（赚钱）是一个伪命题。

有时，一些股票疯狂的涨势似乎能够验证博傻理论的合理性。一些看似无收益的股票的价格涨得很高，甚至形成"天价"，这时，一个根据内在价值理论进行交易的投资者会发现他错过了很多投机的机会。如此，他会面临两种抉择：一是严格遵守以往的交易理念，同时认可自己并不能将市场上所有的财富装进口袋；二是他觉得在金融市场上与其他投资者进行交易好比是"与狼共舞"，那么自己也要像一匹狼，于是，他会在股票价格上涨突破阻力位之后买进。如果你也这样操作，记住，你现在所遵循的就是博傻交易理论，而唯一能将你与其他狂躁的交易者区分开来的"财富"是你的风险控制及防范的方法——止损与资金管理。

上述的规则同样适用于降势中的空单。在呈下降趋势的资产价格回调至指数均线附近时所做的空单，在市场行情反转破位之前，具有正面价值。一个根据博傻理论进行交易的投资者会在指数平滑平均线之下很远的位置继续做空——距离越远，他就越愚蠢！

那么，如何运用二元均线系统来辨明资产价格的走势以及入场的点位呢？我们可以用一条指数平滑平均线很好地把握市场的行情，但市场变动太过急躁，以至于市场上相关资产的价格几乎从来没有在指数平滑平均线附近浮动，如此，你就没有机会按照内在价值交易理论进行操作。要解决这个问题，你可以加入第二条移动平均线——用较长的慢线标明资产价格的走势，用较短的快线寻找入场的点位。

如果你发现一条 22 日指数平滑平均线能够在市场上较好地反映你所交易产品的价格趋势，那么将此线勾出，但将其时间步长缩短一半，在同一台电脑上用另外一种颜色勾画出 11 日指数平滑平均线。这样，你可继续参考 22 日线，以判明当前是牛市还是熊市，同时也可根据短线（11 日线）发现入场点位。

移动平均线有助于我们判明相关资产价格的走势，从而决定做多或做空，同时，不同种类的均线也可帮助我们发现入场交易的价值空间。而寻找离场点位的任务就要交给我们要讲的下一个分析工具：围绕在移动平均线上下的产品价格通道。

价格通道

金融市场就像一头狂躁的野兽，要么疯涨，要么狂跌。某只股票一天上升20 点，第二天又下跌 24 点，从而引起公众的关注，使他们产生了海市蜃楼般的幻想。那么，是什么因素能引起资产价格的上下波动呢？我们知道：决定价格的相关资产的内在基础价值的变化很慢，但在金融市场中，交易者的贪婪、恐惧、乐观和绝望等各种心理的"竞合"在推升和打压资产价格的方面，起到了推波助澜的作用。

那么，你又如何辨别当前市场价格是被低估还是被高估、价格区间是适合做多还是做空呢？市场技术分析人士可以用价格通道指标（见图5-7）来发现相关的特征。一条通道，或者说一条轨道，包括两条线：一条在移动平均线之上，一条在均线之下。而通道本身又有两种形式：一种是直行的轨道，一种是布林带线中的标准差轨道。

布林带线上轨与下轨间的点差是根据相关资产价格的波动而变化的。当波动上升，布林带线的带幅就会变宽；而当市场变化不大的时候，上下两条线就会向中央的移动平均线收敛。由于期权产品的价格受波动率的驱动，所以布林带线所具有的这些特征使之更适合于期权产品的交易者。一言以蔽之：当布林带线变窄，意味着波动不大，这时你可做多期权；而一旦其带幅变宽，表明波动很高，你就可以做空期权了。而股票和期货的交易者最好参考直行价格通道。这些通道上下轨线与中央的均线保持着等长的距离，指示着比较稳定的价格目标。我们可以在指数平滑平均线的上下勾画出两条等比例的平行线。如果你使用的是二元移动均线，你应在较长期均线的上下标注相应的平行轨道线。

一条移动平均线反映的是对相关金融资产价值的平均认知，那么，相应的价格通道又意味着什么呢？其中，上轨线反映的是将相关资产价格从平均的价值认知水平向上推起的多头力量，它形成了正态分布以内的市场乐观情绪的上限；而下轨线反映的则是将该价格从平均的价值认知水平向下推落的空头力量，它形成了正态分布内的市场悲观情绪的下限。所以一条较完美的通道有助于控制市场中的狂热与沮丧的情绪。具体来说，绝大多数的软件程序根据下面的公式来编制价格轨道线：

上轨线的值 =EMA 值 + EMA 值 × 轨道系数

下轨线的值 =EMA 值 — EMA 值 × 轨道系数

一条较好的通道能够涵盖绝大部分的价格点位，只有少数的边际价格溢出在外。我们一般需要不断调整相关系数，从而使通道的上下轨线涵盖以往几个月

95%的价格点位。数学家们将此种理念称之为"两倍的标准差"——大部分软件包能够很轻松地进行这些调整。

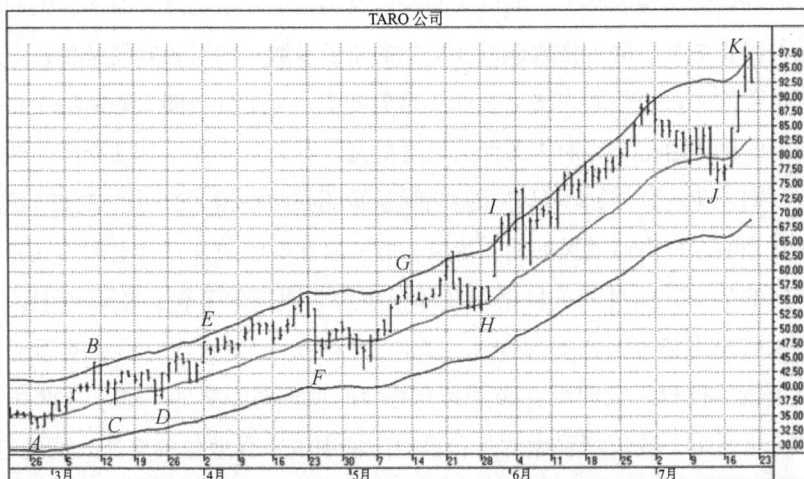

图 5-7　价格通道与获利出场的点位

如图 5-7 所示：当指数平滑平均线上扬时，根据股票近期的状况在均线附近稍微偏上或偏下的位置做多是一个不错的选择。

在点 A 处，指数均线的价位是 35 美元，而价格柱子显示的价格是 33 美元，穿透均线，下浮 2 个点；在点 C 处，价格下穿均线 1 个点；点 D 处，2.25 个点；点 F 处，4 个点；点 H 处，0.75 个点；点 J 处，4 个点。这些短期形成的底部轮流地对均线进行穿透，其深浅不一，而如果你要设置买单的话，这些点位则提供了很重要的信息。如果当前价格对均线的穿透程度很浅，那么，预计下一次穿透程度会很深；反之亦然。如此，你就可以根据实际情况设置相应的买单。

在指数均线附近买入的股票要在通道上轨的附近卖出平仓。图 5-7 中，如果向前看，买入并持有 TARO 公司的股票自然很好，但在图形的右端对未来的预测恐怕就不会那么清晰了。所以，在均线附近买入的股票，在其超出内在价值之上、靠近上轨的地方平仓出场是比较安全可靠的。因此，点 A 处买入的股票要在点 B 处平仓；点 C 或点 D 处买入的股票要在点 E 处卖出；如此，等等。

一个交易者可以将通道上下轨道间的距离划定若干比例来评估其交易成果，并以此方法获得收益。图 5-7 的右端，上轨的价格指标是 97 美元，下轨为 69 美元，上下轨距为 28 个点，那么，点 A 处入场的多头，可获利 30%，即 8.4 个点；点 B 处做多的交易者可获利 20%，即 5.6 个点；在点 C 处有买单的交易者获利 10%，即 2.8 个点。

图 5-7 的右端显示：股价正在冲击通道的上轨，在靠近均线的点 J 处买入的股票应该获利平仓了；接下来，我们要等待是相关股价的均值回归。

对于任何相关的市场行情，确定合理的轨道系数要经过多次的验证，不断地纠正误差；同时，要不停地对其加以调整，直至相应的通道涵盖 95% 的数据，只留出极值顶部和底部延伸在外。描绘一条价格通道就像试穿一件衬衫，这件衬衫需要用合适的尺寸将你的身体非常舒服地包裹在内，只将腕部、颈部露出来。

不同的金融交易工具及不同的时间跨需要不同的轨道宽度。波动性大的市场交易品种需要更宽广的价格通道以及更大的轨道系数；同时，时间跨越长，通道的宽度也就越大，一条周线图上呈现的通道宽度一般是日线图上的两倍左右，而股票图形的价格通道要比期货图形的通道更宽。对期货来说，基础资产的初始合约接近到期，新的交易循环即将开始之际是验证和调整相关通道的最佳时机。另外，在升势中，价格通道里的相关价位一般要向顶部收敛，行情上扬的气势远远强过下降的势头，而且相关价格的底部很少触碰通道的下轨；在降势中，通道中的相关价格走势都要向底部伸展，其向上反弹的力量太弱，形成的顶部很难触碰到上轨的位置。我们没有必要为升势中的顶部与降势的底部描绘两条相互独立的价格通道，我们所要做的是：根据市场中占主导地位的交易人群的行为，预期在平稳的市场当中，使通道内相关价位的各个顶点与底点触碰相应的上轨及下轨。[⊖]

因此，当我们看涨做多时，就希望在靠近呈上升趋势的指数均线附近买入相关产品，在相关价格被高估时，即在价格通道的上轨附近或其上的位置获利平仓；当我们看跌做空时，我们则期望在呈下行状态的指数均线附近做卖单，当价格逐渐被低估时，即在通道的下轨附近或其下的位置平仓出场。

如果我们真的在上扬的移动平均线附近的价位植入买单，那我们确实要在价格通道的上轨区平仓获利；如果我们在下行的移动平均线附近做空，那我们就要在通道的下轨附近平仓离场。价格通道能够捕捉相关价格围绕其价值上下波动的区间，但它不能把握主要趋势。而价格围绕价值的这种波动就能为你提供丰厚的回报：如果你能把握债券期货价格的指数均线和相关通道上下轨道之间的运行规律，那你就可以用2 000美元保证金赚回2 000美元的纯利润；如果你按此方法一年操作几回，你会发现你比许多职业交易人做得还好。

一个初学者在通道上轨做空几个星期之后，可能就会后悔，因为在牛市中，今天看上去被高估的价格，下个月可能会是一个很低的点位。专业人士不会受此

⊖ 这种预期是符合均值回归与风险中性原则的。——译者注

种情绪的困扰，他们是在交易，不是在投资。他们也知道过往的图形容易判断，但是，在图形的右端做出决定就困难了；所以，他们拥有自己的交易体系，并按此系统的指示进行操作。

当价格跳出通道以外，然后又返回均线的位置，我们则应该按照此移动平均线倾斜的方向做单，同时沿着通道的上轨或者下轨设定获利的目标价位。其实，相关金融工具的价格只有在最强大的趋势之下方能突破相应的通道，当它们被拉回通道内以后，因行情破位而形成的极值点位经常会被再次验证，我们也会由此而增强信心，按照相应的轨迹再次进行交易。一旦相关的行情失控，价格运行突破相应的通道，同时很长时间没有向指数均线的方向回归，在认清此种波动的性质之后，你可以选择离场旁观，或者，开启相关系统为在这种"冲动式"的行情波动之下如何进行交易指明方向。然而，无论是何种情况，专业的交易人士一旦发现合适的技术分析工具，都倾向于一直使用，他们宁可错过一次交易，也不愿意采用陌生的工具。

如果价格通道中的移动平均线很平坦，我们要在下轨附近做多，在上轨附近做空，在价格回归均线时获利出场。在此情况下，通道的上轨是超买区，如果长期的图形显示相关行情相对平稳，一旦价格上扬至通道上轨附近，那么，这就给你提供了一个做空的机会；反之，价格降至下轨则提供给你一个做多的时机。专业人士一般根据价格与均线的偏离程度，同时根据其常态回归的特点进行交易；而不成熟的交易者总是以为：一旦价格突破通道的上下限，就会伴随着一次大规模的行情变化，即使万中有一被他们猜中，从长期来看，其概率之低与赌博无异——这些业余人士总是喜欢用价格通道来判断相关行情何时超越界限，何时发生反转。

如何评估你的交易　试想一下：两个朋友在同一所大学上课，二人能力、背景相当，其中一个每周有一次考试，而另一个只有一次期末考试。在其他条件相同的情况下，他们两个人哪个会在期末考试中拿高分呢？

大部分教育机构一般都要定期地对学生进行考核，其目的是及时纠正学生们在学习中的认知偏差。在一个学年当中一直被不断考核的学生，期末考试的成绩会更好一些。这就是说，频繁的测验能够相应地提高学习效果。

金融市场的行情变化就是在不断检验我们的交易成绩，只是大多数交易者对此并不关心，他们为获得收益而沾沾自喜，为交易失败而垂头丧气，然而一个成功的交易者应该是胜不骄、败不馁。其实，市场变化本身已经给每一笔交易都"打了分"，成绩就像张贴在墙上那样明显，只是大多数交易者不知道发现线索罢了。一些人只计算资金的增减，这种人是肤浅的，因为资金不能够衡量各类市场行情及各种价位项下的交易成果。在一个拥有大趋势的市场中随便做一单，都要比在很难判断且行情窄幅波动的市场上快进快出挣得多。赚钱或赔钱当然很重要，但资金的多寡并不能为评估交易是否成功提供一个计量模式。那么，是什么要素才能揭示分析水平的更高境界呢？我们说，产品价格通道就能帮助我们对自己的交易做出更好的评估。

当你入场交易时，你要测量价格通道上轨至下轨之间的垂直距离，注意：如果你使用日线图做单，你要参看日线图上的通道；如果是10分钟图，你要参看10分钟图上的价格通道；其他的时间图同理。当你要平仓出场时，你要计算你赚到几个点，这几点在轨距间所占的百分比是多少，由此得到的数据就是你的交易成果。

例如：如果一只股票的交易价格是80美元，与通道上下轨道的间隔比例为10%，那么，上轨的价位在88美元，下轨的价位则在72美元，此价格通道的轨距为16个点。如果你在80美元买进，在84美元卖出，你可获得4个点的收益，你的交易成绩是4/16，或者说25%，那你的等级排名是多少呢？

任何一个交易者，如果能够在通道之中取得30%以上的收益，那他就属于A级；利润在20%～30%之间，属于B级；10%～20%之间的，属于C级；收益低于10%或发生损失的，属于D级。

优秀的交易者能够保持良好的交易记录。所以，对你来说，最为重要的是为你所有的交易制作一张电子数据表（我们将在第8章中进一步验证）；然后，在表中添加两栏——第一栏，用于记录入场时相关价格通道的轨距；第二栏，用于计算离场时你所获利的点数在轨距中所占的百分比。你要对你的交易成果保持掌控，从中探索你的交易水平是提高还是下降，你的收益是平稳还是飘忽不定。若此，你就可以运用相关价格通道检验你的交易成绩，从而使自己成为比较优秀的投资者，就像在学校取得好成绩一样。

交易品种的选择　价格通道能够为我们决定交易什么样的股票或者期货以及

不触碰哪类金融产品提供帮助。某只股票看上去可能有很雄厚的交易基础，很完美的技术信号，但是在交易之前，你要测量一下相关通道的宽幅，因为通道的形态可以让你清楚相关股价的腾落区间，从而验证此股票是否值得买入或卖出。

如果一只股票的波动性很大，其轨距长度达到 30 个点，如果你是 A 级的交易者，你可以赚到 9 个点，获利 30%，这样，再除去支付给金融中介的佣金、利息或点差等损耗的基础上，你还能够剩一些利润；而如果你的股票价格通道的宽幅只有 5 个点，即使你是 A 级交易者，也不过赚到微不足道的 1.5 个点，减去佣金与损耗，你什么也没赚到，所以，无论这只股票看上去多么有吸引力，也不要碰它。

那么，如果你的交易稍微比预想的赔了一点儿，或者市场行情变化与预期略有不符，也就是说，你的交易级别降至 C 级，你只能获取相关轨距 10% 的收益。以上述两只股票为例会是一个什么情况呢？第一只股票的相关价格通道的轨距是 30 个点，那你会赚到 3 个点，足以支付交易费用；而第二只股票的轨道宽度只有 5 个点，那你只能拿到区区 0.5 个点，扣除交易费用，你是赔钱的！一般来说，初学者经常被廉价的、具有显著技术特征的股票所引诱，他们不明白为什么这些股票总是使其赔钱。其实原因在于：当股价的运行没有一个升降空间时，交易者是不能够获利的。一个好的技术分析师，但做单总是赔钱，他曾经向我咨询其中缘由，我让他把自己做过的股票的相关图形传真给我，从图形上我发现：这个分析师做了两只股票，价格分别是 10 美元和 15 美元，而各自通道的轨距长度分别是 2 美元和 4 美元，基本没有价格腾落的区间，扣除佣金、损耗及一些费用，其资产已没有回旋的余地。这就好比钓鱼，你只有在宽广的水域中才能发现大鱼。

当你对一只新股票产生兴趣的时候，为它描绘一条价格通道，从其宽幅来判断它值不值得做。我们如果将自己定位在 A 级交易者或极品交易人群之中，而你只获得了 C 级别的成绩，也就是说，你只能获得相关通道轨距长度 10% 的收益，那么，此通道项下的金融工具值得交易吗？一般情况下，初入市的交易者不应触碰相关通道宽幅小于 10 个点的股票，因为对 C 级交易者来说，他们只能获利 1 个点。一些交易者对我说：价格通道相对狭窄的股票也可以操作，方法是扩大交易规模——如果相关通道轨距只有 3 个点，那么，交易 10 000 股该通道项下的股票和交易 1 000 股通道宽幅为 30 个点的股票的效果是一样的。这是错误的，因为在狭窄的价格通道之中进行交易，其损耗是特别大的，获利的门槛也相当之高。所以，那些通道宽广、价格低廉的股票才是优良的投资品种。

彼得·林奇，一个著名的资金管理人，曾握有一只廉价的股票，但其价格向上翻了 10 倍。一只股票从 5 美元上涨 10 倍至 50 美元要比 80 美元翻至 800 美元容易得多。不过，这种情况是投资，不是交易。作为一个交易者，你还是要利用并且发掘相关价格短期波动的优势，不要恋战。因此，你就更没有必要将精力浪费在相关通道比较狭窄的股票之上了。

日间交易的回报 不留隔夜单的当天完成的交易看上去简单易行，很多初入市者飞蛾扑火般地汇聚于下，注入他们的买单或卖单，然后在日内清算。这些外行们通过参看日内的柱形图形发现：一天当中，相关的行情走势同样是升势磅礴，降势迅猛，对于任何一个思维敏捷的人来说，似乎从事此类交易就像“捡钱”一样容易，只要给他配备一台电脑、一个调制解调器、一个数据库就可以了。同时，从事日间交易的金融机构也因此从中获得了可观的佣金收入。这些机构为了填补因大量的客户亏损离场而留下的空白，不断地推销可当日交易的产品，并且向社会隐瞒了相关客户从事此类交易的统计资料。但是，在 2000 年，马萨诸塞州监察委员通过传讯当事人取得了相关的交易记录。这些资料显示：6 个月间，在从事当日交易产品的交易者中，只有 16% 的人赚到钱。正如俄语中的一句老话说的那样：你的肘尖儿离你很近，但你的牙齿就是咬不到它。不信你就试一下：伸长脖子，弯曲手臂，用嘴去咬你的肘尖儿——很近，就是够不着！从事当日交易的情况与此同理：利润似乎就在眼前，但只差那么几点，你就是拿不到。为什么当日交易会使那么多人损失那么多资金呢？很简单，因为一日之中相关产品的价格通道没有足够的宽幅，即轨距使你获取收益，而利用价格通道选择交易类别的模式，会给从事当日交易的参与者们传递一个强大的、有启发性的信息。

让我们来看几只比较活跃的股票：雅虎公司股票、亚马逊公司股票和美国在线公司股票（见表 5-1）。这些股票在我写这部书的时候，正受到公众的瞩目，相关数据可能随着时间的推进而有所改变，但是我从它们的日线图和 5 分钟图上得到的相应价格通道的轨距点数还是很重要的。

表 5-1　3 只活跃股票的日线图和 5 分钟图

| | 价格通道的轨距点数 | A 级交易者收益（30%） | C 级交易者收益（10%） | 价格通道的轨距点数 | A 级交易者收益（30%） | C 级交易者收益（10%） |
	（日线图）			（5 分钟图）		
美国在线公司（AOL）	20	6	2	3	0.9	0.3
亚马逊公司	21	6.3	2.1	3	0.9	0.3
雅虎公司	54	16.2	5.4	7	2.1	0.7

　　从表 5-1 可知：一个使用日线图通道的交易者如果顺应趋势，购入这三家公司的股票，放上几天，他的收益会很好。如果他是 A 级交易者，他已经可以获利平仓了；即使是 C 级交易者，他也可以从通道当中获得 10% 的点数收益——就当是学习锻炼了，但他也不会赔钱。然而，对于那些参看 5 分钟图、当天清算上述 3 只股票的交易者来说，即使他的交易成绩完全属于 A 级，他的收益与亏损也只能是勉强持平；如果发生任何意外，他的头寸将被各种交易费用、佣金以及损耗所吞没。

　　有很多人对我的看法并不认同，他们当中有依赖当日交易谋生的经纪人、软件经销商、系统贩卖者等。这些人翻出当日交易的很多成功案例，试图说服我，但这些能说明什么呢？我承认，确实有将当日交易做得很好的精英，同时，我也有很多朋友从事此类交易，只是他们当中赚钱的太少！

　　使你成为比较成功的日间交易者的几率很低，因为日间柱形图上的价格通道的宽幅不够大。如果从事日间交易，你就必须是一个纯粹的 A 级交易者——你要在相关价格的窄幅波动中获利；稍有分心，市场中稍微存在一点儿噪声，交易稍有不顺，或者其他从事此类交易的参与者稍微对冲你一下，都会使你前功尽弃。

　　不过，日间交易倒是可以提供一些消遣，具有娱乐的性质。对运动员来说，通过娱乐恢复体力，对体育竞技有用。但消遣、娱乐对赚钱没什么帮助。那些希望通过此种交易获取收益的交易者就像相信自己的牙齿可以咬到自己的肘尖儿一样，真是自欺欺人。

MACD 柱形图

MACD 线（见图 5-8）是平滑异同移动平均线的简称，该项技术指标为吉拉尔德·阿普鲁所开发，他将三条移动平均线融入两条 MACD 线当中。 我们可以将 MACD 指标演化为柱形图，而此图反映的是线与线之间的距离——以此方法可以帮助我们辨明趋势，比较多空双方的力量强弱。在技术分析中，这项指标是判断趋势反转的最佳工具之一。

在使用任何技术指标进行分析之前，我们首先要理解它的构成以及它所要衡量的内容。如前所述，每一个价格点位所反映的是市场参与者对相关价值的瞬时认知。一条移动平均线展示的是一个特定的时间序列当中交易者群体对相关产品价值的平均认知水平：其中，一条快速移动的平均线反映的是短时间内的平均认知情况，一条缓慢移动的平均线反映的则是较长期的时间跨度项下相关市场对相关价值的平均认知水平。MACD 柱形图则是通过快线与慢线之间的点差来衡量相关交易者群体的认知变化情况的。

阿普鲁用三条指数平滑平均线来设计 MACD 指标：

（1）设计 12 日收盘价的指数平滑均值 EMA（12）。

（2）计算 26 日收盘价的指数平滑均值 EMA（26）。

（3）EMA（12）的值 –EMA（26）的值 = MACD 线的值，我们称之为快线值[⊖]。

（4）计算快线的 9 日指数平滑平均数，我们称之为慢线值或信号线值[⊖]。

注意，12、26 和 9 这 3 个数字已经成为标准化的参数值，在大部分电脑软件中已被设为默认程序。我的研究显示：改变参数值对 MACD 指标所展示的信号价值没有多大影响，除非你不考虑参数之间的关系，将其中一个数值单独放大两倍以上，不过，这样做太冒险。如果你交易几个品种，并且没有时间量身定做各项指标的程序与格式，那你就使用这种默认的 MACD 指标的参数值；如果你交易的品种不多，你可以尝试着抬高或降低相关的参数数值，使之尽可能地有效

⊖ 此数值一般缩写为 DIF 值。——译者注
⊖ 此数值一般缩写为 DEM 值。——译者注

接近你所经营的股票或期货价格的拐点位置。如果你的软件系统不包括 MACD 程序设计，你可以采用两条指数均线（如 12 日均线和 26 日均线）取代 MACD 中的快线和慢线，然后，利用 MACD 柱形图的公式，在下一个页面计算两线之间的点差值。

MACD 指标中的快线反映了一种短期的价值认知水平；而慢线，即信号线则代表了交易群体的一种较长期的对相关价值进行认知的思维模式。快线位于慢线之上反映了市场中大部分交易者都在看涨，此时，适合做多；反之，快线位于慢线之下则表示市场参与者都在看跌，空方逐渐变得强势，此时适合做空。MACD 指标主要用于追踪趋势，而快线与慢线之间的交叉则代表了一种行情的反转。和所有的追踪趋势的指标一样，在行情波动频繁，市场中多空双方进行拉锯战的时候，参看 MACD 线则最有效果。

为了使 MACD 指标更为直观，我们将它融入 MACD 柱形图中。

柱形图数值 = MACD 快线 –MACD 信号慢线

此柱形图衡量的是短期均线与长期均线之间的差值，在电脑屏幕上被刻画成直方图的形状。从本质上说，此图反映的是交易群体对相关价值长期的认知水平与短期的认知水平之间的偏离程度。一些软件里有 MACD 线，但没有 MACD 柱形图，不用着急，你可以让 MACD 线运行，然后返回菜单区，驱动计算点差的指标项。如此，利用快线、慢线的差值，你可自行绘制柱形图。

当你参看 MACD 线时，你会发现：快、慢线之间的差值可能很小，但柱形图可以将它重新放大，几乎占满整个屏幕。而 MACD 柱形图的斜率则反映出多头、空头哪方占优。柱形图的斜率由其项下最接近当期的两条条形线相比得出，当柱形图中的条形线上扬（好似小写的 g 变成大写的 G），表明交易人群之中多方占优，此时可以做多；当 MACD 柱形图向下倾斜（好像大写的 Q 变成小写的 q），说明空方占优，应适时做空。

总之，市场行情在多空双方形成的二元系统中运行，当柱形图上指，说明场中多方强势；下指则表明空方占优。所以 MACD 柱形图（见图 5-9）可以帮助你在市场中立于不败之地。

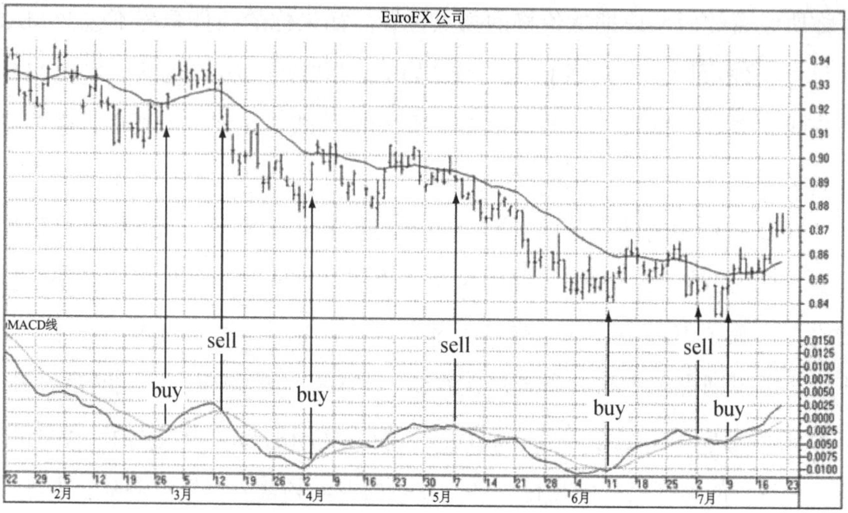

图 5-8　MACD 线

如图 5-8 所示：入场信号和离场信号大多是不对称的，相关指标给出的入场提示并不是最佳的离场信号，其他的分析工具可能做得更好。MACD 线根据快线与慢线的交叉情况，给出了一个进场的技术信号。如果快线在上方，那它给出的是做多的信号；快线在下方，就是一个卖空的信号。但是，等待两线反向交叉时再结清头寸、获利出场是不可取的，因为到那时大部分利润已经蒸发掉了。

图 5-8 的交易系统当中，MACD 线的交叉形态向你展示了入场的信号，但你决定何时离场呢？我们要用什么工具来分析相关的行情趋势是否已经结束，你是否应该获利出场呢？图 5-8 的右端显示：由于快线位于慢线之上，且两线同时上指，MACD 指标给出了一个买入的信号；而在上半部的柱形图中，欧元的当前价格在指数均线之上很远的位置，由是观之，该工具的价格似被高估了。根据图 5-8 右端的情况做买单是博傻理论在作怪。从价值理论的角度出发，我们要在靠近呈上升趋势的指数均线附近设置我们的买单。

最强大的信号输出功能　MACD 柱形图提供的交易信号有两类：一种是普通的，如图 5-9 所示。每一条代表斜率的条形线，我们都会找到相应的信号。如果呈现的是一个上升趋势，那说明在相应的条形线上，多方的势力比前面相邻的条形线所展现的要强一些；而如果是斜率向下，则说明空方目前占优。这种升降运动提供了一些买卖的信号，不过意义不大，没有必要过分解读，因为市场行情的波动不是一条直线，柱形图的上下运动是很自然的。而另一种信号出现的次数很少，在许多交易工具的日线图上，一年也就出现几回。但它值得等待，因为它提供了技术分析当中一种最强大的交易信号，这个信号所展示的是，相关产品价格走势柱形图中的顶部与底部，和相对应的 MACD 柱形图中的顶部与底部之间

图 5-9   MACD 柱形图

如图 5-9 所示：在日线图之上，一个强大的 MACD 柱形图交易信号一年中也就出现一两次，这个信号显示了柱形图的顶部或底部与极值价格点位的背离情况。A 区域的情况表明：欧元价格降至一个新低，84 美分；而下半部的柱形图也呈现出一个底部形态。当价格从 A 区域上扬至 B 区域后，柱形图也达至几个月来的新高，此形态表明在熊市的大背景下，多方的势力正在增强。价格在 B 区域形成了一个双顶的形态，而与之相对应的 MACD 柱形图上，第二顶比第一顶略低一些，如此则预示着一个急速的降势即将到来。A 区域伊始，到 B 区域第二顶形成为止，指标系统与价格的运行是同步的，但在形成 B 区域第二顶的时间节点之后，柱图形态与价格走势开始出现背离。在 C 区域，欧元价格又降至一个更低的底点，而在相应的柱形图上，降势却止于中心线之下不远的多方，其所形成的底部比之于以前跌势当中形成的底部要"浅"很多。随着柱形图从底部开始上扬，它完全地显示出当前是一个"底背离"的状态——空方势力殆尽，多头即将控制市场。

如果再有两三个分析背离情况的技术分析工具（如相对强弱指标、乖离率指标等）显示的信息一致，那我们就可以确认了。注意：欧元价格在 C 区域出现了一个向下的假破行为。这个假破穿透了买单的止损盘，吸引了大量狂热的空头植入卖单。不成熟的多方基本被振动离场，而晚入市的空方已被牢牢地套住，这时，向上反转的行情开始了。此时，被套的空方将平仓离场，这些人惊魂未定，一般是不会调头做多的。

图 5-9 的右端显示：欧元价格已从底背离的状态大幅上扬，这一波行情持续的时间至少也得几个星期。

的背离状况——当价格的高点和低点所展现的趋势方向与对应的柱形图中的顶部和底部指示的方向相反，就会出现背离的情况，而背离之后形成的行情与趋势从日线图上看，会持续几个星期甚至一个月。

底背离的情况出现时，相关产品的价格经历了筑底、上扬、再创新低的一个过程。而相对应的柱形图的变化模式却不尽相同，当价格从第一个底部上扬时，柱形图中的条形线也"站在"零线之上，当价格达至新的低点之时，柱形图所形成的第二个底部则比第一个底部要高，从此处开始，价格会更低，而柱形图的斜率却呈现上扬的态势，这表明空方势力减弱，降势即将结束，MACD柱形图中的条形线从第二个底部上扬开始，就向我们给出了一个买入的信号。但是，柱形图中的第二个较浅的底部形成以后，偶尔也会再出现第三个底部，因此，我们入场做多之后，要设置止损单，要对资金进行合理的管控。记住！在金融市场中，只有可能性，没有确定性。即使可信度像MACD柱形图的背离信号那样高的分析工具偶尔也会失效，所以一旦价格从新低点继续下行的话，为了保存我们的入市资金，要果断离场，同时，在柱形图从第三个底部开始上扬时，我们要重新入场做多，但前提是：柱形图中第三个底部的位置也要比第一个底部的高。

顶背离出现时，交易工具的价格经历了一个筑顶、下跌、再创新高的过程。而MACD柱形图中的条形线在价格下跌时位于零线之下，当价格反弹至更高的新顶时，相对应的柱形图的第二顶却比第一顶要低，这表明：多方势力殆尽，价格的上涨只是受惯性的驱动所致，一波反转的熊市行情即将到来。

侦探小说《巴斯克维尔的猎犬》提供的信号　MACD柱形图提供给交易者的信息就像大夫们手中拿的X光片，其上展示的是皮肤表层以下骨质的强弱程度。多头或者空头在价格达至一个新的极值点时，显得很强势；但是，一个背离的MACD柱形图的形态表明市场中占主导地位的一方的势力正在弱化，行情即将反转，如图5-10所示。因此我们要把握以下几点：

（1）相关价格柱形图中的行情出现新低，而柱形图指标系统中的条形线却从一个跌幅相对较浅的底部上扬时，呈现的是一个底背离的状态，我们此时要入场做多。而做多时要注意的是：相关柱形图中的条形线是在第二个底部向上反弹的，而且该指标中的这第二个底部的图上位置要高于前一个底部，如此则表明：空方势力渐弱，多方即将控制市场。另外，此时入场的买单需要用一个止损盘来保护，止损价位要设置在价格柱形图中最接近当期底部之下。其原因是：底背离的形态一旦形成，相关价格的上扬会非常强劲，但你要设置止损单来保护你的资金，防止相关信号失效。

一个积极的交易者能够使买单的止损点成为反向做空的指示信号。当柱形图展示的超强买入信号并不真实，就意味着市场行情发生了根本性变化。也就是说，你根据信号做多，但你的止损点被穿透，那么市场中的空方势力超强，此时你要调头做空。由做多转向做空自然不是一个最佳的选择，但当 MACD 柱形图失效时，此种行为则不可避免。

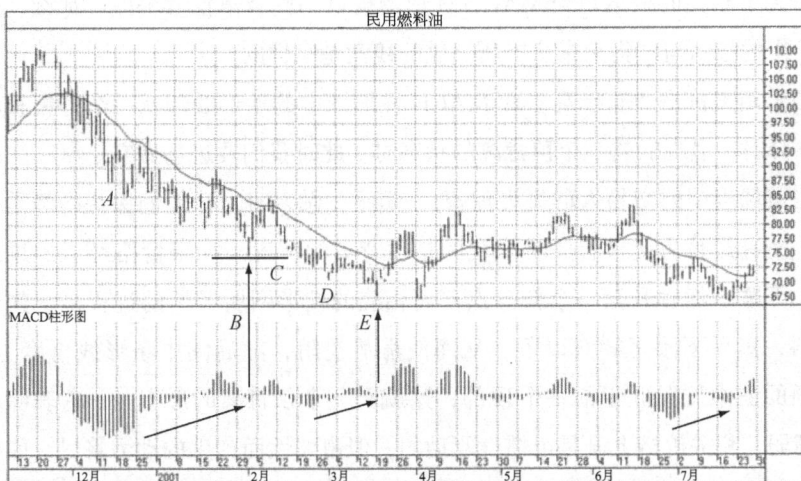

图 5-10 《巴斯克维尔猎犬》所提供的信号

如图 5-10 所示：民用燃料油以及各种复合油的价格在 2000 年 9 月达至一个历史新高；接下来，由于需求下降，供货增加，牛市行情被打破，相关油价开始下滑，到当年 12 月，跌至 85 美分（A 点）。下方对应的 MACD 柱形图条形线也经历了一个深层次的下跌，表明熊市强劲。再看价格柱形图：在大跌之后，油价重新升至指数均线附近，而柱形图指标系统中的条形线亦升至零线以上（表明降势受阻）。随后，价格柱子呈现袋鼠尾形态，油价降至 75 美分，然后上升；与之相对应，柱形图中条形线也呈下降态势，但跌幅较浅（B 点），其呈现的是底背离的状态——伴随着价格柱形图中的袋鼠尾形态，指标系统给出了一个买入的信号。记住：无论信号多么强大，谨慎的交易者都会设置止损。

图 5-10 中上部显示：油价继续下降至 C 区域的 B 底处，给出了一个卖出的信号，它表明空方势力强大，而相关油价最终跌破 68 美分——这个底背离形态失效所给出的是典型的"巴斯克维尔猎犬"所提供的信号。此信号说明：相关基础资产的行情走势超级强劲，背离状态不复存在，我们在自己设置的止损点被穿透之后，应该沿着价格破位所指示的方向调头做空。

在底背离信号失效之后，如果你遵守交易纪律，设置止损，同时调头做空以后，要是再次出现底背离的情况，不要害怕！D～E 点处就是一个新的底背离形态，你可以利用相同的纪律和原则继续做多。

图 5-10 右端呈现的是：一个微弱的底背离状态正在成形，价格在穿透 3～4 月形成的底部之后已开始上扬，一轮假破已经完成，做多的信号已经出现，指数均线已停止下跌，渐渐变得平坦。从此，我们应做多"燃料油"，但不要忘记在近期底部之下设止损。

我将上述情况称之为"巴斯克维尔的猎犬"，与阿瑟·柯南道尔的一部侦探小说同名。小说中，侦探福尔摩斯调查一宗发生在伦敦郊外沼泽地的谋杀案。他发现，在案发时，巴斯克维尔庄园的猎犬并没有出声，由此，福尔摩斯断定这只猎犬认识罪犯，此案件系庄园内部人所为。福尔摩斯正是从预期的行为没有发生当中得到了相关的线索。当MACD柱形图提供的底背离信号失效，那么，这种情况给出的指示与"猎犬未吠"所提供的线索是一样的。

（2）相关价格达至新高，而MACD柱形图中的条形线却从一个升幅较小的顶部下降时，呈现的是一个顶背离的状态时，此时我们要进场做空。

当市场当中的交易人群失去理智，"闭眼"做多时，让他们保持冷静是很困难的；而有经验的交易者此时关注的是顶背离的情况。如果价格经历的过程是上涨、下跌，然后升至一个新高点；而相应的柱形图所经历的过程是：先行向上倾斜，然后下倾至零线以下，从而使涨势受阻，随后图中条形线再度上指，但新顶的图中位置低于前一个顶部，这就是一个顶背离的形态——它表明多方势力渐弱，相关价格上升是由惯性驱动的，但由惯性而产生的动力将尽，熊市即将开始。

当MACD柱形图线从第二顶向下倾斜时，那它就提供了一个做空的信号。一旦做空，不要忘记在最接近当期的价格顶部之上设置止损，如此操作其实很困难，因为价格的波动性太大。因此，你做的单数不易太多，这样，你可以将你的止损价位拉得高一些。注意：日线图之上的相关价格与MACD柱形图的背离信号大多是值得关注的；而周线图上的背离状态往往揭示的是相关市场当中多空易位的局面。

（3）当MACD柱形图的条形线达至几个月以来的新高，这种情况表明多头的力量超强，相应的价格图中的柱形所达至的顶点一般会被再次验证或被超越；而当柱形图线跌至几个月以来的新低，它表明空方的力量极其强大，而相应价格的底点一般会被重试或被穿透。

当柱形图的上升趋势创下一个新的纪录，它表明多方的热情已高涨至可怕的程度，即使多方有时停下来"喘口气"，但因价格上升而形成的惯性依然强大，当多方"歇息"过后，相关价格的行情会继续保持上扬的态势；当MACD柱形图的条形线创下一个新低，它表明空头的力量超强，即使多方试图将行情"拉回"，但强劲的降势所形成的下跌惯性会使相关价格的底点将被再次印证或直接被穿透，价格因而继续下行。

MACD 柱形图就像汽车的前灯一样，在夜晚它可以为你照亮前行的道路，虽然它不能将你直接带回家中，但它照射的范围足可以使你在打方向盘转弯之前保持一个合理的车速。

强力指数

强力指数，或称强力指标，为笔者所开发，在我的《以交易为生》中第一次被提出。揭示此项指标的过程很艰难，我也确实不愿意把我个人的秘密"武器"显露出来，但是，在我之前阅读的一些相关著作当中，作者们常说："你不要指望我告诉你每一件事情。"这种故弄玄虚、犹抱琵琶半遮面的做法使我很气愤。所以，我决定在我的书中要么将相关内容全部写出来，要么什么都不写，因此我决定将压力指标系统展现在读者面前。

对强力指标的揭示没有给我造成任何伤害，这个系统像以前一样在继续为我工作。有几家软件公司已经将此项指标纳入到他们设计的程序之中，而此项指标在我自己参看的图形上所具备的功能亦未改变。这使我想起了我过去在船上工作时认识的一位朋友，他是我所见过的最大的走私犯，但他从来不把任何一样东西藏在远处，他可以在海关缉私官员的眼皮底下将违禁品直接放到自己的桌子上。所以我们说，保守秘密的最好方法是把它放在光天化日之下，所谓"大隐隐于朝，中隐隐于市"就是这个道理。

强力指标有助于判断在任意市场行情中的拐点位置，它把三种关键信息，即价格移动的方向、趋势的强度以及相关交易量的大小联系在了一起。价格反映了市场参与者对相关产品价值的认知水平；而交易量反映的是交易者的行为能力、资金水平以及他们的情绪变化，也就是说，价格展示的是交易者在思考什么，交易量所研究的是交易者的感觉是怎样的。因此，强力指标通过三个疑问将市场当中大量交易者的情绪变化以及他们对相关行情的看法联系在一起。这三个问题是：价格是升还是降？价格升降的幅度有多大？多大规模的交易量可以驱动这种升降变化？

衡量趋势运行的强度是很有用的，因为某一特定的行情趋势的推动力越强，该行情运行的时间就会越长久。因此，价格的顶背离与底背离状态与压力指标联在一起则更有助于锁定相关行情的拐点位置，而强力指标的测试信号则可以单独判明交易者群体非理性行为所生成的价格区间，同时给出相关趋势即将完结的提示。以下是强力指标的相关公式：

强力指标数值＝（当日收盘价—前一日收盘价）× 当日交易量

根据上式，如果相关交易工具当日的收盘价高于前一日收盘价，指标值是正数；反之，为负。两日收盘价的差值越大，压力指标数值就越大；而交易量水平越高，相关趋势的运行强度就越大。

总之，当行情升跌幅度较大，且伴随着很大的交易规模，强力指标数值会很高；反之，交易量不大，价格升降幅度也不大，该指标数值则会很小；而在相关交易工具的价格没有变化的情况下，强力指标数值则趋近于零。

平滑处理相关指标的益处 我们可以将强力指标描绘成柱形图的形态，其中，正数条形线在零线以上，负数条形线在零线以下。原始的强力指标图形看上去有些凸凹不平，今天上升，明天又下降。如果我们用指数平滑平均线使强力指标相对平坦，同时将其各个值点连成一线，即进行线性化处理，那么此项指标的效果会更好。如果我们使用 13 日或更长期的指数均线对强力指标进行平滑处理，那该指标就可以衡量多空双方长期的此消彼长的力量角逐情况；如果想精准地确定进场和离场的点位，我们就应使用短期的指数均线，如 2 日指数平滑平均线均线，对强力指标进行平滑处理——如此，若我们交易的股票或期货呈现上扬趋势，而强力指标的 2 日指数均线（见图 5-11）在零线之下，那么，所给出的就是一个买入的信号；反之，如果相关行情下跌，而强力指标的 2 日指数均线在零线以上，所给出的就是一个卖出的信号。

使用较短期强力指标的关键问题是，其与相应的趋势追踪指标能否很好地结合在一起。例如：当产品价格的 22 日指数均线上扬，而强力指标的 2 日均线在零线之下，那它所揭示的状况是：在升势之中，空方在短时间内偶然占优，那这就是一个做多的机会。而一旦做多，你有几种离场策略：如果你是做短线交易的，那你要在强力指标值转为正数的第二日离场；但如果你是做长线的，那你可以保留手中的多单，直至价格点位靠近相关通道的上轨或价格的指数平滑平均线做横盘运动之时。

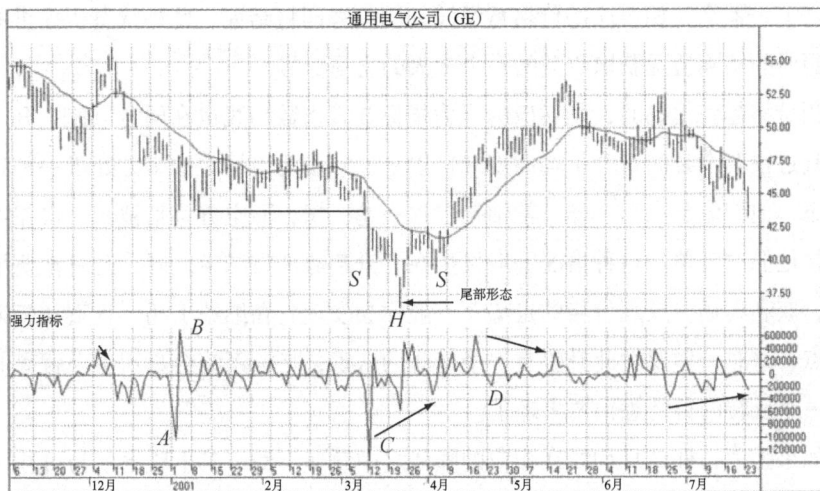

图 5-11　强力指标的 2 日指数平滑平均线

图 5-11 所示：如果基于两条强力指标线而形成的指数均线提供出一个短期的背离信号，其所在的区域表明相关的行情走势即将结束。图中 A 区域的下降形态显示出通用电气的股票价格由 56 美元降至 43 美元以后，降势已接近尾声，果然降势之后伴随着一个上升形态，强力指标 2 日均线升至区域 B，A、B 两个相邻形态所形成的模式展现出两个相反的方向，它反映出市场当中交易者对相关价格走势判断不清，因此，相应股价在其后出现了将近两个月时间的横盘调整。

当各种技术分析的模式给出近似的信息，那么，相关模式之间是可以彼此印证的。图 5-11 中 C 区域的形态显示出相应的价格下跌的行情即将结束——股价虽然连探新低，但强力指标 2 日指数均线的底部在不断升高，一个价格与强力指标系统间的底背离形态给出了一个做多的信号；从传统的意义上讲，股价的走势也呈现出一个古老的"倒头肩形（即头肩底）"的状态。最后，在价格柱形图中的最低价位点，一个袋鼠尾的形态展现出来。结合各种形态模式，我们看出通用电气公司股票的跌势即将结束，上升的"号角"已经吹响了！但在 D 区域，价格由 37 美元向 53 美元挺进的途中，强力指标显示出顶背离的状态，预示着多头的力量即将耗尽，果然在 5 月，股票价格的指数均线调头向下，此一轮升势结束。而此时的行情向多头提供的是最后一次获利的机会，你要平掉多单，反向做空。

在图 5-11 右端的上半部，价格指数均线呈下降趋势，通用电气公司股价也降至新低，但强力指标系统却呈现底背离的形态，你要赶快平掉手中的空单！

反之，若 22 日价格指数均线下指，强力指标 2 日指数均线上扬至零线以上，那它所揭示的是：降势当中，多方偶尔得势，这就是一个做空的时机。如果你做短线，当强力指标值转为负数的第二天，你要平仓离场；如果你做长线交易，你要将相关价格通道的下轨所指的点位作为你获利的目标。

当强力指标的 2 日指数均线上下跳动，且超越其正常范围内的顶部与底部达数倍之多，那么，相对应的价格行情波动的趋势即将结束，此种状态所提供的是根据当时的实际情况获取收益的一个强大的交易信号。

当价格趋势上扬时，相对应的强力指标2日指数均线也在同时急速上升，且超过其过往两个月间正常平均高度8倍以上，它表明市场中的多方处于一种狂热的状态，他们像赶火车一样，就怕错过这一轮行情；而空方害怕被套，也在不停地平掉他们的卖单。这种情况一般发生在上升趋势即将结束之际，此时你要平掉多单，获利离场。反观价格的走势，一般你会发现它在继续上扬，且重新验证日内高点，这时，你要对此升势有一个清醒的认识，指标系统会显示出顶背离的状态，一个反转的行情恐怕要出现了。

如果强力指标2日均线在相应的降势之中急速下滑，其下跌水平与过往两个月正常平均高度相比达4倍以上，那它反映的是一种疯狂的下降趋势。在此趋势中，多方惊恐万分，无论价格多么低，他们都要平掉手中的多单，逃离市场。而此种情况大都发生在熊市的末期，你最好平掉空单，获利出场。此时，相应价格有时可能再次验证日内低点，但大多数指标系统显示出的是底背离的形态，它说明一轮向上反弹的行情即将到来。

强力指标线上尖点所呈现出的相关形态，与之前我们讨论的所谓"袋鼠尾形态"类似。它们的区别是：袋鼠尾线的出现纯粹是基于相关金融工具价格的变化，而强力指标线所反映的是交易量与价格的共同变化。但两者都可用于判明金融市场中的弱势群体的恐惧心理，而一旦这些弱势交易者离场，相关趋势就要发生反转变化了。

反转行情的判断　行情趋势的反转不足为怪，强力指标与价格走势的背离使之然也。如果行情上扬，而相应的强力指标线的顶部在被拉低，那么，这是一个多方的弱势信号；而如果相关的股票或者期货价格正在下降，但相应的强力指标线上的跌幅不大，下沉很浅，那么，这是空方力竭的一个信号。

总之，当强力指标的指数均线和价格出现背离的情况时，相对应的趋势行情将会发生反转的变化。具体地说，强力指标与价格走势之间的顶背离与底背离的形态表明相关趋势渐弱，而这种背离信号的强弱则取决于强力指标的指数平滑平均线的时间结构。如果我们采用短期的强力指标指数均线，如2日均线，那么，它所能确认的是一个星期的短期价格走势的反转情况；如果我们采用13日或更长期的强力指数均线（见图 5-12），那它展现的是数月之间的长期价格走势的反转情形。

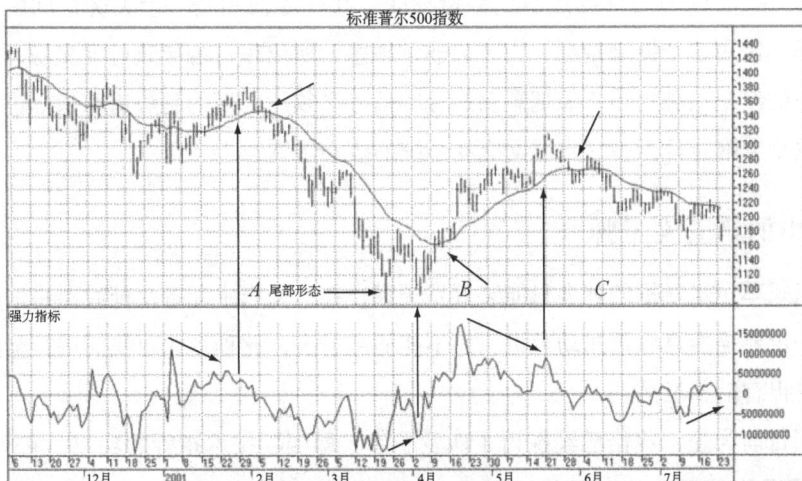

图 5-12　强力指标的 13 日指数平滑平均线

　　图 5-12 所示：以 13 日指数均线进行平滑处理的强力指标能够判明多空双方力量角逐的长期变化过程。当指标线在零线以下，它说明空方主导市场；当它位于零线之上，则表明多方占优。指标线顶部与价格线中的顶部一旦发生背离的情况，那么相关行情运行的顶部价位区将会在市场中形成；反之，如果两线的底部发生背离，那么一个极为重要的市场行情的底部区域也就形成了。

　　图 5-12 中 A 区域的压力指标线的顶部较前顶略低，而相应的标准普尔 500 指数却达至最高价位点，如此则显示多方势力渐弱，此工具的顶部价位区开始形成，果然几天以后，相关产品价格的指数均线下指，确认了一轮降势已经开始。在 B 区域，一个镜像效应呈现出来：当标普 500 指数的收盘价创下新低，而强力指标的底部却被拉高，如此几天之后，标普 500 的指数均线开始上扬，确认了一轮上涨的行情。注意 B 区域的双底形态——先是一个袋鼠尾形态形成价格的底部，然后这个底部被重新验证，这是各种模型与指标系统彼此证实的典型案例之一。在 C 区域，强力指标呈现顶背离的状态，预示了升势即将结束，几天以后，该产品价格的指数平滑平均线开始下降，自此，标准普尔 500 指数开启了新一轮下跌的行情走势。对于这些市场传递的信息，我们要认真地解读。

　　图 5-12 右端显示相关产品价格正处于下降的趋势之中，价格的指数均线也在下垂，而强力指标系统却开始呈现底背离的形态，此时你要抓紧时间平掉空单。

　　如果你在升势之中做多，一旦你发现价格还在升高，而 2 日强力指数均线的顶部却被拉低，那它就是一个顶背离的形态，此时你要获利出场；如果你做空，当你发现价格还在下降，而 2 日强力指标的指数均线的底部却被拉高，同样，此时你也要获利平仓。总而言之，当行情发生反转变化时，获利离场、同时再行入市、顺势而为总比被套之后一直挺着要强。因此，你要根据多空情势的变迁把握行情，获取收益。

另外，将强力指标与追踪趋势指标联系在一起使用是一个关键性问题。如果你单独使用这个振动指标，由于它非常敏感，所以很可能导致过度交易，这只会使你的经纪人赚到钱。短期震荡指标的信号必须用长期的趋势追踪指标进行过滤，这是电脑屏幕当中三重滤网交易系统的核心法则。

弹夹中的第五发子弹

老式军用来复枪的弹夹只能装五发子弹，在行动当中配备此种武器将迫使使用者一定要瞄准目标再扣动扳机，而不能胡乱射击，此种理念对我们进行金融产品交易很有借鉴意义。

到目前为止，我们已经探讨了四发子弹，即四项技术指标的功效，它们是：指数平滑移动平均线、价格通道、MACD柱形图以及压力指标——其中，移动平均线和平滑异同移动平均线属于追踪趋势性指标；价格通道、强力指标和MACD柱形图属于震荡测试指标。那么，这第五发子弹，即第五项技术指标是什么呢？

为了帮助你很好地使用这发"子弹"，或者说是分析工具，我们不妨排列出几种技术分析工具供你任意地选择，不过，你要对每一种技术指标的构成以及它所要衡量的内容有一个很充分的理解，同时，你要对各种指标进行认真的检验，从而为你准确地并且信心十足地使用各种指标所传输的信号做出贡献。

在《以交易为生》这部书中，我列举的技术指标超过12种；而在其他的书中，技术分析的工具达几十种之多。其实，技术指标本身的质量以及你对它的理解程度比指标的数量重要得多。业余交易者在即将倾覆之际，把技术分析视为救命稻草，他们不停地对各种各样的指标系统进行反复的研究；而成熟的交易者只选取几种有效的指标进行分析，他们所学习的是如何准确地使用这几种有效的分析工具，同时，他们会集中精力进行相关的系统开发以及创建合理的资金管理模式。

我们要清晰地认识到：没有哪个分析工具是绝对完美的，也没有哪个指标是万能的，只不过，专注于指标分析的交易者能够在收益递减之时提前离场。对相关分析工具的选择取决于你的交易风格，而正确的选择方法以及快速获利的诀窍是相关系统的开发以及你的风险管理意识。

埃尔德线　埃尔德线（见图5-13）作为一个分析指标，是笔者开发的，其功效与X光片类似，展示的是市场大环境之下多空双方力量角逐的结构性变化。埃尔德线将追踪趋势的移动平均线与两个震荡指标联系在一起，其所要指示的是：何时进场、何时离场、应该做多还是做空。大多数软件开发商没有将此项指标纳入其文件包中，不过，你倒是可以自己简单地编辑一下相关的程序。

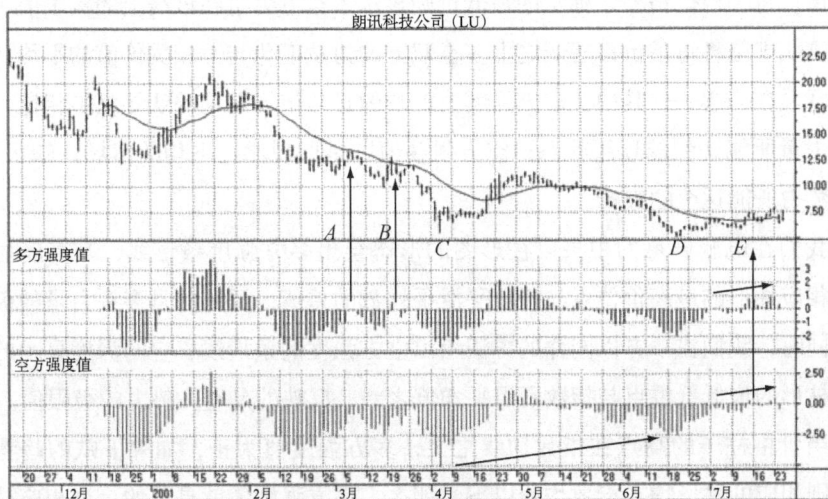

图5-13　埃尔德线

"低价买、高价卖"听上去很动人，但实际上，交易者和投资者们所倾向的大都是"追涨杀跌"，如图5-13所示：朗讯科技公司的股票在70美元以上都有人购进，而在7美元以下却好像无人问津——可能相关投资者不如那些尊奉有效市场理论的学者们更有理性，但这种说法能让我们信服吗？其实，埃尔德线本身就是为理性的投资者如何在复杂的市场环境当中自处提供的一点建议。

图5-13上方，22日指数均线呈现出下降的行情与趋势，多头的买盘随着价格的下降已然呈现倾覆之势，此时若股价回调至指数均线附近，那它所提供的是做空的机遇（如箭头A、箭头B所示）。在C区域，价格走势呈现出一个袋鼠尾的形态，接着，股价从5.5美元快速升至11.5美元，不过，这倒没什么大惊小怪的，毕竟价格偏低的股票收益率相对较高一些。在D区域，相关股价再创新低，然而相对应的表示空方强度的条形线所形成的底部较前底稍浅，呈现出一个底背离的形态，相关股价的一轮假突破的行情将空方套牢。随着升势的延续，空方强度指标逐渐转为正值，相应柱图上的柱线全部"站在"0线之上，此时出现的就是一个买入的信号。

要描绘埃尔德线，你要将电脑屏幕分割成三个平行的可视区间：在屏幕的上方，你要将相关股票的价格走势的柱形图置于其上，同时绘出相应的指数平滑移动平均线；在屏幕的中央及下方，你要以柱形图的形式分别描绘出多方强度和空方强度各自的分布区间。以下是确定埃尔德线值的数学模型：

多方强度值＝相应柱形的最高价－相应的指数平滑平均值（即 EMA 值）

空方强度值＝相应柱形的最低价－相应的指数平滑平均值（即 EMA 值）

屏幕上方的移动平均线反映的是市场当中的交易者群体对相关产品价值的平均认知水平；每一根价格柱子所展示出的最高价位表明了在该线之上多方力量的极限值；每一根价格柱子标示的最低价则显示了空方力量在该线上的极限值。而埃尔德线则是将每条价格柱子之上多空双方的力量变化与对相关价值的平均认知水平联系在一起——其中，多方强度值反映的是与市场平均的认知水平相比，买单的力量所能达到的顶级状态；空方强度值则是展现比之平均的市场认知水平，空方势力所能达至的巅峰。

我们在电脑屏幕的中央以柱形图的形态绘出多方强度条形线，其高度显示的是相应柱形的最高价位点与指数平滑平均数的差值，反映的是多头力量的极限值；同时，我们在下方以同样的方法绘出空方强度的条形线，它的深度显示的是相应柱形的最低价位点与指数平滑平均值之差，反映的是空头势力的极限值。

当价格柱子的高点在指数均线之上，多方强度值为正，如果下跌的趋势很猛，则相应的柱形均在指数均线以下，那么，多方强度值就是负的；当相应柱形上的最低价位点在指数均线以下，空方强度值为负，如果升势强烈，则所有的柱形均在指数均线以上，空方强度值则变为正数。移动平均线的倾斜方向可以辨明相关交易工具的行情与趋势——若其上指，表明交易人群做多的情绪高涨，此时你要填入买单；若均线下指，表明相关交易群体之中空方占优，此时你要做空。而相关产品价格的运行轨迹是：不断地与移动平均线发生偏离，但又不时向移动均线附近靠拢，就像橡皮筋一样。而多方强度值与空方强度值就是要衡量这条橡皮筋的时间跨度，其正常的高度所揭示的是相关价格在反转运行之前与相应的移动平均线的偏离程度有多大。同时，埃尔德线无疑是确定获利点位的最佳方法之一，即当价格与指数平滑平均数的差值等于多方强度均值或空方强度均值时，你要平仓出场。

如果在升势之中，空方强度值先是负数，然后上升，这时埃尔德线给出的是买入的信号。当空方强度值为负时，价格柱子已然下穿其指数均线，其低点位于相关价值认知的平均水平以下，你如果在空方强度值为负之后做多，那你只是在平均价值的附近进行博弈，不能很好地追踪且把握相关的行情变化。只有在空方强度值向上跳动时，其所给出的买入信号才具有实际意义，因为此时空方才真正失势，升势业已恢复。做多之后，你要在价格运行至相关通道的上轨附近或趋势跟踪指标停止上扬之时平仓获利。自然，当升势结束之时离场，你可能获利更多，但在上轨附近平仓则更加安全可靠一些。

反之，在降势中，当多方强度值先行为正，然后下跌，此时埃尔德线给出的是卖出的信号。我们通过日线图或周线图上的向下倾斜的指数均线来判明一个降势的发生，而多方强度值为正表明相关价格已上穿指数均线，位在平均价值认知水平以上；在强度值为正时做空，同样是在价值的上下赌运气，不能抓住真正的下跌行情。只有当多方强度值下跌之后，卖出信号才真实地呈现于眼前，因为强度值为负说明多头力尽，降势已然恢复了。一旦做空，在相关通道的下轨附近或追踪趋势的相关指标停止下倾的时候，你要平仓获利。自然，在降势当中一直持有空单会赚到更多的钱，而在价格通道下轨处平仓则更稳妥一些。一个初入市的交易者最好是做短线，挣"快钱"。他应该对相关指标研发一段时间，自身变得成熟之后，再去把握长期的趋势。

随机指标　随机指标（见图 5-14）属于震荡指标体系，它有助于我们判明当前市场行情到底是处于超买还是超卖的状态；它帮助我们在交易相关金融工具时，能够在低价买入，在高价卖出；自然，它可以规避在高价位买入或在低价位卖出相关金融产品的风险。随机指标由乔治·雷恩在几十年以前推广开来，如今已被大部分软件系统纳入其中。

随机指标主要的功能是：衡量截止到当日收盘的一段时间内，且在一定的价格波动的范围里，多方的买单将相关价格向顶部推动的能力有多大；同时，检测在相同条件下空头的卖单将相关价格推向底部的力量有多强。该指标将代表多头势力极限的一定范围内的相关金融工具的最高价与代表空头力量极限的最低价联系在一起，同时，代表精明投资者行为的、反映多空双方角力平衡点的当日收盘价也被纳入其考察之中。

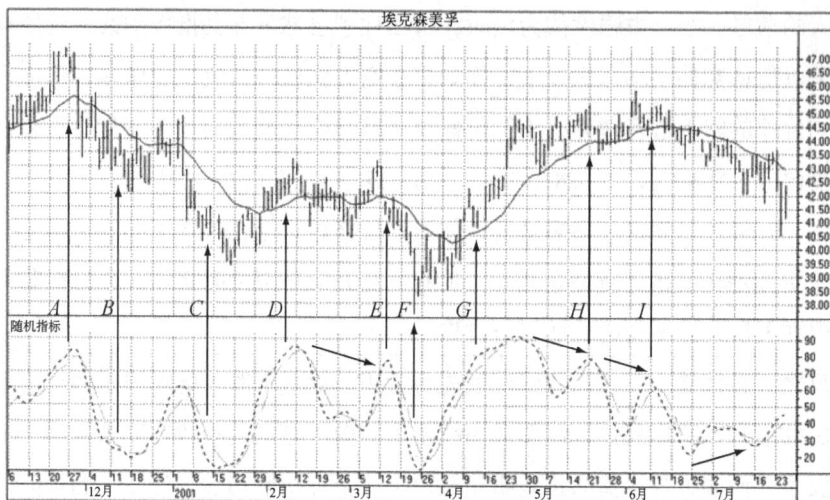

图 5-14　随机指标

如图 5-14 所示：与我们平常熟悉的价格上扬时买入、价格下降时卖出的做法不同，随机指标可以帮助我们在低价位买进、在高价位卖出。当相应的指标参照线降至低值区域时，表明市场处于超卖的状态，给出的是买入的信号（B点、C点、F点）。无论你做多与否，在相关价格跌至新低时，随机指标都会显示出禁止做空的信号。

当随机指标参照线上扬至高值区域时，它给出的是做空的信号（A点、D点、G点、H点）。可能这个卖出信号在一个强大的升势之中显得并不成熟，但无论你对它相信与否，随机指标都会告诉你现在进场做多为时已晚，从而使你免受趋势的诱惑。

随机指标的背离状态能够给出强大的交易信号。在 E点，埃克森美孚公司的股价形成双顶的态势，而相应指标系统的参照线所形成的顶部较前为低，这种顶背离的形态给出一个强大的做空信号——该股票价格自 3 月开始上扬，而在 5 月出现顶背离形态，这说明多方势力殆尽。在 I点处，顶背离形态已是第三次出现了，这会使你再一次有机会做空，从此，股价开始一路下滑了。

图 5-14 中右端显示该公司的股票价格正在下跌，价格的指数平滑平均线也在下指的方向之上，相应随机指标系统形成的第二个底部与前底的深度基本一样，这说明空方依旧势力强大，相关股价的下跌行情还要维持一段时间。

一日之间，多单可以将相关价格打得更高，而空单则可能把价格拉得较低，而随机指标则是在金融市场之中一个关键的时间节点，当天收盘之时，对多空双方角力的结果进行统一清算——如果一日之间多方的买单已将相关价格抬高，但在当天收盘之时，价格却没能处于较高的位置，随机指标便随之下降，表明场中升势乏力，如此则给出一个做空的信号；如果当天空方也曾将价格推低，然而收盘时价格并没有靠近底部，那么，随机指标就会呈上升趋势，如此则说明升势强劲，做多的信号也就同时出现了。

随机指标具有两种形式：快速随机指标与缓速随机指标——快速指标被绘制成快线，以 $K\%$ 来表示；缓速指标被描成慢线，以 $D\%$ 来表示。两种指标系统形成的过程如下：

（1）计算快线，得到 $K\%$ 的值。

$$K\%=\frac{C-L_n}{H_n-L_n}\times 100$$

式中　C——当日的收盘价；

　　　L_n——被选取的一定数量柱形之内最低价位点；

　　　H_n——被选取的一定数量柱形之内最高价位点；

　　　n——被随机指标选取的柱形的数量（交易者可自行决定）。

为了计算随机指标，我们要选取几天，即几条柱形，来确定参数 n 的值。如果数值不大，比如参数小于 10，随机指标所侧重把握的是近期价格在柱形图中的走势，捕捉到的反转行情变化不大；如果把参数放大，将时间窗口扩宽一些，随机指标可以融入更多的数据，抓住主要的反转行情，但有可能错过一些短期的、细微的反转变化。

那么，随机指标系统中的时间窗口跨度以多大为好呢？因为震荡指标是用来捕捉反转行情变化的，所以较短期的时间跨度更好一些，我们将较长期的时间跨度留给趋势追踪性指标为宜。因此，5～7天的时间跨度是我们在确定随机快线时所选取的合理参数。不过，根据交易品种的实际情况，你也可以将参数放大并加以验证，达到最优化。

（2）计算慢线，得到 $D\%$ 的值。

我们可以通过一定数量的柱形对快线 $K\%$ 进行平滑处理来得到慢线 $D\%$ 的值，注意：起平滑作用的柱形数量要少于计算快线 $K\%$ 所选取的柱形数量——例如：如果我们试图描绘 5 日随机指标，那么，在计算快线 $K\%$ 的过程中，我们选择的参数值就是 5，或以上；同时，我们要用三条或三条以下的柱形为参数来计

算慢线 $D\%$ 的值，计算过程与模型[⊖]如下：

$$D\% = \frac{\sum_{i=1}^{3}[C_{(n-i+1)} - L_{(n-i+1)}]}{\sum_{i=1}^{3}[H_{(n-i+1)} - L_{(n-i+1)}]} \times 100$$

快速随机指标对价格的变化非常敏感，因此快线不时地上下波动，显得凹凸不平。因此，我们需要用缓速随机指标的慢线对它进行平滑处理，当然，这些任务计算机都能够自动完成。

（3）将快速随机指标转化为缓速随机指标。

我们将快线进行平滑处理之后，它就变成了快速随机指标的慢线，而它同时又是缓速随机指标的快线，按照上述第二个过程反复进行平滑处理，我们就最终得到缓速随机指标的慢线即 $D\%$ 的值。

随机指标在 $0 \sim 100$ 之间取值，低值区域表明相关市场行情处于超卖的状态，而高值区域则显示出一个超买的状态。超买意味着相关产品的价格过高，即将下跌；超卖意味着价格过低，即将反弹。在勾画随机指标参照线时，我们要从15 以下的低值区和85 以上的高值区开始画起，使其尽量覆盖过往的价格底部和顶部，以便我们一目了然地进行判断。

当随机指标靠近参照线的低值区域时，一个做多的信号就会出现；而当它贴近高值区域时，做空的指示就会产生。但是，随机指标处于低值时做多有时在心理上难以接受，因为此时相关金融工具的相应价格正在迅猛地下跌，即使是明显的买入点位，但仍令人恐惧而不敢做多；同样，当随机指标接近参照线的高值区域时，相关价格正在疯狂地上涨，即使是做卖单的大好时机，但是，市场中高涨的牛市情结使你不敢做空。

在我们的分析系统当中，随机指标不能被单独地使用。当一轮强劲的升势展

<hr/>

⊖ 式中的"i"代表所选取的柱形参数是"3"；另外，为使读者更加明了随机公式，现介绍相对简单的算法：计算 K、D 的随机值，一般要先行计算威廉指标（$WMS\%$）的值，而 $WMS\%=K\%$，然后，用 K 值对威廉指标进行平滑处理，即

$$K_t\%=WMS\% \times \alpha + K_{t-1}\% \times (1-\alpha)$$

继续对 K 值进行指数平滑，得到 D 值

$$D_t\%=K_t\% \times \alpha + D_{t-1}\% \times (1-\alpha)$$

式中，α 是平滑系数，一般取 1/3，K、D 的初值为 50。——译者注

开以后，随机指标很快就会显示出超买的信息，同时发出做空的信号；同样，在迅猛的降势当中，随机指标很快就会显示出超卖的状态，同时给出并不成熟的买入信号。所以，你要结合趋势追踪性指标来把握随机指标的使用原则，同时，你要将随机指标显示的信号放到大的行情走势的方向上进行测量。

那么，一个交易者是否要等到随机指标上升再做多，或是等到其下降再做空呢？当然不是，因为随机指标反转之后，一轮新的行情就会出现，所以，只有在随机指标达到极值区域时才能给你一个交易的信号。因此我们要把握以下几个原则：

（1）当价格达至一个新低，但相应的随机指标的新低点较前底浅，如此则呈现一个底背离的状态，你要做多；反之，当价格达至一个新高，而随机指标的新高点较前一顶部低一些，那这就是一个顶背离的状态，这时你要做空。一个理想的做多区域是：随机指标的第一个底在指标参照线低值区域以下，第二个底则在低值参照线以上；而一个最好的做空区域是：随机指标第一个顶部在高值参照线以上，第二个顶则在此指标参照线高值区域以下。

（2）当随机指标参照线位于高值区域以上时，不要做多；反之，当参照线位于低值区域以下时，不要做空。这些禁止操作的原则与信号是随机指标最具价值之处。

总之，与随机指标相比，移动平均线更善于把握趋势，MACD柱形图更善于判明行情的反转，价格通道更善于确定获利的目标价位，而压力指标则更善于捕捉进场与离场的点位——但是这4项指标的缺陷是：它们在不停地给出交易的信号，使你有些应接不暇。随机指标判明的是哪个区域具有危险性，就像在滑雪场的斜坡上用红旗连线作为危险区标志一样，它能在你受不住诱惑而去追踪趋势的时候显示潜在的风险之所在。

准备出击　你可以根据个人的偏好选择技术指标，就像选车一样。但是，你要将追踪趋势性指标和判定反转行情的震荡指标联系在一起。除了前面讲过的几项指标，你还要关注一下其他相关指标。例如：定向指标对确认相关的行情趋势有一定好处，这项指标包含如下内容，其中之一被称为ADX指标，主要是判明升势行情的产生和发展的过程；而与前面研究的随机指标有密切关系的、具有震荡性质的威廉指标（WMS%）在确定是否对所持头寸进行"金字塔式"的加码方面非常有用；至于相对强弱指标（RSI）同样也是震荡性指标，它将注意力完全集中在收盘价上，这对于研究市场中的职业交易者在收盘时为主导相关市场行情而采取的行为模式很有益处。所有这些技术分析指标在我的《以交易为生》中都有过详细的论述。

记住！没有一个指标可以在交易当中单独使用。比追踪趋势性指标，如移动平均线，能够捕捉相关的行情与趋势，但它却有一定的滞后性；震荡指标可以在价格的波动范围内判明相关的顶部和底部，但在行情走行的过程中，此类指标会经常出现并不成熟的转势信号。同时，交易信号在图形的中央很容易辨认，但在图形的右端就很难判断了。

总而言之，没有一个技术指标是万能的，因此，我们要创建一个大容量的交易系统，将相关的指标体系融入其中。一个良好的交易系统一般只选取几个比较有效的分析工具，但通过相关体系内部的运行，各个指标之间相互取长补短，且没有干扰。

交 易

金融市场中的许多新人，即初入市者，在做单之时都很情绪化。但如果你要在场中生存并取得骄人的业绩，你就要具有一定的修养，遵守一定的纪律。当你理解了金融市场中所谓"恐惧"与"兴奋"的真实含义之后，你要将这些情绪的变化转化成自己的交易原则并因之形成相关的操作系统。而对交易系统的开发要在市场收市之后，你的心境比较平和的时候进行。起码到目前为止，这是唯一的一条在金融市场中生存并通向成功之路。

那些企图建立一个自动化交易系统的想法是非常幼稚的。如果真可以造出这么一个系统，那么，精通计算机的人早就发明出来赚大钱了。自动化系统之所以无法运行的原因在于：金融市场不是一个机械的或电子化的物体；相关工具的行情走势也不是由物理的变化过程所决定的，而是由市场当中大量的交易群体的行为模式造成的；而交易者的行为模式则取决于他们复杂的心理变化以及因之而形成的并不完美的思维模式的更新；自然，在我们制定买卖决策的时候，数理方法是有一定作用的，但是，交易者的心理因素却是一定要考虑的。

当你向专业交易人士请教的时候，他会问你一些问题，如你到底是一个潇洒的因势利导型的交易者，还是一个严谨的按系统指示做单的交易者呢？

一个因势利导型的交易者会在不同的时间，变换地使用不同的分析工具，针对不同的行情变动酌情制定相应的交易策略。他的决策思维之树附着大量的分叉，在不同的时间跨度之下，对于各种市场条件的变化，此类交易者会定向寻求相关的应对之法。然而，万变不离其宗，各种交易决策的核心就是相关的规避风险的法则。

一个系统型交易者致力于开发自主运行的交易手段，而因之产生的交易规则会为进场和离场提供相应的指示与信号，于是此种类型的交易者会对相应的规则进行回测，并使之自动地发出相关的信息。然而就是在这一点上，业余水平的交易者和专业人士的区别会明显地展示出来：一个不成熟的交易者为市场行情的变化所震撼，他觉得一个交易系统，无论是自己开发的还是从别处购买的，能够使其立于不败之地，但是，市场条件在不断地变化，所有的系统有时也会出现自相矛盾的结果，因此，机械地按照交易系统的指示做单的交易者最后一定会赔钱。而专业人士在使相关系统自主运行之后，会对其继续加以掌控，使其如鹰眼一般捕捉相关的行情与走势，同时，职业的交易者能够分清何时是正常的消耗期，何时是相关系统失效，何时需要放弃相关系统，何时需要用其他系统取代失效的系统。一个系统型专业人士可以准确地使用自动交易系统，但他遵循的却是因势利导的交易原则。

以我个人的经验，系统型交易者可以不断地取得一些好的业绩，但做得最好且最成功的交易者采用的是因势利导、敌变我变的方法。而要成为哪种类型的交易者将取决于你的性情，并不受交易决策等因素的干扰。一些人喜欢按系统的指示做单，另外一些人则习惯于随机应变的交易方式，这都无可厚非。在本书当中，大部分内容都是描述如何按市场条件的变化因势利导地进行相关的交易，而这些交易的方法又同时被容纳进自主运行的交易系统之中。所以，本书对两种类型的交易者都有帮助。每个交易系统所显示的就是面对金融市场的行情与趋势如何进行买卖的一个行动计划，但是没有哪个计划能够预测所有将要发生的事情，即使是最好且最可靠的计划，同样需要某种程度的评判。

想想你生活当中的一些琐事，比如，你要把车从车库里开出来，那你首先要打开车库的大门，然后打火，起车，最后将车驶入街道。同时还要注意这个车不要撞到墙上，不要碰到别的车，或被别的车撞到——而对这一系列细节所进行的规划就形成了一个系统化的思维模式。

如上所述，你的思维模式在时刻指导着你的行为模式，但你的思维系统并不是一直保持在正常的轨道之上，而是特别关注一些你认为重要的东西。比如在车辆行驶时，你会对可能发生的风险特别留意；再比如骑车的孩子，因突然下雪而造成的视线模糊及路面的光滑，抑或是横穿马路的行人等。每当一个偶然事件发生时，你的思绪就会偏离正常的运行系统，当时过境迁之后才能恢复平静。你不可能设计出一个完整的系统，将上述的风险完全涵盖其中，因为那样的话，系统会变得太过复杂，而系统本身也不可能完美无瑕——就像一个行人可能从另外一个角度撞向你的汽车，但这不在你的视线之内。因此，正常的思维系统应该是规范你行为模式的同时，允许你根据突发的情况做出相应的反应。而这种系统模式正是你从事金融交易所需要的——你所设计的系统，应该是可以捕捉交易契机，设置止损点位，确立收益目标，同时，关注如美联储发表等重要的信息，并注意某只股票相关的财务报告等关键的项目。很多初入市者总是希望设计或购买一套完整的交易系统，但此类幻想就像设计一个丝毫不需要人为控制、完全自主运行的驾驶系统一样，是不可能的。我有两个朋友，他们从事的工作是为交易者测试相关的系统，他们二人技术娴熟，收入颇丰。其中一个人经常笑着对我说：他每周至少能接到一个业余水平的交易者打来的电话。电话中，这个交易者会说自己已经发现一种只赚不赔的交易方法，它要对这种自动形成的交易手段进行回测，以便发现最完美的参数。这类交易者最担心的是程序员是否会盗取他们的诀窍。我问这个朋友，在过去的几年里，对这一类自动交易系统进行回测，它们的收益率是多少？他回答我说：没有收益。真的没有收益吗？难道我的这位朋友对系统测试这项工作失去信心了吗？

其实，让我的这个朋友能够继续从事这一项工作的动因是：他有一大批稳定的客户体，而这些客户大都是一些成功的专业人士。这些专业人士只是让我这位朋友测试一些交易系统中的细小的问题，如设置止损盘的相关参数、调整平滑异同移动平均线的时间跨度，等等。测试之后，这些专业人士会利用自己的判断，将得出的结果融入系统的决策之中。

一个智能型的交易系统所包含的项目都是被检测过的，但是交易者对自身的行为仍需保持一定程度的控制——其中的核心就是风险防范和资金管理，同时，交易者通过此类系统将各个项目串联在一起，最后形成交易的决策。

另外，智能型的交易系统可以为进场和离场做出相应的规划，它可以设计出一些特殊的功能，进行交易契机的捕捉，并对你的入市资金进行保护；而诸如进场、离场、调整止损价位等交易行为，在系统当中，可以部分地实现自动化。思考是一项很艰难的工作，但是完全依赖于自动化的交易系统而不进行仔细的判断是错误的！交易系统只是一种交易形式，我们不能将之理解为工程承包当中的

"交钥匙"模式。接下来，我们要对交易系统的一系列问题加以详尽地阐述。

📈 系统检测

在将每一项指标、规则以及方法纳入你的交易系统之前，你要对它们进行认真的检测。许多交易者在检测时，向系统软件堆砌罗列了大量的历史数据，并将据此得到的系统参数用电脑打印出来，这些貌似客观且连续的参数包括：最大限度和最小限度的收益或亏损，即盈亏率指标；长期和平均的盈亏指标；收益率的均值；损耗率的均值或最大消耗率，等等。其实，通过输出相关数据而得到的所谓安全认知系统是错误的。

你所输出的参数可能很完美，但在真金白银的交易之中，如果系统突然显示你做的5次交易全部亏损，那你怎么办？你所检测的系统对此没有什么防范措施，但交易的亏损却是时时刻刻都有可能发生——你咬咬牙，再做下一单，还是亏！你的损耗越来越大，那你还继续交易吗？如果系统突然输出一份账单，显示你仓里的保证金已然告罄，未来已经呈现"爆仓"的趋势，那你该如何应对呢？

其实，对电子交易系统进行检测之所以有市场，是因为一些相关的编制程序的企业可以在检测的过程当中收取一定费用。而有一些交易者要花费几个月，甚至几年的时间去学习如何进行软件测试，如何运用；还有一些交易者，他们一旦交易失败，不从自身去寻找原因，不承认自己对金融交易的恐惧，却会为自己找到一个看似合乎逻辑的借口，那就是：对某种新型的软件系统的应用还不十分熟练——这就像一个所谓的游泳爱好者，本身十分怕水，却在不停地熨烫游泳衣一样。

只有一种系统的测试方法是有效的。这种方法持续的过程很缓慢，需要花上很长的时间去体验，它不能立刻对上百种金融工具进行检测，但它却是你进行交易准备工作的唯一途径。这种系统的功能包括：一天一次对相关的历史数据进行回顾；谨慎地书写截止到当期前一日的交易信息及指示；通过按击鼠标就可以查看截止到当期的交易记录，同时获得未来的交易信号及交易提示。在你即将交易股票或者期货之前，你要下载至少两年的相关数据，从左侧开始仔细浏览相关的记录，暂时不要对未来进行预测；同时，你要开启技术分析项目栏，并打开相关的电子数据表——计算机键盘上的 Alt 键和 Tab 键可以使你在这两个程序之间游走；另外，你要在技术分析项目中开启两个窗口，一个窗口的数据图表是长期的，另一个是短期的；还有，你要打开电子表格，在页面的顶部书写系统的运行规则，同时创设一个列表——标注交易日期、进场价位和进场日期、离场价位和离场日期；在参看相关图形时，你要先在周线图上关注交易的信号，如果该图提示一个买卖的信息，你要再去日线图之上寻找相同时间跨度项下的相关信息，如果日线图也同样给出相同的买卖指示，你就可以植入你的预约单了，但你要将其录入到你的电子数据表之中；完成前面的准备工作之后，你就可返回日线图，点击查看你的挂单是否已经成交，如果成交，返回列表，登录你的交易结果——如此这般日复一日地对交易进行登统、记录，同时不停地计算止损的价位，判定获利的时机是你必须做的。

在你所有的数据记录当中，你要重复以上的过程，同时，你还要提前每周一次在周线图上重复进行相关的点击操作，至于日线图，那你必须每天一次进行查看；每次检测系统之时，你要记录下系统所提示的所有交易信号以及你每一次的交易行为；随着每日一次、不停地单击查看，相关金融工具的历史性趋势与行情就会慢慢地展现出来。如果通过单击查看系统数据，你发现了一个做多的信号，那你会采信它吗？记住！你的每一个决策都要录入在你的数据表中，从中你要发现：如果按照相关提示做多以后，你是否在既定的点位获利平仓，平仓点位的选择是根据价格的变化，还是依据一个卖出的信号？通过每天进行同样的检测，你的交易决策水平就会提高，而这种打提前量式的"每次一（柱形）线"的检测方法要比测试你的软件系统好得多！

那么，如果相关产品的开盘价在你预约单的价格之上，或是在你的止损点位以下，你将如何应对呢？对未来的价格波动如何加以管控呢？相关系统是否需要调整、变化或者更新呢？所有这些问题都需要每天进行一次单击测试来加以分析和探讨，这样就可以使你在尚未做单的情况下，最大限度地接近"实战"，最为透明地经历市场真实变化的情境——所有这一切不可能通过对过时的数据、参数进行输出而得到，即使是非常专业的系统检测手段也不行。

以手工的方式对交易系统进行检测，能够提高你的思维能力，能够使你在复杂多变的市场大环境之下准确应对各种事件的发生，能够提升你的行为能力。而你的交易计划应该包含一些硬性的原则，其中主要的问题是资金的管理。随着你长期地使用相关的原则对交易系统进行检测，你会在金融工具的交易之中游刃有余，你的知识水平、判断能力以及交易能力都会得到很大的提高，这比自动电子测试系统的效果要强得多。

模拟交易

所谓模拟交易指的是，在模拟真实交易的情境之下，对交易决策进行登统、观察及检测，只是这个过程无须动用实际的本金。大多数的学习者在从事此类交易时，即使模拟盘遭受市场行情的冲击，因为不产生实际的现金流，所以他们不会感到害怕，于是失去应有的谨慎态度；还有一些人，他们对待模拟交易与真实交易都很认真，但就是不明白为什么在做模拟交易时他们看似可以盈利，而一旦真正交易时就会亏损？

发生上述情况的原因有二：第一，人们在做模拟交易的时候，由于没有涉及真金白银的盈利或者亏损，所以都能够控制自身情绪的变化，其所制订的交易决策应该是比较客观或比较完美的；第二，一般情况下，那些可以获取收益的交易在进场时并没有什么明显的特征，而看似容易的交易品种往往会导致亏损，但是那些初入市者为其紧张的心态所导引，却经常交易这些看似简单却经常出现问题的金融工具，但是在做模拟交易时，交易者会更加冷静地选择那些十拿九稳的产品进行模拟交易。这里需要指出的是，那种主张既做真实交易又做模拟交易的说法是非常错误的！你只能做一样，不能两者同时进行。其实，从事模拟交易的唯一理由就是，通过此类交易可以培养你的交易素养，加强你的交易纪律——每天收市之后，你要像做作业那样，将有关数据下载，提前一天对你的虚拟订单进行登统，关注次日的开盘价格，记录你的进场价位，然后每天对你所经营的产品的行情进行跟踪，不断调整相应的止损和止盈的点位，如此数月如一日地反复操作，你会对所交易的工具产生比较清晰的认知，同时你的交易素养也会因之而提升。那些视模拟交易如儿戏的人，就不必从事此类交易了，因为模拟交易需要不停地工作。

利用模拟交易系统，在每日收市下载相关数据时，你要运用相关的技术分析工具及分析技巧确定相应的交易策略，计算止损与获利离场的价格点位，并且为第二天的交易将所有相关内容进行登统。注意：不要将你所下的订单交由你的经纪人去管理，但你要查看你的挂单是否成交，如果成交，你要对盈亏状况加以记录，同时将结果录入到你的电子数据表和你的交易日志当中（参看第 8 章）。如果你能重复上述的工作达数月之久，那你就具备了从事真实交易的资格。

这里需要注意的是，真实的金融交易是不存在替代品的，因为它所受到的情绪干扰要比模拟交易大得多，因此，在做真实交易的时候，你的交易规模要相对缩小一些。

计算机三重滤网系统

在与一些交易者攀谈的时候，他们提到：在使用我传授的三重滤网系统的过程当中，有时由于准确程度发生偏差，他们不得不对某个指标进行修正，或者增加一个滤网，或者更换一种分析工具等——对此，这些交易者总是表示出一种歉意，并咨询我的意见，而我则知道这些人已经属于成熟且成功的交易者了，那么我将如何回答他们呢？

首先，我会告诉他们成功之路在自己的脚下——在课堂上，我所教授的课程与别人没什么两样，成功的交易者是那些遵守交易纪律、懂得取舍并应用现有的分析工具取得成功的人；再者，根据各自的实际情况对我的系统所做的某些方面的修改是完全可以的——如果要使某个交易系统更加完善，不要管它是谁发明的，你必须对其参数进行检测、调整，直至这个系统成为你自己的交易工具。总之，成功的交易者是那些具备交易素养的人，而素养来源于你的信心，你的信心则是通过对相关系统之中的数据不断地进行检测而逐渐形成，同时，随着检测、跟踪等工作的进行，你会逐步实现自己的交易风格。

20 世纪 80 年代，我开发了一套三重滤网交易系统，1986 年第一次在《期货》杂志上发表。其后在我的著作《以交易为生》中有过相应的介绍，并附有一些视频资料。现在，针对当前的交易情况，我再次对其进行回顾，供大家参考。

在介绍上述系统之前，我们首先要弄明白几个问题，即什么是交易系统？交易规律、交易系统以及交易手段之间有什么区别？

所谓交易规律是一种宏观的、具有哲学思维的交易理念。例如：顺势交易之时，你应该——在升势做多，在降势做空；或者，在某种金融工具被低估之时买入；抑或是在历史性的支撑位附近做多、在关键的阻力位附近做空等。

而所谓交易系统是指，按照客观交易规律实施交易行为的一系列指导性原则。例如：如果我们按照相关的行情与趋势进行交易，那么当周线图之上的移动平均线上指，系统就会给出做多的信号；而当日线图上的均线下指，系统就会给出做空的提示。还有，当周线图上的 MACD 柱形图向上倾斜时，系统也会给出做多的信号；反之，系统则会提示我们做空。

所谓交易手段是一种与进场和离场相关的特定的交易原则。例如：系统给出买入的信号，根据即时交易手段的提示，我们要在相关产品价格超过前日高点时买入；或者当价格在当日创下新低，但其价位距离相关的价格高点不远，这时，我们所应采取的交易手段还是做多。

三重滤网系统的理念是，在不同时间结构之下，运用追踪趋势指标与震荡指标对相关金融工具进行分析。根据此类系统的运行规律，我们需要参照长期行情走势图上的追踪趋势指标做出买入或者卖出的战略性决策；同时，我们还要参看短期价格走势图表上的震荡指标做出进场或离场的战术性调整。究其根本，原始的交易规律从来没有发生改变，但是，精确遴选技术分析指标的相关系统以及相应的交易手段却处于不断变革与进化的过程之中。

三重滤网系统利用电脑屏幕的三层界面对每一种交易工具进行验证与检测，其中，每一层滤网都包含了各种不同的时间跨度与技术指标。此类系统可能会将一些看起来非常有吸引力的金融产品过滤出去，同时为交易者提供更加谨慎的交易方法。

在详细介绍该系统运行过程之前，我们需要对一些问题有一定的认识。

不同指标检测结果相互冲突的问题分析

技术指标相对于价格图表来说，能够更加客观地反映价格走势的变化，同时对判明行情的反转有一定的帮助，而你对相关参数所做的任何修改都会对各种信号的出现产生一定的影响。你要切记：不要将你个人的喜好加诸指标系统，使之显现出偏向性的感情色彩。

我们可以把各种技术指标分为三类：

　　第一类是追踪趋势指标，或者称之为"顺势指标"，如移动平均线、平滑异同移动平均线、定向指标等。这些指标随着市场行情的升降而升降，同时当行情在一定范围内波动时，此类指标也同样进行横盘的调整。

　　第二类指标被称之为震荡指标，或摆荡指标，如产品价格通道、强力指标、随机指标、埃尔德线等。此类指标主要用于判明相关金融工具是否处于超卖或超买的状态，捕捉相关价格在升势和降势当中的反转行情。

　　第三类指标是综合指标，主要包括看涨共识、交易者的态度、新高与新低指标等。其主要作用是判明市场交易群体的情绪变化，把握相关市场行情升降的总体趋势。

　　不同类型的指标有时给出的交易信号是相互矛盾的。例如：顺势指标显示价格上升，因此提示我们做多，而摆荡指标却显示相关市场处于超买的状态，提示我们要做空；同样，顺势指标下指，提示我们应该做空，而摆荡指标却显示出超卖的状态，指示我们做多。这样一来，我们很容易采信自己所希望得到的指标信号，从而掉入陷阱不能自拔。因此，要想成为一名合格的交易者，就必须建立一套完善的交易系统，将所有不同类型的技术指标纳入其中，同时妥善处理不同指标的交易信号相互冲突的问题。

不同时间跨度之间相互矛盾的问题浅析

　　依靠某一个技术指标真的能完全捕捉某一只股票在某一天的升降行情吗？还有，相关的移动平均线在周线图上呈现上升的态势，给出买入的信号；而其在日线图上却显示出下跌的态势，给出卖出的信号；它也可能在小时图上提示我们做多；但在10分钟图上却给出做空的信号，那我们应该相信哪一个提示呢？

　　一些没有经验的交易者喜欢参看比较明显易懂的技术指标，他们只在一种时间跨度下，大多是参看日线图，运用相关指标进行分析，而对于其他的时间跨度往往采取忽略的态度。如此一来，日线图上的行情走势一旦为周线图所吞噬，或者为小时图上的短期价格跳动所突破，并由此引发价格上下震荡，那么你将如何应对呢？将此种变化归咎于天命而不是交易者所为。

　　一些参看日线图做单而赔钱的交易者经常想：如果能够利用一些更加活跃的数据，做一些"快单"，情况可能会好一些。但是，如果你依据日线图做单赚不到钱，那么电脑屏幕上快速跳跃的各种数据只会使你"输"得更惨。交易大厅的电子屏幕会使一些失败者抓狂，而幕后终端的做市商们会招揽更多的人入场交易。当某个交易者的保证金告罄，新的交易者就会踏着他的足迹继续前行——如此这般前仆后继，失败的交易者就会渐渐淡出大家的视野。

交易者之所以失败，并不是因为他们选择的数据变化过慢，只是由于他们的决策过程太过混乱。要想解决不同时间跨度相互冲突的问题，你不应对相关产品的行情波动太过关注；你要高屋建瓴，从宏观的角度做出战略性决策，同时辨明当前市场行情是牛市还是熊市；然后，你要贴近相应的市场，寻找入市及离场的价格点位，这就是三重滤网系统的精髓之所在。

那么，如何判明长期和短期的时间跨度呢？三重滤网系统没有用生硬的词汇加以定义，而是利用各种时间跨度之间的相互关联进行判断。具体地说：在初始时刻，你要选择一个自己最为熟悉的时间跨度作为调解性的中介——如果你喜欢依据日线图做单，那你就把日线图上的时间结构作为中介；如果你是做当日交易且擅长根据5分钟图的变化进行交易，那你就用5分钟图做中介，如此等等。

三重滤网系统将充当中介的时间结构乘以因子"5"定义为长期结构[⊖]。如果你的中介时间跨度居于日线图之上，那么长期时间跨度则位于周线图上；如果充当中介的时间跨度在5分钟图上，那长期时间跨度则位于30分钟图上，如此等等。在选择你最为熟悉的时间结构作为中介之后，你要迅速向更高一级维度收敛，进入长期时间跨度所在的图表之中，据此制定你的战略性决策；然后，返回中介结构，寻找进场和离场的点位。

一言以蔽之，三重滤网系统的核心理念就是，利用长期的时间跨度决定你是做多还是做空；然后，贴近市场，运用短期的时间跨度进行进场和离场战术调整。

三重滤网系统的运行原则

三重滤网系统是为了解决各类技术指标与时间跨度的检测结果相互冲突所引发的矛盾而开发的——它通过长期的图表、依据顺势指标，制定战略性的交易决策，从而形成第一层滤网；同时，本系统在起中介作用的时间跨度项下，根据相

⊖　参看"时间——以五进位制衡量的要素"。

应图表上的信息，依据摆荡指标的提示，做出进场和离场的战术性调整，从而形成第二层滤网；最后，第三层滤网按照中介时间结构项下的图表以及短期图表的相关指示，提供几种植入买单或卖单的方法供我们参考，其具体的理论方法如下：

首先，选择你最为擅长的时间跨度，依据其项下的图表开展相关的工作，而此类图表被称为中介图表。然后，将中介图表的时间跨度乘以 5，就此进入长期时间跨度项下，运用顺势指标，根据长期图表之上的变化，做出买入、卖出或者观望的战略性决策。这里需要说明的是：在金融市场中观望、不做单是合法的，有时还是必须的；如果长期图表给出做多、或者做空的提示，你要返回中介图表，依据摆荡指标，根据长期趋势所显示的方向，确定进场和离场的点位。最后，在根据短期图表的变化植入订单之前，先行设置止损与止盈的点位，如果有需要的话，你要进一步核对、修正进场和离场的价格点位。

下面，我们就分别对每一层滤网都进行详细的分析：

1. 第一层滤网

在此滤网中，选择你最为熟悉与擅长的时间结构作为中介，乘以因子 "5"，就此进入长期时间跨度。如果你选择日线图上的时间跨度作为中介，那你就要迅速进入更高一级维度的时间跨度，即查看周线图（见图 6-1）上的信息——注意：此时不要浏览相关的日线图，免得受其影响；如果你是做当日交易的，不留隔夜单，那你可以选择 10 分钟图作为中介图表，然后迅速进入小时图进行查看——这种近似的取舍没有问题：技术分析是一种工具，不需要非常精准的科研数据。而如果你是做长线投资的，那你可以将周线图作为中介图表，然后快速进入月线图进行相关分析。

在长期时间跨度的图表之上，我们要运用顺势指标做出买入、卖出或者观望的战略性交易决策。最原始的三重滤网系统将周线图上的 MACD 柱形图的斜率作为追踪趋势的指标进行运用，但是它过于敏感，且过于频繁地给出做多与做空交易信号。因此，现在我个人更倾向于将周线图上的指数平滑平均线作为顺势指标来分析相关行情的长期走势——当指数均线上扬，那它就展示出一轮上涨的行情，从而提示我们做多或者观望；反之，当指数均线下指，那它显示的是一波下跌的行情，从而提示我们做空或者观望。我一般采用 26 周的指数平滑平均线来

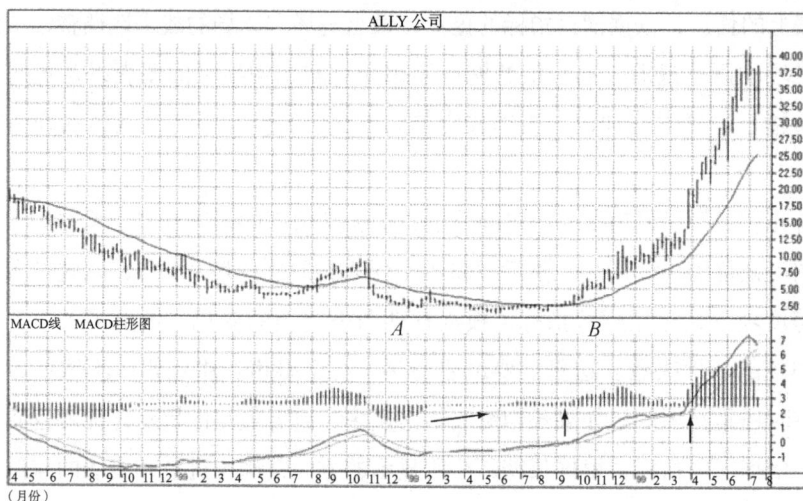

图 6-1　三重滤网系统——周线图

　　如图 6-1 所示：ALLY 公司（ALLIANCE GAMING）的股票在经济发展疲软的时期表现得却很好，买入该股票算是很走运的！2000 年和 2001 年，股票市场处于普遍下跌状态，但是该公司的股票却是独领风骚，从不到 2 美元升至每股 40 美元，而且回调的幅度也不大，那么，如何运用三重滤网系统对此种行情加以识别呢？

　　处于 A 点和 B 点之间的形态被称为"杯形底"——在此状态之下，股价的升跌幅度、相关的交易量都不是很大。而此时，相应的 MACD 柱形图却呈现底背离的态势，而此种形态在周线图上是很少见的。同时在 A 区域，相关股价创下一个新低，但与此杯形底相对应的柱形图中的条形线却没有位于零线以下，第一个垂直的箭头所指向的点位显示出 MACD 柱形图的走势向上，果然，几个星期以后，周线图上的指数均线也开始调头上扬，自此，指数均线和柱形图两项指标同时向上倾斜，ALLY 公司的股票于是变得炙手可热。此时，你要返回日线图寻找切入的点位进场做多。注意：在第二个垂直的箭头所指之处，指数均线和柱形图的方向一致，共同上指，几个星期以后，ALLY 公司的股票价格向上翻了一倍。自此，这只股票的一轮清晰、稳健、上升的行情走势在周线图上展示出来，它告诉我们此刻只能做多这只股票。

　　图 6-1 的右端显示：在周线图上，指数均线显示升势尚在，但相关股价的波动幅度加大，一个很容易判明的上涨行情已经结束，而且 MACD 柱形图与指数均线正在形成反向运行趋势，预示着高波动率所带来的高风险——自此，相对比较容易判断的行情不存在了。

研究半年之内的行情与走势，而你可以根据自己所交易的金融工具的实际情况确定指数均线的时间跨度——对于任何技术指标的运用，都要根据不同的情况进行不同的处理。

　　还有，在这一层滤网之中，我并没有放弃 MACD 柱形图，当相应的指数均线与柱形图的方向一致，那它们所确认的动态的趋势会更加强大，你可以将相关的订单数量放大一些；而如果 MACD 柱形图与相关产品价格出现背离的情况，那么这种技术分析当中最为强大的信号输出功能就会超越指数均线上的信息指示功效。

2. 第二层滤网

在此层滤网中，我们要返回中介图表，运用摆荡指标，根据长期图表所指示的方向，寻找进场的点位。如果周线图上显示的趋势向上，我们要等待日线图（见图6-2）之上的指标线下倾，且给出买入的交易信号之后进场做多，这比"追涨"安全；如果周线图的趋势向上，而日线图的指标系统给出做空的信号，那你要将信号所指的点位作为多单获利离场的目标价格，但不要做空。

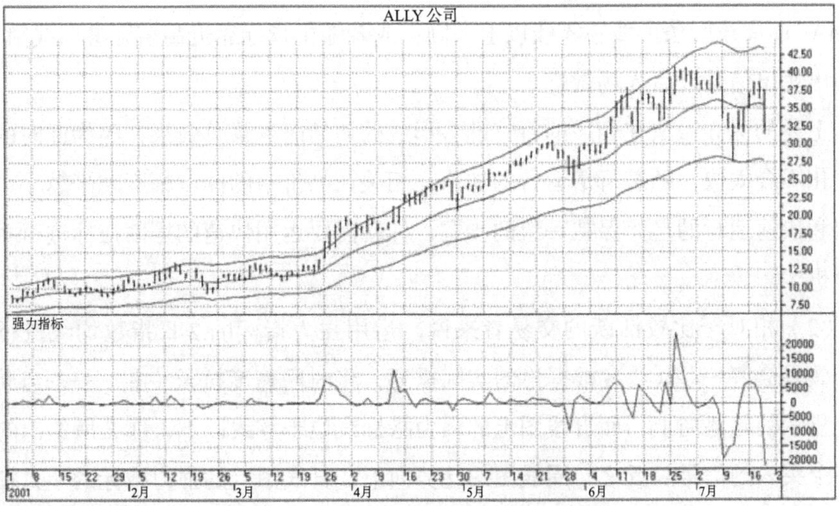

图 6-2　三重滤网系统——日线图

如图6-2所示：由于周线图上的升势不断提示我们做多 ALLY 公司的股票，或是离场旁观，那我们就需要进入日线图之上继续查看。而日线图上的指数均线也在同步上扬，这时我们的选择有：当股价回调至日线图上的指数均线附近时做多，或者当相应的短期压力指标数值降至零线以下时买入。日线图上相关通道的上轨区存在获利平仓的目标价位。而一个经验丰富的交易者会调整、升级他的仓内头寸，在一个新的买入信号出现时增加多单的数量，同时加强止损的管理，而不是在上轨附近出场。果然，相关价格通道间的轨距自4月开始到7月份由10个点上升至16个点。

在图6-2右端，强力指标线上下不停地跳动，此种状态显示该股价的行情走势已不易判断，从中也不好赚钱了，而此时市场当中的交易人群已变得十分疯狂，相关趋势持续的可能性变得很小。你这时需要平仓离场，关注其他升降行情比较平静的股票，但要悄悄地进行，不要为场中交易人群的情绪所干扰。

反之，当周线图上展示的趋势向下，我们要等待日线图之上的摆荡指标上指，且给出卖出信号之后做空，这比"杀跌"安全；如果日线图上的摆荡指标给出买入的信号，你可以将信号所指的点位作为空单获利的目标价格，但不要做多。至于选择何种摆荡指标，就要看不同交易者的交易风格了。那么，具体的操作过程是怎样的呢？

（1）相对于比较保守的交易者，在第二层滤网中，他们可以选择一些比较缓慢的指标进行分析，如日线图上的MACD柱形图或随机指标等——当周线图显示向上的趋势，你要等到日线图上MACD柱形图的条形线降至零线以下且降势放缓之时；或者等到随机指标降至低值区域参照线附近，且给出买入信号以后进场做多。反之，当周线图上的顺势指标显示出向下的趋势，我们要在日线图上的MACD周线图条形线在零线以上下倾；或者随机指标靠近高值区参照线附近，且给出卖出信号以后入场做空。

上述的保守做法在相关的行情趋势形成的初始时刻最具效果，因为此时的行情变化不会太快。随着行情运行的加速，相关产品价格的回调幅度越来越小，如果想和快速运行的趋势保持一致的步调，你就需要运用快速的摆荡指标进行相关的分析。

（2）相对于比较活跃的交易者来说，运用强力指标的2日指数均线进行分析，效果会好一些（或者根据你的实际需要，将时间跨度拉长一些）——当周线图上显示的趋势向上，而日线图上的强力指标线位于零线以下，那么所给出的就是一个买入的信号。反之，周线图的趋势向下，日线图上的强力指标的2日指数均线位于零线以上，那所提示的是卖出的信号。

另外，三重滤网系统同样可以运用其他的指标进行分析。例如：第一层滤网可以运用定向系统和趋势线进行分析；第二层滤网可以运用动量指标、相对强弱指标、埃尔德线或者其他一些指标进行分析。在第二层滤网中，通过衡量、比较相关的风险及潜在的收益，我们需要确定止损和止盈的点位，从而做出进场或旁观的决断。

（3）至于设置止损的问题，我们需要明白：一个止损盘是安全的保证，它可以减少你的损失额度。在你对相关交易进行规划之时，你所要做的是，避免单边行情所造成的一种或者一系列损失的产生，要规避爆仓的风险，而设置止损则是你交易成功的关键一环。但是，有很多交易者对设置止损是排斥的，他们抱怨止损单有被穿透的危险，他们的多单或空单本来就是赚钱的。所以他们说：设置止损是自找麻烦，因为不管你将止损单设在哪儿，它都会被穿透。

应对上述的问题，首先你要将止损单设在不易被穿透的位置上，要使之位于市场噪声的区间之外。再者，一次偶然的洗盘更能显示出一个长期的安全价格，无论你的分析技术多么高超，设置止损是必须的。还有，你要根据相关产品价格的波动方向移动你的止损点——如果相关价格按照你的预想运行，你的止损点位应该移至不赚不赔的价位；而一旦相关行情的态势不变，你要继续移动止损价位，从而在平仓之前保护你尚未实现的收益。一个有经验的交易者是不会将已经获得的盈利变为亏损的。

同时需要说明的是：止损盘的设置要使预期的风险损失固定在你仓内资金2%的范围以内（参看第7章）。如果三重滤网系统显示的交易有潜在的风险，且相应的损失可能超过你仓内资产的2%，那就放过这单交易。

（4）至于设置止盈的问题，我们要清楚：对于收益的预期是根据你的交易目标和资金情况而弹性波动的。如果你的资金充足，同时又是做长线的，那你可以在相关产品价格上涨的初期将头寸放大一些，如果周线图的趋势上扬，你可以根据日线图上各种指标显示的买入信号反复交易，当周线图上的指数均线横盘调整时，你就可以获利平仓了；反之，在降势中的交易原理也是一样的。

另外一种选择是：当产品价格冲击相关通道的边际线时，你就可以获利平仓了。如果你握有多单，你可在相关价格冲击通道上轨之时平仓，在此价格回调至日线图上的移动均线之时重新入场做多；如果你握有空单，在价格冲击通道下轨时你要平仓，当价格柱子上扬至日线图之上的指数均线附近时继续做空。

如果你是做短线的，你可参照强力指标的2日指数均线确定出场的点位——在升势之中，你要在强力指标2日均线值为负数时进场做多，在该数值为正时平仓离场；在降势当中，你可在该指标2日均线数值为正时入场做空，当该值转为负数时平仓。

很多没有经验的初入市者的金融交易行为像抽奖一样——买一张彩券，然后坐在电视机前看自己是否中奖。你要明白：你只有成为专业的交易人士才能在场中生存，你必须思考何时进场、何时离场！

3. 第三层滤网

这一层滤网主要是帮助我们确定入场的点位，其中相对比较活跃的数据可供交易者参看，但是对那些可能从事日间交易的初学者来说，有一定的危害性。

在这一层滤网当中，你要将相关行情的"破位点"或者相应价格回调所达至的点位作为切入口进场交易。当前面两层滤网给出买入的信号（包括周线图上的行情向上而日线图上的走势向下的情况），你要将前几日的价格高点作为你所提交的订单的入市价格，或者，你也可以把此预约单的价格向上拉高一个"呼值单位"，即所交易的金融工具的最小的价格波动幅度——如果我们预期某种上升的趋势将会持续，那么在价格上扬的过程中，就会出现相关行情破位的情况，此刻是植入买单的最佳时机，但是这个挂单最好不要隔夜；如果价格继续上行，突破了日前高点，那你的挂单就会自动成交，此时你不必太过关注价格在当日的变化情况，将你的订单交给你的经纪人管理就可以了。

当前面两层滤网给出做空的信号（包括周线图上的趋势向下，而日线图上的趋势向上的情况），在前几日价格的低点处或者再稍微略低一点的地方植入你的空单——此刻我们预期相应的价格走势将会延续，并且向下突破；一旦相关产品的价格跌至低点以下，你的挂单就可以成交了。

金融工具的价格在一日之中的波动幅度可能会很大，在相关高点植入买单有可能使它的入场价位过高。而另一种方法是，在相关产品价格的平均水平之下填入你的预约单——如果你想等到价格回调至指数均线附近时入场，那你要计算相应的指数平滑平均线于次日将会达到一个什么样的水平，然后植入你的多单；或者，你可以运用"安全区域指标"来估算相关行情会在前几日价格低点以下将会再向下倾斜多少点，并以之作为你植入的预约单的价格。对于降势之中的空单，操作原理相同，只是方向相反而已。

在相关行情向上突破以后做多的优点是可以追踪趋势。缺点是：入场价格过高，距离止损点太远；在价格运行的底部做多可以拿到更加便宜的订单，距离止损点也不远，但是面临行情反转的风险，因此，行情破位之后入场更安全一些，但是收益较少；在价格底部进场风险大一些，但是利润可观。所以，究竟采取哪一种入场方式要根据市场的实际情况而定。

还有一种入场的方法，就是利用实时的数据发现入场的点位。例如：当系统给出买入的信号，你可以按照实时的数据进场做多——你可以在开盘后的15～30分钟的时间里，发现相应的价格波动区间，从而锁定破位点，当价格向上突破以后，或者通过技术分析从日内的柱形图中找到相关信息，那么你就可以进场做多了；如果你要做空，你可以在价格向下突破相应的波动区间以后进场做空，你也可以运用实时的图表信息和技术分析手段，根据价格的日内变动情况，做空相关金融工具。

利用实时的图表寻找买卖的信号和在日线图之上发现相关信息是一样的，只是实时数据的变化速度较快而已。注意：如果你是依据周线图和日线图的指示入场，你也要根据它们的信号离场。一旦你采信了实时图表的信号入场，切莫根据日内的数据指标离场——因为你入场的基础信息来自于上面两层的滤网系统，所以你需要持仓几日，希望你不要为日内的价格变化所干扰而分心。

接下来，我们要对前面已经涉及的系统项下的日间交易问题进行更深层次的探讨。

📈 日间交易

日间交易是指在一日之内完成进场和出场两项任务，即当日清算的一种金融交易模式。当你从电子交易屏幕上看到大量资金流入你在场中的账户，那是非常诱人的。自然，如果使用现代技术从事频繁的日间交易，那你系统的运行速度肯定会超过那些动作缓慢的、通过看报纸来追踪股票的人们的交易速度。但是，就像真理往往与谎言随时相伴那样：日间交易可以给专业的交易者带来收益；然而对于那些没有经验、失败的交易者而言，日间交易会使他们账户上的资金丧失殆尽。日间交易有它的优势，也有劣势，对交易者有很严格的要求。从事日间交易要面临市场巨大的挑战。但有意思的是，关于日间交易的论述却少之又少，倒是有一些交易指南方面的小册子，对此类交易能够赚到"快钱"做了一些宣传，却没有一本具有专业知识的论著。其实，不善于从事此类交易的人写的书不值得看，擅长此类交易的又因为太忙而没时间写书。

一个好的日间交易者要有强大的自信心、快速的反应能力以及极强的灵活性。成功的日间交易者每天因太过关注相关金融工具价格的瞬时变化，以及自己的瞬间交易成果而没有时间著书立说。我总是希望有人出来完成这项工作，但是日间交易的相关知识太少，即使交易者每人撰写一章，所形成的著作也不会很厚。

20世纪90年代末期，对日间交易感兴趣的人开始增多，甚至有些家庭主妇和在校学生也都为市场行情和简单易行的网络操作程序所吸引，从而参与其中。交易商不停地打广告，招揽更多的人进场从事此类交易，尽管他们绝对知道大部分人都要出局。那么，日间交易有哪些优势呢？

首先，在日间交易中，相应的交易机会频繁地出现，如果你能够参看日线图做单，那你可以在短期的日内图表之上发现相同产品的关键价位会不停地被显示出来，你可以快速地砍单；其次，当天完成交易之后，你所交易的金融工具的头寸就不会在收盘以后受到隔夜的、不确定的因素影响，你可以安心睡个好觉。那么，日间交易的劣势又有哪些呢？

首先，日间交易可能使你丧失追踪趋势的机会；其次，由于相关金融产品的价格在一日之间的波动幅度一般不会太大，所以此类交易的收益不多；最后，由于日间交易需要频繁地进出市场，收取佣金的交易机构当然会热衷于此类交易，但对交易者来说，其所产生的费用必然过高。

除了上述的优劣势以外，日间交易对相关的实践者还有特殊的约束与要求，即必须快速行动，没有思考时间。依据日线图做单，你可以有很多时间进行检测；但是，日间交易使你只能按照当天的行情波动进行相关操作，需要瞬间完成交易。

由于日间交易存在时间跨度的特殊性，你在从事此类交易时，必须弄清楚做这种短线交易真的比做长线要好吗？

同时，日间交易反映了相关交易人群天生具备的赌博心理，而且一旦你的交易原则存在任何错漏的情况，日间交易都能够很快地予以发现。

从事日间交易有三类人：场内交易商、机构投资者、个体交易者。这三类人有各自的安排，采用的是不同的分析工具。举个例子：假如有三个人一起走向海滩，其中一个去游泳，一个去晒日光浴，还有一个去拿脑袋撞树，熬时间。交易商和机构投资者属于前两类，显然要比属于第三类的个体交易者，即散户做得好，那么就让我们学习一下他们的经验吧。

来自于场内交易商的经验

　　场内交易商居于相关金融市场之中，他们彼此之间也有交易，但主要是与交易大众进行对冲。他们通过赚取"点差"、场中套利或直接的单边交易获取收益。

　　我们知道，任何股票及期货产品都有两种报价：一个是买入价，即交易商买入相关金融产品的价格；另一个是卖出价，即交易商卖出相关金融产品的价格。你的买单报价可以低于市场报出的价格，但这种报价不会对相关行情产生什么影响。要想快速成交，你只能按交易商报出的卖出价买入。如果你要卖出相关产品或工具，你可以在市场报出的价格之上植入卖单，或者按照交易商报出的买入价成交。

　　例如：黄金产品在上一笔交易中以每盎司 308.30 美元的价格成交，但是现在黄金的报价是每盎司 308.20 美元（买入价）/ 每盎司 308.40 美元（卖出价）。这表明：买方愿意在 308.20 美元的价位买入，卖方希望在 308.40 美元的价位卖出。此时，市场当中如果进入一张买单，交易商就会按照 308.40 美元的价格卖出，这样，场外交易者就必须按照这个卖出价进场做多，而作为卖方的交易商则需要买入黄金向这个买方交割。这时，一张卖单进入市场，交易商以 308.20 美元的价格买入黄金，从而赚取 20 美分的利润——交易中，交易商不需支付佣金，只需交纳一些清算成本，他们可以为了一个点或一个"呼值单位"的差异而进行交易。这些交易商整天站在市场中，向过路的行人兜售生意，声称他们只想在低于市场报价一个点的价位买入，只在高出市场报价一个点的价位卖出，其中的差价就是他们的佣金。

　　上述情况比较简单，金融市场中的真实交易却是不守规则的。交易商们总是试图赚取多出一点两点的收益，因此他们之间也存在竞争，他们在场中呐喊，跳跃，彼此对峙。如此一来，那些高大、健壮、声高的交易商就会占有优势，而你在场中极有可能被这些交易商的铅笔戳伤，或者被他们的唾沫溅到。有一个故事很有趣，当一个交易商在场中因心脏病突发而死去时，身体还在笔直地站着，被众多的交易者挤在中间。

　　当场内交易商在比市场报价低出一个点买入一个金融产品，但其价格稍后却掉了两个点，这样交易商就会赔钱。实际上，一半以上的场内交易商在一年之后就会消失，芝加哥有一个交易所在交易商的胸前佩戴一个红色的圆形徽章，弄得他们像靶子一样。如此一来，你就会对这些交易商有一些怜悯，但是请记住：他们很多人都过得很好，从每一笔交易中赚取一个或更多的点差能使交易商们获取高额的利润。在电子交易出现之前，交易所中一个交易商的席位可以卖到100万美元。

场内交易商有时也通过买入和卖出相关金融工具而进行套利，这样他们的身份也就发生了变化。而套利的交易商与赚取点差的交易商相比则更加谨慎，同时其资本化程度也更高。还有一些极为富有的交易商直接从事单边交易，他们的订单可以持有几天乃至几个星期，与交易群体的时间跨度相类似。

根据场内交易商的运行情况，我们能够获得什么经验呢？首先，如果你是一个长线交易者，你要尽可能地用好相关的限价指令，在特定的目标价位植入你的买单或卖单，不要让场内交易商从你身上赚取点差；其次，当场内交易者们为争抢几个点位而大打出手时，你要离他们远一些，不要参与其中的交易。

如果你是做日间交易的，那你就不要在乎点差了，但你要把时间放长一些，尽量离场中拥挤的、追逐点差的人远一些，要使自己处在逐利者和长线交易者之间，利用当天接近尾声时刻的图表试着做一两单交易，这样你的时间跨度就会比场中频繁交易者的稍长一些，比长线交易者的稍短一些。

来自于从事日间交易的机构投资者的经验

机构投资者是指那些为银行、金融中介公司以及类似企业服务的一些部门。每个机构可以拥有上百名交易者，每个月要承担交易所中的摊位费达几千美元，还不包括发给从业人员的工资和奖金。每一个机构投资者一般只集中交易一个品种，如2年期的国库券或5年期的国库券等。机构投资者的收益看似不高，但其掌控的资金量非常庞大。我的一个朋友在纽约一家大的投资银行从事债券交易。他一天之中所接触的资金数量几乎无上限，但在收盘时，其仓内头寸基本锁定在2.5亿美元，以用于隔夜交易，而他的日盈亏额大约18万美元，占其收盘头寸的0.072%，占其日交易额的0.010%，比例不高。

我朋友当日收益的绝对值看似很大，但是你如果按照和他一样的比例而获取收益就不那么理想了。试想一下：如果你的仓内资金是25万美元，不过是我朋友所掌控的头寸的1‰，如果你从事隔夜交易，你的收益是180美元；如果你在当日完成交易，你的利润是25美元，这种收益恐怕不抵你的交易成本！那么，机构投资者为什么就可以生存呢？

大的机构可以从规模交易中获利，但主要的还是：机构投资者通过从事相关的交易来吸引更多的潜在客户进场，它们主要的收入来源于客户下单所支付的佣金、点差及息差。机构投资者接受薄利是为了在市场当中体现它的存在，是为了吸引更多的客户进场从事对其更加有利的交易而换取筹码。如果能够长期在场中生存，又不赔钱，它们何乐而不为呢？

我们要向机构投资者学习的是其执行交易纪律的坚决性，是其管理者迅速砍单、止损的果断性。个体投资者没有资金管理者为其规划，因此他需要自行设计和实施严格的资金管理模式；同时，机构投资者一般只集中交易一个品种，不像个体投资者那样，今天做一只股票，明天再做另一只股票。由于机构投资者所交易的金融工具不多，它就能集中精力，并且对相关产品的价格走势摸得更透。

机构投资者经常忙于追逐点差，而个体交易者最好不要和它们一起争夺，以免受到伤害。当你发现只存在几点收益的交易，放过它可能更安全一些，因为机构投资者早就在等着它呢。总之，你的时间跨度越长，你所面临的竞争就越少。

个体投资者和机构投资者相比有一个很大的优势，不过前者没有意识到。机构投资者们在市场中经常宣传买价与卖价之差不过是为了生存，例如：它们向客户兜售5美元买1个日元，其实，它们希望你用500万美元来买1个日元，反之亦然。而相关的外汇银行利用买入价、卖出价之间的点差，向从事外汇交易的多头和空头双向收取费用。总之，机构投资者时时刻刻都在交易，但是个体投资者却有的是时间去等待最好的交易时段。

作为个体交易者，你没有义务去做多或者做空，你有观望的自由。但是，大多数交易者往往为场中的气氛所感染而过于兴奋，他们不是在等待最佳交易时机，而是直接跳进场中交易。记住：从事相关交易需要的是做好，而不是频繁地增加交易次数。

如何采集日间交易的数据

获取实时数据的价格很昂贵，你要支付得起才成。很多交易所贩卖这些数据，从而获取很高的收益，这些交易所将免费向公众发布的信息延后，一般延迟

20分钟就会使实时数据的价格升得很高。但是，你如果根据这些数据从事日间交易，就像往汽车的挡风玻璃上扣一张纸板，会使你在行驶过程中看不清路线。因为日间交易速度很快，从事此类交易的人都非常聪明，如果根据这些延迟的数据和他们竞争，简直就是开玩笑。

很多从事日间交易的人利用计算机软件系统将相关的数据展示出来，将其图表化，并据之进行相关的分析。实时数据的分析软件已经存在很多年了，而最为流行的莫过于纳斯达克市场的行情二代系统，其上展示的是：都有哪些人愿意购买或卖出哪些相关的股票；如果将这套系统吹嘘成通往财富的一条新路，那纯属哗众取宠；由于场内交易群体的疯狂交易行为，导致大部分的财富流向交易商和经纪人倒是事实。从这个行情二代系统上我没有看到相关交易者群体的表现有什么过人之处。在几年前那些早期使用该系统的交易者可能有一些优势，因为那时有些概念还很新颖，但随着此系统的逐渐流行，它的优势也就消失了。所以，任何一种新的分析工具在开发之初都可能会给使用者带来一些优势，流行之后，它的优势也就渐渐地消失了。

综上所述，一个日间交易者需要一台先进的电脑、非常好的分析软件，同时需要和相关网络进行快速的链接。所有这些硬件设备需要花费几千美元，而且购买实时数据又要花费几百美元。因此，降低相关成本的方法是集中交易一种产品，这样也可使你专心致志。一些专业的期货交易者常常是集体合用一台电脑，有时白天不从事交易，到处闲逛；还有一些人移居到别的城市，在比较合适的交易所买或租一个席位。在大的交易所，交易成本会很高，因为交易品种多；而在小的交易所，由于交易品种较少，所以成本较低。

要想更好地学习日间交易的相关经验，最好的办法是成为场内交易商的一名雇员。但面对大量年轻的应聘者，这些交易商一般雇佣人数不会超过25个，而且他们主要是雇佣那些年轻的、圆滑的人，而且这些人不能有先入为主的偏见。

日间交易者的心理因素

从事日间交易需要高度且严格的纪律性，但它所吸引的却是那些冲动、沉溺其中、赌性十足的交易者，这是其矛盾之所在。如果交易使人紧张，那日间交易只能是更加刺激。当你在电脑屏幕上确定了相关的价格运行模式，植入你的订单，看着相关交易工具的价格一路飞涨，成千上万的美元流入你的腰包，那是多么快乐的事情啊！一个曾经是空军飞行员的交易者说：日间交易比跳伞还让人兴奋。

机构交易者从事此类交易是其公司的要求；而个体交易者，即散户从事日间交易的原因，部分是理性的，还有一部分是非理性的，而他们唯一理性的诉求就是要在场中获利。但是，一旦这些散户从日间交易中获取利润，他们就会得意忘形，然后满怀热情地寻找更高的收益目标，最终赔钱。

做生意的目的就是赚钱。一宗好买卖总是能够满足老板和员工的心理需求，然而，资本数量是企业运营的核心之所在，一旦交易者沉湎于日间交易，那他们就会放弃对资金的管理，剩下的只有对做单的冲动。场内的经纪人非常鼓励此类交易，因为太多的失败者将金钱花费在软件、系统、数据甚至辅导材料的购买上，他们大部分人没有交易经历，或者没有过爆仓的体验。走进日间交易区，招揽生意的交易人随处可见，他们的收益来自于散户交易者，而这些交易者的资金存活时间从几个月或几个星期不等。

成功的日间交易者需要不断地测试其所依据的交易模式和交易系统，衡量风险与回报的比例，着重强调资产的积累，而且他们从不为感情左右。如果你要从事日间交易，你首先要问自己几个问题：

（1）你能够根据当日临近收盘时的图表成功交易吗？如果答案是不能，那你还是离场观望的好。在从事此类交易之前，你需要一年的成功的交易经验。

（2）你对某种事物的偏好是否达到上瘾的程度？如果你有过酗酒、吸毒、暴饮暴食或者赌博的历史，那你要远离日间交易，因为它会使你沉溺其中，不能自拔，最后倾家荡产。

（3）你制订交易计划吗？你希望交易的金额有多大？交易什么品种？你怎样选择进场和离场价位？你如何规避风险，是设置止损，还是进行相关的资产配置？如果你没有一个完整的交易计划，你就不要进行日间交易。你要为长线交易和日间交易分别创建交易记录，比较哪一个收益更高。

交易工具的选择

日间交易和长线交易相比，一个像飞机，一个像汽车。开汽车很舒服，你可以靠在座椅上，戴着耳机听音乐，在遇到红灯时浏览一下杂志；但在飞机上，驾驶员要紧张得多，日间交易也是如此。你需要全神贯注地盯住一个金融工具；在你的交易生涯中，你可以交易多种金融产品，但在某一个特定的时间段内，你只能交易一种产品。那么，你该选择什么产品进行日间交易呢？一个好的日间交易产品应该具有两个主要点，即高度流动性和高度波动性。

流动性是指金融工具的平均日成交量，这个指标越高越好。在交易人群聚集的产品上，你能很容易地进场，也可以悄无声息地离场，你的订单也不会使相关市场发生扭曲；如果你在比较惨淡的股票或商品上植入你的买单或卖单，那你就成了专业人士的靶子，你的仓内资金会出现很多亏损。如果你使用限价指令，将之投放于有很大流动性的市场，如IBM股票或者大豆，那你会很容易进出其中，交易损耗也不会很大。

波动性是指被交易产品的价格在一天当中的波动幅度。一天中相应的价格高点与低点之间的差距越大，你的靶标也就越大，而向一个大的靶子射击总比向小的射击容易。回忆一下我们探讨过的价格通道问题。如果你知道怎么运用，那么从较宽轨距的通道上所获得的收益一定会更多。如果你是C级交易者，只能从通道之中获取10%的收益。在10点轨距中，你可获取1点收益；在20点的轨距上，你能拿到2个点。而C级交易者是不做日间交易的，但即使是A级交易者，也需要尽可能大的轨距来从事日间交易。

在一些主要的股票、期货和货币交易中，存在很好的流动性和波动性。而日间交易的另一个特点是对交易者人品有很高的要求。一些金融产品的价格波动比较温和，另一些喜欢上下跳动，如债券，一天或两天的波动范围都很窄，但突然开始波动，半个小时的升降幅度超过之前几天的波动范围，随后它可能又重新陷入沉寂。交易此类产品就好像看到婴儿的哭闹，90%是无趣的，而10%是可怕的。

那么，在日间交易中，你要选择哪些产品进行交易呢？如果做股票，选择那些在表中最活跃的进行交易，这些股票的流动性和波动性都很高。同时，你还要查询一下在当天最大的盈利者和亏损者都是哪些人，如果是一个人，那说明这只股票的波动性大，具有潜在的交易性。

如果你要做期货，你应该先做一些比较温和的产品，如棉花、砂糖或者铜。

一旦你变得成熟了，你可以考虑做股指期货或者德国国债期货，这两个品种是专业的日间交易者所钟爱的。

日间交易的技术分析与交易决策

如果你把价格和时间从图形上移动之后，你便不能说清楚它是周线图、日线图还是日内图表。用混沌理论来讲：市场行情的波动是不规则的——就像海岸线一样，从任何高处望去，都是参差不齐的，而这一点与不同时间跨度项下的图表极为类似，我们也可以类似的方法进行相关的分析。

进行一年以上的成功的长线交易之后，再进行日间交易，你就会拥有很大的优势。你可以运用与长线交易相同的分析方法来分析日间交易模式，只是速度要加快一些——你可以运用三重滤网系统的相关原则：通过长期图表制定交易决策，通过短期图形进行战术调整。

1. 与日间交易分析相关的第一层滤网

前面讲过，在本层滤网中，你要通过长期的图表，运用顺势指标，做出做多、做空或者观望的战略性决策，那么相对于日间交易，我们要如何选择相应的时间跨度呢？

首先，选择一个你最熟悉的时间跨度作为中介。如果我们选择5分钟图作为中介图表，那图上每一条柱形代表的是5分钟内的交易情况；你也可以选择稍长期的图表，但不能选取太短的时间跨度项下的图表，那样你会很容易被追逐点差的机构投资者所对冲；为了与交易大众区别开来，你可以选取一些非正统的时间跨度作为相关的中介，如7分钟图、9分钟图等。

一些日间交易者受相关技术所承诺的蛊惑，采用一分钟图或更短的实时现场"剔图表"进行相应的分析。这里就存在一个问题：如果你在场交易，即使半分钟就能锁定的数据，也要传输到卫星，再转到你的电脑屏幕上；如果你不在场，那你必然落伍，当相应的金融市场开始运行以后，时间的滞后性就会显示出来，因为时间的速率小于相关价格的波动率。

如果将中介时间跨度乘以因子5就进入长期的时间结构之中。如果你选择的中介图表是5分钟图，那你的长期时间结构项下的图表就是25分钟图（见图6-3）；要是你的软件系统不能勾画25分钟图，那就用半小时图。一个成功的日间交易者要有独立于相关交易群体的自身特色，因此，他要采用与众不同的参数来定义相应的图表和分析指标。然而，在日间交易中，只有很少的人采用25分钟图，并从中发掘快速的交易信号。

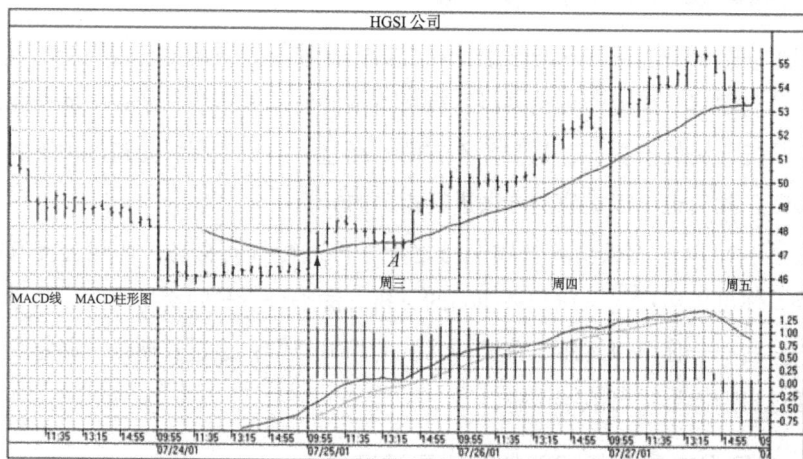

图 6-3　日间交易之 25 分钟图

如图 6-3 所示：如果我们喜欢用 5 分钟图进行日间交易，那第一层滤网的时间结构应该是 25 分钟。日间交易者所青睐的股票多种多样，目前比较流行的是 HGSI 公司的股票，其行情走势比较强劲、健康、误差也小——周一出现降势，周二便可以见底，周三行情上扬，周五便呈现一个顶部。在每天临近收盘时，股价便会回调，如果每天按照行情做单，等到周末，你会有不错的收益。

从图 6-3 中我们看到周三的开盘时刻，指数均线上指，MACD 的斜率方向与之一致，这就告诉我们应该做多这只股票。第一层滤网的上升的信号比柱形图条形线的升降重要得多，如果 MACD 指标下指，这时你可以休息一下，直到确认没有顶背离的情况为止。

在图 6-3 的右端，市场将在周末到来时收市，指数均线微微上扬，多方无疑会获利，同时也不得不出场，所以，相应的柱形图呈现出正常的底部形态。我们可以等到下周一再去观察是否有一个买入的信号，或者，在指数均线下指时，准备做空该只股票。

在长期时间跨度图表上，我们需要采用顺势指标制定做多、做空以及观望的战略决策。如果我们起始于 20 ～ 30 分钟图上的指数均线，那就需要根据你所交易的品种调整相应的时间跨度，尽量降低噪声的影响。当 25 分钟图上的指数均线上扬，它表明相关的行情处于升势之中，此时你要做多或者观望。在返回中期图表之前，你务必依据长期走势的图形制定交易策略。一些成功的日间交易者大都很少参看相关的技术指标，而是侧重参看相关行情在图表之中呈现出的相应形态，因为不同的交易日之间存在差异，指标系统在一天之内提示的信息不够准确。但是，像移动平均线、产品价格通道这样的指标还是有用的。

2. 与日间交易相关的第二层滤网

在这一层滤网中，你要返回中介图表，即 5 分钟图（见图 6-4），在其上按照相应的行情走势寻找进场的点位，具体的做法是：

首先，你要在 5 分钟图中勾画一条 22 日指数均线，即 EMA 线；同时，你要描绘出相应的价格通道，涵盖 95% 的行情价格。移动平均线反映的是对相应价格的认知水平，价格通道展示的是多头与空头正常的实力极限。如果我们要升势做多，那就在 5 分钟图的 EMA 线以下寻找相应的点位入场；如果想在降势做空，那就在 EMA 线之上寻找切入点。注意：不要超越通道上轨植入买单，因为那里是产品价格被高估之处；也不要在低于通道下轨的地方植入卖单，因为那是价格被低估的地方。

其次，运用摆荡指标，如 MACD 柱形图或强力指标，判明超卖和超卖的价位区间。你要沿着大趋势的方向，在相对短暂的行情与之相反时进场交易。例如：当 25 分钟图的行情上扬，但 5 分钟图的价格下降，且相应的摆荡指标呈现一个短暂的底背离状态时，你可进场做多；反之，25 分钟图的行情下指，5 分钟图的价格走势上升，摆荡指标呈现短暂的顶背离状态，你可入场做空。

再次，一些日间交易者有时会问：在日间交易中，周线图和日线图有用吗？其实，相对于此类交易来说，周线图没什么意义，日线图的作用也很有限。参看太多的图表会导致分析系统的紊乱。

最后，你要设置"安全区域"止损单。当你进场以后，可以运用设立"安全区域"的相关方法，植入具有保护作用的止损预约单。此预约单遵循"收盘基准原则"，即其只与相应产品的收盘价挂钩——你要关注交易屏幕上的 5 分钟图，同时输入一个指令：如果收盘价超出止损的价位，你的交易自动停止。这样一来，因市场噪声所引起的价格反常波动就不会触碰你的止损了。自然，一名合格的日间交易者不可心存侥幸，一旦行情有变，你要执行铁律，即时砍单，出场！

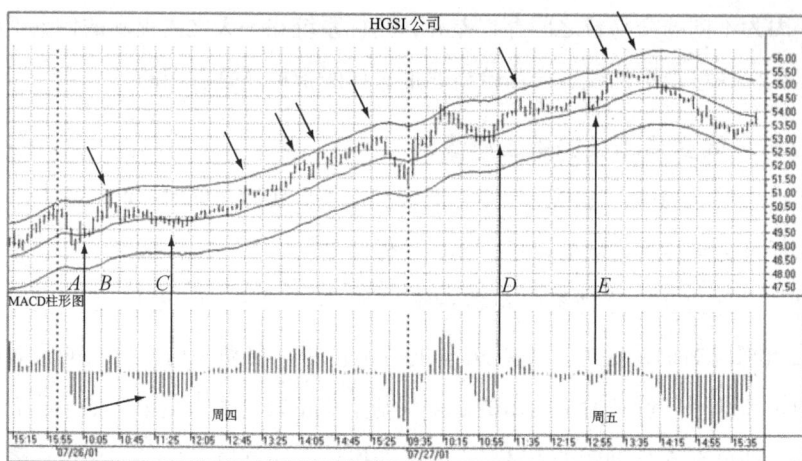

图 6-4　日间交易之 5 分钟图

　　如图 6-4 所示：25 分钟图已经告诉我们应该做多 HGSI 公司的股票，在此 5 分钟中介图表之上所呈现的降势提供了一个交易的机会。

　　在周四的 5 分钟图上，股价自开盘伊始，调头向下，降至指数均线以下。当相应的 MACD 柱形图斜率上指时，买入的信号出现（A 点），此时的图形模式显示：降势结束。果然，该股价上扬至相关通道的上轨附近（B 点），达到一个很好的获利价位；随后，股价回调至指数均线附近，再次给出做多的提示，如果你错过了第一次机会，此时可进场交易了；同时，我们看到在 C 区域的 MACD 指标的底部很浅，表明空方势力较弱，买入的信息再次得到确认。HGSI 公司的股价达至相关通道的上轨附近的次数超过 4 次，每次你都有做空的就会，如果错过了前 3 次，第 4 次一定不能放过，因为此时已接近一天当中的尾声，股价似乎没有可能再去冲击轨道上限了，作为日间交易者，你不想、也不应该留一个隔夜单。同时，我们看到：在本交易日的最后半个小时里，那些做多的交易者开始平仓出场，于是相关股价开始下降。

　　时间移至星期五，在开盘时刻，出现了一个买入的信号，股价随之上扬至相关通道的上轨附近，达至一个理想的获利点位，然后降至相应的指数均线附近（D 点）。后来的几波升势再没有使相关股价到达相应通道的上轨附近，但是在 E 点，仍然存在一个买入的时机。在下午，随着股价回调至指数均线附近，出现两轮微弱的上涨行情，如果你没有平仓获利，那等到指数均线下指时，你就没有机会了，本日交易也快结束了。各类金融产品的日内图表在交易日即将结束时往往会出现与主要行情相反的价格走势，因为在此时，那些盈利的交易者需要对冲他们的买单或者卖单，从而将盈利变现。

　　在图 6-4 的右端，交易日和交易周都将结束。由于日间交易没有隔夜单，因此在下周一开盘之前，你可以放松一下。等到下一个交易日，你还要参看 25 分钟图以及相应的 MACD 柱形图决定是做多还是做空这只股票。

3. 与日间交易相关的第三层滤网

　　在这一层滤网，你要确定进场和离场的实际操作方法，那么具体程序怎样运行呢?

首先，你要在 5 分钟图的移动平均线附近的价位进场。如果 25 分钟图上的相关产品价格的走势向上，当 5 分钟图的价格柱形回调至指数均线附近时，特别是相应的摆荡指标同时呈现超卖的态势，这是你做多的大好时机；在降势之中，反向操作即可。此种方法比在行情破位以后"追涨杀跌"要好。

其次，你要在价格通道的附近获利平仓。如果你在移动均线附近买入，那就在相关通道的上轨附近卖出平仓；如果 5 分钟图上的摆荡指标，如 MACD 柱形图，创下新高，而且相应的行情走势继续上扬，那你就可以等到相关产品的价格冲击或者穿透轨道的上轨时获利离场；如果相关指标呈现弱势的形态，那你就不可等待价格触碰相关通道的上下轨，你要快速获利、平仓、离场。

最后，你要根据通道的轨距来衡量你的收益率。如果从事日间交易，你必须是 A 级别交易者才行。但即使达到 A 级的水平，你也要衡量一下：长线交易和日间交易哪个更赚钱。一天当中，你可以试着做上几单：你要在当天的价格通道轨距之中拿到至少 1/3 的点数；同时，你要谨慎进场，快速出场；而到了日间交易的盘后时段，相关产品的交易比较惨淡，行情变化不大，你也不宜在此时做单。

日间交易之留取隔夜单

如果你在日间交易的早盘时段进场做单，相关产品的行情走势又符合预期，那你会留单过夜吗? 或者，留单隔周如何? 当然，这些问题是留给盈利者的，亏损者是不可以留隔夜单的。

初入市者一般会在当天收盘时平仓离场，而专业人士或可选择留一张隔夜单，因为：如果产品价格在收盘时比相关高点高出几个点位，那么在第二天早盘时一般会继续上扬；同样，若价格收在相关低点以下，第二天经常会继续下行。这种行情的延续并不确定，也可能当天收得很高，如果晚间出现了一个坏消息，第二天开盘时价格就会急速下跌，因此，有经验的交易者一般会有选择地留取隔夜单。

对相关行情的研究与探讨、通过学习而获取的交易知识以及必须遵守的交易纪律和原则，可以使你的交易行为变得比较冷静与理性。你必须对交易历史进行深刻的研究，对相应的点位进行仔细的运算，同时为将来的交易制定有序的规划。当你从事日间交易，一旦行情没有什么波动，那你就有足够的时间去钻研相关的数据。你可以用一台计算机进行运算，也可购进两台设备：一台用于交易，一台用于研究。

在从事一年日间交易的基础上，你便可以将相关的历史数据登统到你自己创建的电子表格之中，同时开始研究是否留取隔夜单的问题。例如：每当相关产品的收盘价比相关高点高出 5 个点以下，那其在第二天将会创下几个新高，或者第二天的价格会上扬多大的幅度；那么，收盘价如果比相关低点再低出不到 5 个点，第二天的行情会是怎样，或者会下跌多少？如果你得到了相应的答案，再去探索收盘价比相关高点高出不到 10 个点时，第二天会是什么情况，如此等等。

没有经验的交易者在不停地轮换交易品种，而专业人士却日复一日地交易一个品种。专业人士习惯于按照一个确定的方式进行交易，如果想像他们一样，你必须依据实际情况和相关的概率进行交易和预测，不要单纯依靠感觉和希望做单。你必须进行自己的研究，不要花钱购买答案，因为只有经过自己的研究才会增强你交易的信心。

日间交易相关的早盘时段价格区间破位

人们从报纸和电视上等得到各种信息。一些负责投资的管理者可能在决策缓慢的金融机构开了一天会，结束时得到买入或卖出的指令，于是他们在第二天开盘之前植入相应的订单；而大多数的隔夜单是由偶尔路过的投资者、追逐热钱的赌徒，抑或第二天一早准备去打高尔夫或去拜访客户的经纪人植入的。

对于专业投资人士来说，一天当中的开盘时段以及交易时段即将收尾之时是最忙的，特别是开盘以后和收盘之前的半个小时。这些职业交易者对大量涌入的隔夜单进行撮合，使之最大限度地成交，然后，他们与相关的头寸进行对冲，直至收盘，这样便可从交易失败者手中攫取丰厚的利润。许多专业人士中午大都要离场用餐，所以相关价格的走势一般在每天的 12 时到下午 1 时 30 分左右，呈现无方向、不匀称的形态；同时，相应的交易量指标也呈 U 状分布，即其在早盘与收盘时出现极值尖点，而在中间时段呈现低点。

谨慎的交易者之所以关注开盘时刻的变化，是为了给当天的交易定下一个

"调子"。如果场内交易商发现开盘时植入的买单总量多于卖单总量，那他们就会将相关产品的价格拉高，从而使交易人群的订单高价成交。那么，专业交易者就会在被拉高的价位做空，从开盘之后的第一波降势之中获利；如果卖单量大，交易商就会将开盘价拉低，从而在低价位买入，然后在开盘之后的第一波升势之中获利。

开盘后的 15 ～ 30 分钟时间内，许多股票与期货的价格波动幅度很大，交易量也高；随着大量的隔夜单填充市场，成交量开始萎缩，价格的波动也趋向缓慢，逐渐返回开盘初时的价格区间之内运行；接下来的价格波动要看开盘时的通道轨距了。

如果开盘时的相关价格的波动区间较宽，如占到一个月内日平均波幅的80%，那么，相应的行情在一天之内就会既有高点又有低点。场内交易商喜欢相关行情在开盘时呈现较大的波动区间，以便使之比较容易地发现相应的支撑位与阻力位。这些职业交易者可以于开盘之后，不断地在价格低点买入、在高点卖出，然后等待收盘时获取收益。如果开盘时的价格波动区间较窄，相关产品的市场行情就有被突破的危险，在当天就有可能出现新的走势。

早盘时段的价格波动区间（见图 6-5）的高点与低点就好比拳击手的两只脚：分布得宽，他就站得稳，也有利于自身掌控；如果并得紧，他就容易失衡，跌跤，所以他就不得不快速移动。

场外交易者喜欢按照趋势做单，并且偏好在行情破位之后跟进；场内交易商喜欢"低买高卖"，在价格波动区间之内做单，他们并不热衷于追逐趋势。交易商经常处于盈利的状态，而一旦场外交易者"跑赢"这些交易商，推动市场形成某种特定的行情走势，那些聪明人会砍单离场，而固执死扛的交易商就会破产消亡。

早盘时段的价格波动区间为日间交易者提供了几点启示：

首先，开盘价与收盘价好比磁场的两极，位于相应柱形的上下两端。如果开盘价位于较宽区间的下方，那就可以预期相关的价格可能会收高从而为你提供一个做多的机会；如果开盘价位于相关区间的上方，那价格就有可能会收低从而提供一个做空的机遇。

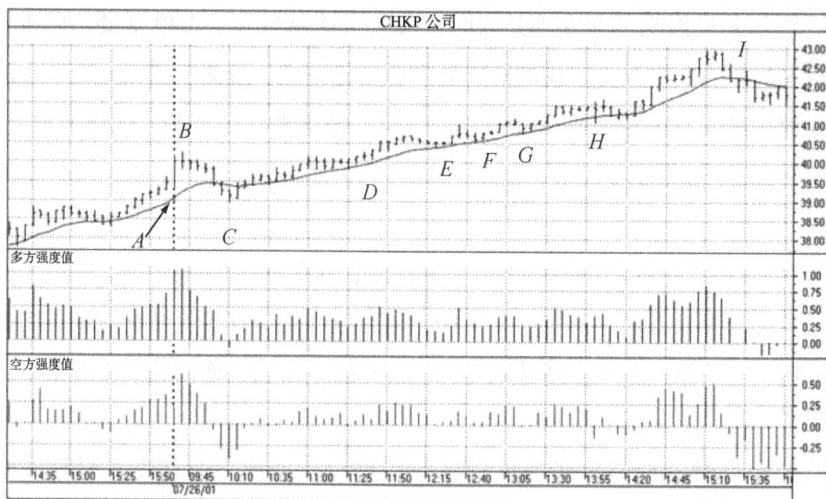

图6-5 日间交易之早盘价格区间破位——埃尔德线与5分钟图

如图6-5所示：如前所述，日间交易的股票应该是具有高的成交量、大的波动率，同时，这些股票也不能太过便宜从而失去应有的波动空间。在我写作本书时，CHKP公司的股票与NVDA公司和TARO公司的股票一样，都是日间交易的热门股票。自然，随着时间的推移，其他的股票也会进入交易者的视野。

我们以A点的时间节点作为基准进行观察，CHKP公司的股票价格于昨日从近期的低点开始上扬，收在39.44美元；今日开盘后，在9时30分，股价达到39.26美元，10分钟以后，股价升至40.25美元（B点），形成早盘时段波动区间的高点；随后，股价开始下跌，在上午10时10分左右跌至38.93美元，形成了相关波动区间的低点；其后1.5小时的时间里，该股价的波动幅度只有1.32个点；在11时35分，股价突破相关区间的上缘，飙升了3个点（D点），接下来的柱形显示股价再次上升了7个点——以此确认这一波行情不是假破，是一个升势，因此我们需要做多该只股票。同时，5分钟图上的13日指数均线也在稳步上扬，埃尔德线上的空方强度值由负变正，移至0线以上，表明空方已经止步，此时你要顺势增加多单数量（在E点、F点、G点和H点）；在下午3时25分左右（I点），指数均线开始下指，给出做空的信号，此时你的多单要获利平仓了。

在图6-5的右端，日间交易即将结束，回家之前，我们可以计算一下所获收益。如果你是在破位之后出现的第一个买入信号是做多，在指数均线下指时获利平仓，那你的每股收益是：42.15−40.40=1.75美元，将这笔收入乘以你所购进的股数就是你的总收益；如果你追加了几张多单，那就把相关的收益都算上。

其次，早盘时段的价格波动区间如果很宽，那偶然的行情破位大都属于假破。当价格在相关区间之外运行，你要密切关注其破位之后的走向；当它返回区间以内时，准备进场交易。如果早盘时段的价格波动区间较窄，那就等待行情破位之后，按照新的价格走势进行交易。

　　一个成功的交易者要对一切信息进行检测。在大部分的交易日里，相关市场行情会有很长一段时间处于多空方向不明的状态，你可以利用这段时间对早盘时段的价格波动区间进行研究。例如：你所交易的股票或者期货的价格波动区间需要多长时间才能成形；相应的波幅有多大等。你要构造一个图形，将相应区间的高点与可能出现的破位情况联系在一起，这样，你就拥有了自己的分析工具，就可使自己处在领先于他人的位置上。

　　下面，我们要对一些相关的特殊金融工具在日间交易中的特定情况进行详细的分析：

　　货币——24 小时交易的市场　在美国，很少有人关注货币相关的金融产品，因为我们生活在美元的世界中。然而，当美国人走出国门时，他们就会发现：在国外，几乎所有的人都在关注汇率的问题。生活在美国国外的人们，或者近期移民到美国的人，只要挣到一些钱，他们第一个想法就是进行货币交易。而大部分货币交易基本在同业银行的交易商或做市商之间直接进行。一些没有相关经验的交易者向一些为赚钱而不择手段的外汇交易机构入金，而这些机构并没有将客户的资金注入外汇市场，而是与其对赌，或利用他们的资金进行自己的投机生意，同时还要向客户收取利差、点差和佣金，直至这些交易者破产爆仓。而一些外汇交易的幸存者经历了劫难之后，发现外汇期货产品具有很多优势——它的点差不大，佣金比较合理，而且对于某些特定的头寸不收取利息等[注]。

　　除却对上述不法交易商行为的恐惧以外，货币交易的最大问题是时间的循环性。你可以在早上入场交易，或者进行相关的分析，同时决定第二天获利平仓。但是，当你第二天早上起床后，却发现你的交易已无利可图，你所预期的拐点曾经出现过，但相关的行情走势并没有等到美国市场开盘，而是在亚洲或者欧洲的市场提前结束了。这就等于在你熟睡的时候别人把钱从你的口袋里拿走了！由于无法应对 24 小时中随时出现的风险，外汇交易实际上很不好做。

　　一些大的金融机构为了解决上述的问题，建立了一种"账户传递"制度，即某家银行可在东京市场开户，日本市场闭市之后，再"搬仓"至伦敦市场继续交易；晚间（以东京时间为基准）再将相关簿记移至纽约市场，美国市场收盘以后，

　　⊖　根据互换定价原则，一些货币对多单或者空单不计利息。——译者注

再返回东京市场。如此，外汇交易的模式就会与地球的自转同步，散户们很难跟上它的节奏。我曾经拜访过一位非常富有的泰国绅士，他想和自己的两个儿子分居环绕地球的三个金融中心进行外汇交易，但他的儿子却都规避了。

如果你是从事外汇交易的，你要么对相关产品进行长期的分析，忽略一日之内的价格变化情况；要么你就从事日间交易，不留隔夜单。如果你交易的是货币期货，你要运用两套数据进行分析——现汇报价或银行报价用于绘制周线图；期货报价用于勾画相关的日线图，以便锁定相关的进场或离场的价格点位。货币期货的日线图上有很多隔夜"跳开"的缺口，因为相关的市场在一天当中只运行几个小时，而现汇报价的图表就显得平滑多了。

经常假破的标准普尔 500 指数 标准普尔指数期货以难以交易而臭名昭著，然而初入市者大都飞蛾扑火般地冲向此种产品。"你有勇气交易标准普尔吗？"一些貌似强大其实很幼稚的交易者经常提出这种带有挑战性的问题。而实际上，大部分交易者是没有足够的资金来交易此种金融衍生工具的。标准普尔期货变化一个点的价值是 250 美元，它的波动率很大，几分钟之内就会上下跳动几个点，如果你仓内保证金达不到 25 万美元的话，你是很难交易这种产品的。

正是由于大量的交易者在交易标准普尔 500 指数期货时没有足够的资金留取隔夜单，因此：他们设置的止损点距离相应的价位太近；或者，这种产品的行情走势和预期稍有不符，相关交易者就会迅速离场。反过来，场内交易商们利用自身的资金优势，可以非常得心应手地将经验不足的日间交易者"晃"出局。交易商们制造出很多假破现象，使得一些失败者像巴普洛夫的狗一样，条件反射般地上下跳动，在高价位处做多，在低价位处做空。

场内交易商们总是试图推动相关产品的价格走势，并使之穿透几个长期以来非常著名的关键点位，从而使弱势持仓者出局。一般来讲，在早盘价格波动区间的底部之下，或者在一日价格波动区间的底部之下，存有大量以空单形式出现的止损挂单，而一旦相应的止损点被击破，脆弱的、做多的交易者就不得不在低价位处止损，那么，相对的专业人士就可以在此低位做多进场；反之，在早盘价格波动区间的顶部之上，或者在一日价格波动区间的顶部以上，或者在前一日高价位之上，弱势的空头交易者设有大量以多单形式出现的止损挂单，一旦标准普尔指数期货的价格走势穿透这些止损点，弱势交易者会因恐慌而止损离场，场内交易商在此时却会进场做空来迎接下一波降势。其实，这种假破的方式并没有什么特别之处，只是在标准普尔指数期货的交易中，它表现得特别明显；同时，因为标准普尔指数期货的价格太高，而大部分相关的交易者基本处于业余水平，所以他们很难在此种产品的市场当中生存。

作为一名日间交易者，应对标准普尔指数期货的这种特殊挑战，你可以得到以下一些结论：

首先，标准普尔的交易金额过高，变化太快，并不适合于初入市者。这就像开车一样：在驾驶法拉利跑车之前，你最好还是先学会如何驾驶老式的雪佛兰汽车。

其次，如果你计划交易这种产品，你要有充足的资金——每一份相关的合约需要注入25万美元的保证金，这样，你就可以承受相应的行情波动，并且设置合理的止损价位。

再者，你要避开标准普尔中的假破情况，争取与之相对冲；同时，运用摆荡指标去检测相应的假破行情何时结束；你还要返回一天当中的价格波动区间的中间位置去寻找切入点入场交易。

制订日间交易计划

一个交易日会有很长一段时间处于多空不明的状态，因为无事可做，一些日间交易者在电脑屏幕前面对着实时变化的数据会感到无聊，再加上得不到休息，他们便将屏幕切换到一些娱乐页面以示消遣；而专业人士则会按照既定的时间表，重点加强交易原则和交易纪律方面的工作。

实际上，在每个交易日开盘之前，你的交易工作就应该开始了，你要用至少半个小时的时间收集、整理并分析相关的隔夜数据。交易开始之后，在最初的30分钟内，你要做的是观察，不要接电话，不要受任何干扰。如果你做了一张单，那就要进行相应的资金管理；如果没做单，你要拿出两个小时的时间在屏幕前研究行情，还要保养一下你的数据库，同时，阅读一下交易类的书籍和杂志，浏览一下网络中的一些新观点。当你发现相关的市场行情即将呈现买入、卖出的信号时，你要设计应对各种情况的预案。如果你正在做单，那就在办公桌前用餐，与此同时，你要在网上浏览那些与交易相链接的资讯，并且用更多的时间进行深入的研究。在你的交易室中，你不妨添置一些锻炼器材，如固定式自行车、划船器等，因为只有健康的体魄才能保证健康的头脑；接近收盘时，你千万不要分心，特别是你要平仓离场之时。

有两个原因促使你必须制订相应的日间交易计划——其一，你需要确认每天所有的交易工作是否已经完成，如你是否发现了交易机会、是否植入了交易订单、是否已经平仓，是否对交易结果进行录入、是否已做出相关的研究等；其二，制订相关计划能够时时提醒你：日间交易不是一种消遣，要想成功，你就必须严肃地对待它。

你要切记：你的情感、欲望、焦虑都会影响到你从事的交易，当你不能掌控自己的情绪时，交易就会出问题。20 世纪 90 年代末，我的一个从事日间交易的客户在操作 AOL 公司股票的过程中，取得了很大的成功——每天他都要查看该只股票前一天的收盘价，同时参考该股价在欧洲时段所达至的点位，随后浏览所有与 AOL 股票相关的隔夜信息。第二天开市以后，在最初 30 分或 1 个小时的早盘时段，这个客户可以在相应的股价波动区间之内进行两三次交易。每个交易日最初的 1 个小时之内，他即可获利 5 000 美元，成交量可以达到 1 000 股。然而，也是这个客户，在每个交易日剩余的时间里，他会把赚到的钱全部输掉，还给市场！当他向我咨询时，我发现：他的交易系统在开盘之后的 1 个小时以内，工作得非常好，能够承受来自于前夜的压力，但是当作用力与反作用力达到平衡时，该客户就会失去交易的方向感；他的系统可以高效地运转，但条件是他要在开盘 1 个小时以后停止做单，可是他停不下来！

上面的客户之所以出现这种情况，其实是一种自我实现的价值观在作怪，而这种价值观的形成是因为该客户想要得到他父亲的认可。他的父亲是一个移民，由于工作辛勤，其事业取得了很大的成功。这个父亲大人只尊重勤劳的长时间工作的人。我这个客户认为他必须每天都在市场当中持续地工作，这样比关电脑、打高尔夫、划船或者整理花园要好。其实，这是一种病态，但是我这个客户却拒绝了我提出的心理治疗方案，我试图每天 10:30 提醒他终止交易，可他设置了来电拒绝。

一个庞大健全的系统只能保证你的交易成功一半，另一半是要有健康的交易心理。我们进行交易的唯一目标是使自己的资产增值，其他诸如得到爱、得到尊重等，可以在市场之外实现。

脉冲交易系统

20 世纪 90 年代，整体牛市的高波动率使得动量交易非常流行，普遍的观点是：在一只股票快速运行时进场交易，当其趋势变缓之后即可迅速离场。动量交易者并不关注与股票相关联的企业之基本情况，他们甚至不知道相关企业是做什么的；他们只关注股价运行的方向和速度[○]。这些交易者很少做空，他们在某只股票上扬时入场做多，在一波脉冲行情即将结束时获利离场。

动量交易模式看似简单，也很诱人，相应的创设方也因之赚取高额的佣金。但大量的交易者从快速波动的股票当中却很少赚到钱，因为当脉冲交易使相关的交易者变得冲动时，这种游戏也就无法进行了。

交易者在从事动量交易时，存在矛盾，而这对他们来说是致命的。一方面，年轻人都有猎奇的天性，他们大都喜欢快节奏的活动，如步兵战或者电子游戏等，他们可以忘我地投入此类游戏之中；另一方面，动量交易需要相关的交易者具有职业玩家所特有的超然的冷静思维，并遵守严格的操盘纪律。成功的动量交易像职业赌博一样，其实很枯燥。而能够接受从交易之中，特别是从动量交易之中获取小额收益是不容易的，就像很少有人在派对进行当中离场一样。

我有一个很喜欢的客户，他是一个生活在伦敦的职业交易人。有时为了消遣，他晚上会去赌场玩牌。他喜欢玩 21 点，但下注的最小筹码只有 5 英镑，一旦输赢超过 200 英镑，他就迅速离场。这个客户自行开发了一套"算牌"的方法和相应的资金管理系统：如果玩 14 次，他能够有 13 次带回家 200 英镑。这个客户以自己的实际行动证明他可以在赌场获得稳定的收益。但是现在他很少去那里了，因为在达到他的盈亏极限之前，他需要花费六七个小时的时间不停地算牌、下注，非常辛苦。而大批的业余玩家却乐此不疲，只是他们一直都在输钱。现在，我这个客户更喜欢待在家中交易股票，并且从中获利。

在动量交易当中，你要严格遵守相关的交易原则和交易纪律——你要迅速判明价格的走势，迅速地进场交易，不需要紧盯行情。一旦行情波动趋缓，你要迅

○　所以，动量交易也可称作"动向交易"。——译者注

速离场。要切记：你对相关行情的动向进行确认的时间越长，你赔的就越多。从人性欲望的角度来看：交易者总是想把单子再握一会，一旦"踏空"，他们就会抱怨出场太早，这样获利就会很难。动量交易者需要一套完整的技术规则、一个资金管理的交易系统。同时，他们还要严格遵守交易的铁律，即在时机成熟时迅速进场，在价格达至其止盈、止损的目标价位时迅速离场。

确认入场点位

我所设计的脉冲系统（见图6-6）主要用于判明相关的行情走势即将加速或即将减缓的拐点，它可以在任何时间跨度之下运行，甚至涵盖日内的时间跨度。本系统能够提示买入、卖出的信号，不过你需要在此系统之内选择合适的交易工具、确定恰当的指标参数、制定严格的交易纪律。

适合动量交易的金融产品所在的市场应该是非常活跃的，其价格通道也要尽量宽一些。如果你是C级别的交易者，只能拿到10%的轨距点差，那么，通道的宽幅要是有20个点，你的交易成绩也不会太差；而一旦相应通道的轨距只有5个点，那C级别交易者的交易则无收益可言。因此，我们要尽量选择那些波幅较宽的产品进行动量交易，不要在窄幅波动的产品上浪费时间。

脉冲系统包含两个简单却有效的技术指标——其中之一是衡量相关产品行情波动的惯性，另一个用于判定其"动向"，一旦两项指标方向相同，那么，相应的波段行情就值得追踪。我们可以在两套指标系统显示同一方向时得到入场信号，但是当它们彼此不能相互印证之时，那脉冲系统就会给出一个离场的指示。

脉冲系统利用指数平滑平均线发现相关产品的升降趋势：当指数均线上扬时，其显示的惯性偏向于多方；当指数均线下降时，其显示的惯性有利于空方。同时，该系统利用属于摆荡指标的MACD柱形图构成第二个组成部分，即根据柱形图的斜率变化判断多空双方的力量变迁——当MACD柱形图上指时，其显示的是多方强于空方的态势；反之，当柱形图下指时，其显示的是空方势力渐强的趋势。

当惯性和动向指标的指向相同时，脉冲系统会在相应的柱形之上标识出来。当指数均线与MACD柱形图同时上扬时，其显示的是多方占优，趋势向上；而当两项指标同时下降时，其显示的是空方占优，行情向下。其实，这两个分属于顺势系统和摆荡系统的指标，只在很少量的相对应的柱形之上显示一致的方向，而正是这些地方是相关行情快速运行之所，也是脉冲系统生效之处。

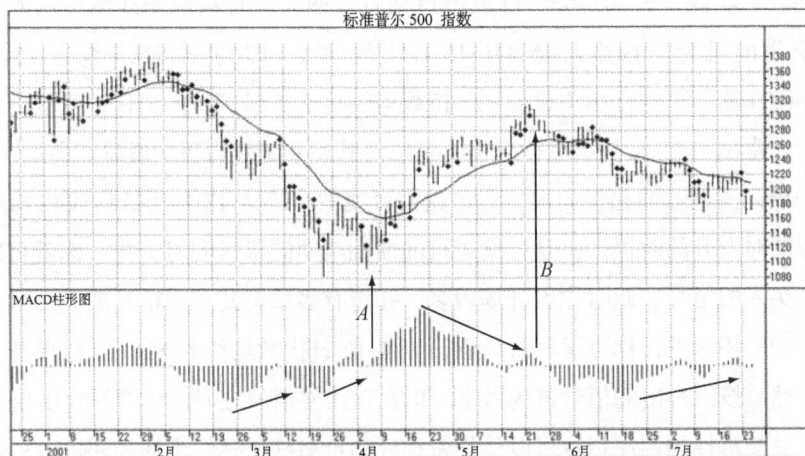

图 6-6　脉冲系统

如图 6-6 所示：当指数均线与 MACD 柱形图指向相同时，相应的行情变化就会加速。最好的方法是将脉冲系统显示的买入、卖出的信号以不同的颜色标识出来；同时，按照脉冲系统显示的方向进行交易可以捕捉急速的、动态的行情变化。还有，你的交易不要与脉冲行情相对冲，在 3～4 月间，无论是底背离形态，还是双底形态，抑或是袋鼠尾形态，全部都指向一个重要的底部；但是，相应的脉冲信号还在下降，此时你便不可以买入标准普尔股指期货。在 A 点，脉冲系统显示的卖出信号消失了，此时你可进场做多。

图 6-6 中，脉冲系统比较完美地显示了该指数期货在 1～3 月期间的熊市行情，在 4～5 月间的牛市行情；时间推移至 5 月，在 B 点，脉冲系统的买入信号消失，图上呈现出顶背离的态势，此时你可做空。

然而，始于 5 月的降势与前面两拨行情相比，波幅不大，脉冲系统的买卖信号也是交替出现，如此则表明相关的行情变化已不甚明朗，此种金融工具于此时已经很难交易了。如果难以判明其方向与走势，最好离场旁观。

在图 6-6 的右端，MACD 柱形图呈现三重底背离的形态，提示出一个买入的信号，而脉冲系统的做空信号刚好消失，相关市场呈现出一个稳步上升的态势。如果此时你进场做多，不要忘记在近期低点之下设置止损；同时，你要确保你的止损单和关联订单的方向相反——因为一旦这种底背离状态显示的信号失效，相关行情将会给出"巴斯克维尔猎犬式"的信号，该股指期货的价格将会狂跌。

在你运用脉冲系统分析相关金融工具的行情走势之前，你不要忘记三重滤网系统是如何运行的：你要先行选择最适合你的时间结构作为中介，然后乘以因子"5"进入长期时间结构；如果你的中介图表是日线图，那么，你就要在周线图上做出做多、或做空的战略决策；另外，你可以在周线图上引入26周指数均线，或者MACD柱形周线图，或者将两项指标同时勾画出来。

一旦你确认了长期趋势，你就要返回日线图，并且按照周线图指示的方向寻找交易的机会。脉冲系统运用13日指数均线（即13日EMA线）、12-26-9型⊖MACD柱形图进行相关分析——指数均线显示市场行情的惯性，我们之所以没有引入常用的22日柱形进行分析，是想使脉冲系统变得更加敏感一些。

当周线图显示的趋势向上，你可返回日线图，等待13日指数均线和MACD柱形图同时上升的时机。一旦行情运行的惯性与动向指标同时上指，你就可以得到一个买入的信号，此时你可进场做多，并持有多单至此买入信号消失之时；当周线图的趋势向下，你可返回日线图，等待13日指数均线和MACD柱形图同时下指，然后按照卖出的信号进场做空，但在该信号消失之时，你要平仓出场。

一些技术性的程序指令可以让你将相应的价格柱子标注不同的颜色。一般我们将指数均线和MACD柱形图同时上扬时所对应的柱子涂成绿色；将两项指标同时下指时所对应的柱子涂成红色；当两项指标显示的方向相反时，相应的柱子则不涂色——如此，你可轻而易举地发现相关的信号。

不同软件包有不同的编程语言，以下是我编入"网络交易程序"中的显示买入信号的指令语言：⊜

AlertMarker (mov (c,13,e) > ref (mov (c,13,e), −1) and fml（"MACD-Histogram"）> ref (fml（"MACD-Histogram"）, −1), Below)

而显示卖出信号的指令语言如下：

AlertMarker (mov (c,13,e) < ref (mov (c,13,e), −1) and fml（"MACD-Histogram"）< ref (fml（"MACD-Histogram"）, −1), Above)

如果你知道如何编程，你也可以在系统当中加入更多的元素——你可以改变指数均线的时间跨度，运用不同的变量进行检测，寻找最适合的时间跨度；你也可以在买入、卖出信号出现时设置语音提示。这样，你就可以从事多种产品

⊖　DIF值=12日EMA值−26日EMA值，然后，将DIF值进行9日平滑处理，就可绘出12-26-9型MACD柱形图。——译者注

⊜　AlertMarker() 函数包含的是与指数平滑平均线相关的实时数据，默认参数13日；fml() 函数包含的是与MACD柱形图斜率变化相关的实时数据；ref() 函数包含的是被参照的与两项指标相关联的标准数据。——译者注

交易，不用整天盯着屏幕。我家附近有一条海滨大道，在那里我经常看到一个垂钓者，他每次都向水中投下几个鱼钩。每个鱼钩都挂着个铃铛，如果有一条鱼咬钩，相应的铃铛就会响，这个垂钓者就会放下手中的报纸，将鱼线拉起。

确认离场点位

在马术表演中，一个御手骑在一匹野马的背上能够坚持多长时间？20秒、35秒，或者这个御手的骑术好，也够幸运，那他最多也就坚持50秒。动量交易的原理与之相通：相关的交易者在场的时间不宜过长，要趁着还赚钱的时候，快速离场。

在动量交易中做多需要所有的指标都上指，即周线图上的行情趋势上扬，日线图之上的指数均线与MACD柱形图两项指标同时给出买入信号；而当其中一项指标下指，你就要平仓离场。一般来说，日线图上的MACD柱形图指标会随着上升动向的趋势减弱而首先掉头，一旦买入信号消失，无须等待卖出信号，你要即刻卖出平仓。

动量交易在降势之中的操作程序与上相同，只是方向相反。当周线图上的趋势向下，日线图上的指数均线与MACD柱形图两项指标同时下指，其显示的是下行的动量正在加速；一旦其中一项指标停止提示卖出信号，你就要迅速平仓离场，因为此时最激烈的一波下跌行情即将结束，你所进行的动量交易已经完成了它的使命。

脉冲系统可以促使你小心翼翼地进场、果断快速地离场，其所提供的交易方法是专业性的。而与之相反的是业余交易者的做单风格：这些初入市者只要稍作思索即行入场，做单之后又不愿离场，总是期盼相关的行情走势符合他们所谓的预期。

和三重滤网系统一样，脉冲系统提供的是一种交易方法，它的行为原理并不机械。这套系统好比岛礁上的灯塔，可以在混沌的金融市场之中，为那些盲目、无序、情绪化、且即将交易的相关人员指明其订单的目标与方向。根据系统的指示，你可以在信号出现时进场，在市场即将陷入混乱时离场。

你要根据自己所交易的金融工具的实际情况和相应数据对脉冲系统进行检测。同时，你要对几个重要问题进行思考：观看了隔夜信息、参考了相关信号，你是否在次日的早盘时段进场交易，然后平仓离场？或者，你是否根据相关的信息和信号进行了尝试性的预测？收盘前15分钟，你完成了应做的功课了吗？你是否在此即将收盘之时还在做多或做空？进行这些思考的同时，你还要运用不同的参数对指数均线和MACD柱形图进行相应的测试。

在脉冲系统之下，你要严格地遵守相关的交易纪律，因为当市场已然飞速运行后，植入订单已然不易，但是让你无须等待反转行情提前离场则更困难。当你平仓之后，如果行情继续运行，你切莫懊悔——在执行交易纪律方面有一点问题都不要触碰此类系统。

脉冲系统可以帮助你在其他系统之下进行交易，当三重滤网系统给出买入信号，你要检测一下脉冲系统的相关信息。如果脉冲系统显示卖出信号，你就先不要做多，你不可与系统的指示相对冲，你应该在升势回调时买入，而不是在降势当中做多；同样，在降势当中，当脉冲系统显示买入信号时，你就要暂缓做空。这种"反关联原则"可以使你远离麻烦，同时，这种原则对一些特定的交易者非常有用。

📈 市场晴雨表

初入市者需要学会使用一组标准的技术指标进行相关的分析，同时他们还要有修正指标参数的能力。一些交易者创建自己的指标系统，并以之衡量交易人群的各种行为，同时判断市场的走势。下面，让我们来领略一下如何创建一个属于我们自己的指标系统，同时观测一下它是怎样运行的。

所有的指标系统都能够部分地反映相关市场的运行现状，而市场晴雨表（见图6-7）主要用于区分相应市场是处于平静休眠期，还是处于激烈变动期。此项指标可以帮助你适应当前的市场大环境。

市场平静期从图表形态上看：相应的价格柱形所占的屏幕空间较窄，且相互重叠；而激烈变动期的相应柱形在电脑屏幕上占有的空间很宽，其高点和低点远远超出前期的波动区间。一些初学者唯恐错失良机，所以他们喜欢在变动期进场交易。但是，你需要明白：如果你在平稳期进场交易，你的损失会很小；其实，动荡期的相应价位更适合你获利平仓，因为此时相应产品的"差价"较大，你的收益可能更高。

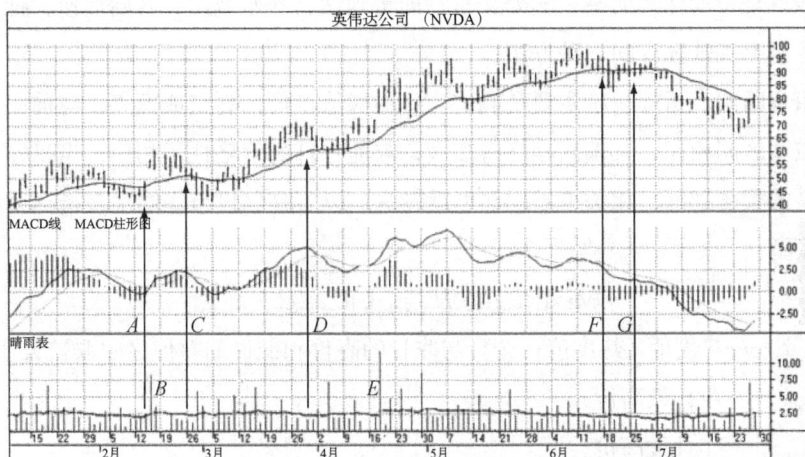

图 6-7　市场晴雨表

英伟达公司的股票深受高频交易者的喜爱，其自身的特点也比较活跃，从相应的底部开始上扬，达至 100 美元的价位，上升了 3 倍左右，随后 MACD 指标呈现顶背离状态，价格也随之下降；同时，相应的市场行情也在平稳期和动荡期之间震荡摆动，而晴雨表指标则帮助我们对不同的行情波段加以识别。

在 A 点，股价处于升势，而晴雨表柱形图却居于其 22 日指数均线之下达 5 日之久，这是暴风雨来临的前兆，果然股价随后发生了剧烈的上涨行情（B 点），多方因此获利；与此同时，晴雨表指标柱形图的高度在其均线之上 3 倍左右，表明游戏即将结束，相应的行情走势即将枯竭，此时你要获利平仓；在 C 点，晴雨表指标系统值再次缩小，有 5 天的时间居于其指数均线之下，预示着一波大的行情即将到来，而相应股价的走势则位于其价格柱子的指数均线以上，此时要有一个下跌的预期；类似的情况出现在 D 点，经历了随之而来的一波升势之后（E 点），晴雨表指标值出现一个极高的读数，大约是均值的 4 倍，此时是平掉空单的大好时机。当股价在 100 美元处形成三重顶，MACD 柱形图呈现出顶背离的状态，而在 F 点、G 点，股价走势拉平，此时是一波激烈的降势来临之前的平静期。

晴雨表的指数均线可以使你判明当天的价格高点和低点与前一日的极值价格点位的偏离程度有多大，能够为那些喜欢"低买高卖"的交易者提供有效的信息和提示，你可以于当日在计算出的极值点位附近下单。

在图 6-7 的右端，相应股价已跌破其指数均线，其自 100 美元跌至 70 美元之后，出现一波回调的行情；然而，相应晴雨表的读数值在其自身的指数均线值之上达 3 倍之高，表明相关市场当中的情绪过于兴奋，平静期即将到来；随后，股价的跌势有可能被恢复。

最近一段时间，黄金价格在一周之内上涨了 40 美元。一家期刊的撰稿人咨询一位知名的投资者，问他现在是不是做多黄金的好时候。这名投资者回答说：进场做单就好比要登上一辆公交车，当它停在站点的时候，你才能上车，你总不能在它以每小时 64 千米的速度在高速公路上疾驶的时候跟着跑。实际上，市场晴雨表就是帮助你判明某一辆公交车是即将到站、开始减速、开始加速，抑或是在高速路上疾驰狂奔的一种方法。

市场晴雨表指标系统主要是测定当日的极值点位，高点或低点，与前一日的价格波动区间相比，其偏离程度有多大；与前一日的价格柱子相比，当日柱子上下延展的程度越深，相关市场的热度就越高。以下是创设市场晴雨表指标系统的数学模型：

$$T = \text{Max}(|H_{\text{today}} - H_{\text{yesterday}}|, |L_{\text{yesterday}} - L_{\text{today}}|)$$

式中　T——热度值（热度值在今日与昨日的高价和低价的差值之中取较大值）；

H_{today}——今日最高价；

$H_{\text{yesterday}}$——昨日最高价；

L_{today}——今日最低价；

$L_{\text{yesterday}}$——昨日最低价。

在华尔街的 Windows 软件系统当中，市场晴雨表系统的程序语言如下：[⊖]

if (hi < ref(hi, −1) and lo > ref(lo, −1), 0, if ((hi − ref(hi, −1)) > (ref(lo, −1) − lo), hi −ref(hi, −1), ref(lo, −1) − lo)).

上述的语言指令可以很容易地纳入其他类型的软件包中。

晴雨表指标中的热度值恒定为正数，它是当日价格较前一日波幅上下延展的绝对值，而且是较大值。我们可以将相应的热度值在零线以上描绘成柱形图的形态，同时计算热度值的移动平均值，并将各均值点在图表之上连成一线。我们可以采用 22 日指数均线来绘制热度值线，因为一个月的交易日有 22 日。但是，如果你想使其更敏感一些，以适应价格的短期波动，你可以使用较短期的指数均线，并加以相关的检测。

当市场处于平静期的时候，相邻的几条价格柱子是互相重叠的，这表明：相关交易群体对价值的认知水平是均衡的，在前一日价格的波动区间以外很少有人做多或者做空。即使今日之高点或低点超过前一天的波幅，其延展幅度也不大。

⊖ 电脑语言编程当中，没有中括号，其中，hi 表示最高价，lo 表示最低价，ref() 函数包含的是昨日的数据。上述程序可以用 C 语言进行编辑，而当今世界各发达国家金融机构大都采用 R 语言进行编程，更加快捷、简便。——译者注

此时在图表上，市场晴雨表的热度值是下降的，其指数均线也是向下倾斜的，如此则说明相关市场处于休眠状态。

当市场行情开始快速运行，无论向上还是向下，相应日线图的价格柱子开始超越前期的波幅，晴雨表的柱形图也开始升高，位于其指数均线之上，而指数均线本身也调头上指，如此则可确定新一轮的行情走势已经开始。

市场晴雨表指标系统根据自身的柱形图和自身的指数均线之间的关联情况，能够给出4个交易信号：

（1）当晴雨表指标的柱形图位于指数均线之下时，是你建仓的最佳时机。因为相关柱形图在均线以下，意味着此时市场比较平静，如果系统显示入场信号，你可在市场相对冷淡的时刻进场交易。而一旦市场晴雨表指标的柱形图位于指数均线之上，则表明相关产品的交易已炙手可热，价格波动幅度正在加大。

（2）当晴雨表指标系统的柱形图高度超过相应的指数均线达3倍左右时，你要平仓出场。因为晴雨表指标的极值点位揭示的是行情的单边走势：当交易人群为一些突如其来的信息所震动而变得情绪高涨时，你要趁机获利平仓。当然，短暂的恐慌情绪也能为你提供一个转瞬即逝的套现时机。如果晴雨表指标的指数均线达至5美分，而指标线自身却在冲击15美分，你一定要获利离场，同时检测所交易产品的热度值。

（3）当晴雨表指标线停在其指数均线以下5～7个交易日，你要对可能爆发的突破式行情有所准备。在市场平静期间，业余水平的交易者也处于休眠状态，他们并不关注价格的变化，因此波动率与交易量会同时下跌；专业交易者却在此时抓住时机，入场交易。一般来说，剧烈的行情波动基本发生在场中大部分交易者不作为之时。

（4）市场晴雨表指标系统可以帮助我们设定下一个交易日的目标收益价位。如果你是一个短线交易者，且握有多单，你可将当日晴雨表系统的指数均线值加上前一日的最高值，然后按此价位植入卖单；如果你握有空单，那你可用前一日的最低值减去当日市场晴雨表指标系统的指数均线值，然后在此价位植入多单用以平掉你的空单。

实际上，我之所以展示市场晴雨表的目的有两个：其一是希望提供给你一个新的技术指标；其二是希望以此来教授你如何理解市场、如何设计你自己的分析工具。一旦你理解了市场分析的基本原则，你就能创设自己的指标系统。你要运用知识，通过理解，以严格地把握市场的正确方向。

📈 如何交易与如何出场

无论你何时进场交易，在你的脑海中，有3个要素必须十分清晰、明了，即我要在哪个点位入场、在哪个点位离场、发生紧急情况时如何脱身。整天做白日梦是发不了财的，因此，你必须事先规划：在何处获利离场，或者当行情逆转时如何砍单、逃离。

初入市者总是在寻找"绩优股"，希望赚大钱，而恰恰在他们寻找入场点位的时候，专业人士却在精心设计出场的价位；这些缺乏经验的交易者总是问自己应该在何处获利、在哪里停损；而劫后余生的交易者却悟出了一条真理——入场时你不会获利，只有在离场时，你才有可能获取收益。

为什么要在你下单之前考虑离场的问题呢？入场之后，对你的订单进行管理，然后根据价格的波动确定离场的点位不是更好吗？其实，有两点理由需要你在进场做单之前考虑离场的问题。

首先，提前确定相应的收益与止损的价位可以便于你衡量相关交易的风险与回报。如果你得到一个明确的买入信号，目标收益2美元以上，预期损失4美元以下，这笔交易值得做吗？你想用2美元的收益获取4美元的风险吗？因此，事先设定收益与止损价位可以使你交易那些潜在收益比预期损失大得多的金融产品；同时，从潜在的交易之中设定脱身之策，就像在你口渴的时候拒绝一杯饮料，需要很强的自制能力。

其次，进场前设定止盈和止损价位可以使你摆脱"拥有效应"的恶劣影响。我们对属于自己的东西有一定的依赖性，这会使我们丧失客观性——挂在你衣柜中的破夹克几年前就应该送给基督教会了；你上周做的单子已经开始出现问题了，为什么不平掉呢？因为你同时拥有夹克和交易订单，这两样东西让你觉得很舒服，也很亲切。因此，你需要在进场握有订单之前决定离场的价位。

我有一个朋友是顶级的技术分析师，他所在的对冲基金公司关闭以后，为了度过暂时的难关，他找了一份经纪人的工作。很自然，我便"搬仓"到他所在的公司，无论我何时用电话叫单，在我设定止损之前，他都不会让我挂电话。有时我求他给我一点儿时间考虑，他只好勉强接受我的订单，但是 5 分钟以内，我必须再次用电话通知他在何处设止损，否则他会给我打电话询问。6 个月以后，我的这位朋友找到了一份技术分析师的工作，而我却再没有碰到过像他这样的经纪人——在你涉险入市之前，他会如此执著地向你强调安全防护的参数指标。

总之，在你下单进场之前，你应该在当前价格上下事先设置两个特定的目标价位，以确定止盈和止损点。这是你在短线交易中所必须做的，它可使你的收益目标清晰可见。同时，你应该去发掘那些接受 OCO 订单的经纪人[⊖]，因为在 OCO 指令下，如果你的目标收益价位被触碰，你所设置的止损指令便可自动失效，反之亦然，如果你的经纪人不接受 OCO，那就先设定止损，然后你要盯盘，进而发现获利的目标价位。

如果你是做长线的，你的交易要持续几天甚至几个星期，那怎么办呢？随着时间的推移，止盈的价位在不停地波动，而如果相应的行情变化对你有利，你需要把保护性的止损拉紧、拉近一些。同时，你必须书写相应的出场交易规则，然后严格遵守这些规则，不要和自己讨价还价，不要心存疑虑，不要再盼望得到一个更好的价格。例如：你可以决定当价格触碰通道上轨时或者连续两天创下新低时离场。不管你使用什么规则，把它记录下来，当相应的价格走势触碰你的止盈或止损点时，你要立即按照规则行事。

一些极富经验的交易者懂得如何确认一轮不同寻常的行情走势，并据此改变其出场策略，他们可以先获取部分收益，剩余的头寸则根据修正后的出场策略去捕捉单边的行情，以继续获利。如果你比较成熟，你也可以适当修改你的计划；但对一个初入市者或者一个中等水平的交易者来说，必须严格地执行相关的规则。其实进场很容易，就像谁都能买到彩票一样，但是谈到出场，可就有"高低输赢"之分了。

通道目标

全世界的交易者大都盯着所关心的图表，尽情地发挥着各自的想象力，试图

[⊖]　OCO 全称是 one cancels other，即一项下单指令可以冲销另一项指令。

确认各种行情的态势。但是，只有一种形态是固定不变的，即价格是围绕价值上下波动的。金融市场在绝大部分时间里是处于混沌状态的，只是场中交易者超买和超卖的行为像大海中的岛屿一样，为交易订单的投向导航，也为相关的交易提供了最佳的时机。市场行情在交易大众的兴奋与绝望之间运行，而我们要做的就是从这些情绪变化当中赚到钱。

价格通道指标作为一项技术分析工具，可以帮助我们在行情的波动之中占据主动。我们可以将日线图作为中介图表，在其时间结构项下围绕着移动平均线描绘两条平行线，构成一条通道。此通道要尽量涵盖95%的近期价格点位，其上轨代表着场中交易群体的亢奋情绪，其下轨则代表了一种消沉的心情。

如果我们在呈上升趋势的移动均线附近做多，那么，在靠近亢奋的上轨的地方，我们要卖出平仓；如果在呈下降趋势的移动均线附近做空，那我们就要在靠近消沉的下轨的位置平仓离场——价格通道为我们提供了很吸引人的获利目标。

人们常说：神经质的人建造空中楼阁，精神病患者在里面居住，精神病医生收取租金。而价格通道就是帮助我们在冷酷的行情变化当中，从大多数狂热的投资者身上收取相应的租金。通道的理念就是：在常态价位处进场做多，在市场亢奋时平仓离场；或者，同样在正常价位进场做空，在市场处于低潮之时平仓出场。

就价格通道本身而言：直行的轨道，或称包络线，要比布林带线的标准差通道好。布林带线的宽幅随着波动率的增大而上升，也随着波动率的下降而变窄，其对依赖于波动率的期权交易者比较有效，而股票和期货交易者最好还是采用直行的通道进行分析。

价格通道为交易者而设，它不适用于投资者。如果你想投资10美元，赚取50美元，那就不要用通道指标进行相关分析。长线交易或者投资的出场价位的设置要基于基本面分析，或者参考像26周移动平均线上的反转信号这样的长期技术指标；而价格通道在你做比较短期的交易时，能够非常有效地确定相应的价格水平是被低估还是被高估。

如果你在上升的指数均线附近做多，你可在预期的上轨线于明日可能到达的点位挂一个预约的卖单。如果在以往的数日之间，上轨每天向上移动 0.5 个点，今日的收盘价是 88 美元，那你明天的预约卖单价格应该是 88.5 美元。随着价格通道的上下移动，你每天都要对预约单的价位进行调整。

每当我教授大家如何使用通道指标平仓获利的时候，总有人会问：某些区域的价格走势经常超越、穿透相应的价格通道，那么，在通道边缘线附近离场岂不是要错过一大波行情吗？对此，我认为：指标系统可以很好地运行，但你不能保证它完美；我们没有办法囊括价格走势当中所有的顶部和底部——行情过后，谁都明白！在未来不可知的情况下，你要学习的是如何生存。著名的行情分析师罗伯特·普莱切特（Robert Prechter）说过："交易者总是想把一个很好的系统变得更加完美，最后的结果却是把这个系统毁掉了。"

如果相应的上升行情强劲，你又想顺势而为，走得再远一些，那你可以在价格冲击上轨时平掉一半多单；对待另一半多单，你要运用自身的判断力进行相应的规划与管理，同时，你要关注当日的价格变化，如果再没出现新高，你要在次日迅速平掉剩余的头寸。在你运用自己的判断力和技巧的同时，你要坐下来想想清楚——你要放弃"抓顶"的想法，因为贪婪是要付出代价的。

如果升势渐弱，价格有可能不再触碰上轨而直接开始下跌，没有什么法则规定价格在回归价值之前应该有一轮疯涨。强力指标系统可以帮助我们判明一波升势的强度有多大——如果 2 日强力指标值达至一个新高，那它确认的是一个强劲的牛市，你可把多单留到价格冲击上轨之时；而如果 2 日强力指标值呈现顶背离状态，那它表明升势渐弱，此时你最好是快速获利离场。

一个 A 级的交易者能够拿到 30% 以上的轨距点差，其宽幅恰好是均线至通道边缘线距离的一半再多一点。如果你在均线稍微偏上的区域做多，在通道上轨之下平仓，你就能成为 A 级的交易者，你的收益就很可观。价格通道捕捉的是正常的价格顶部与底部，如果你能够按照通道的指示稳步获取正常的收益，你就可以赚很多钱。因此，价格通道指标有助于建立一套切实的收益目标体系。

保护性止损

业余水平的交易者经常在幻想和现实之间捉摸不定，他们的交易决策基本建立在海市蜃楼之上。这些交易者梦想着获取收益，不愿意考虑可能发生的损失，而设置止损主要强调的就是损失，所以大多数的交易者对它都有抵触的情绪。

　　我的一个朋友告诉我说，她不需要止损，因为她是做投资的。我问她："你在什么价位买的股票？"她告诉我她在 80 美元买的，现在涨到 85 美元，我继续问她："如果股价跌至 80 美元，你还想持有这只股票吗？"她说"会。""那掉到 75 美元呢？"她说："会补仓。""那掉到 70 美元呢？"她犹豫了一下。"那掉到 55 美元，你还想拥有这只股票吗？"她摇着头说"不。"于是我说："那你就需要在 55 美元以上设置止损！"

　　前不久，我和一个律师在一起用餐，他告诉我说他获得了一个内部消息：一只非常便宜的股票的发行公司即将宣布与一家电信业的巨头企业建立伙伴关系。且不管法律与道德的问题，他将其大部分的积蓄投向这只股票，平均一股的价格是 16.5 美分。等到消息发布，该股票升至 8 美元一股；就在他吃着一盘寿司告诉我这个秘密的时候，股价已跌至 1.5 美元一股。我问他：要是股价跌到 8 美分一股，你会继续持有这只股票吗？他听了以后很震撼，发誓要在 1 美元处设置止损，他真的会那样做吗？可能不会，因为大量的交易者很容易陷入梦想而忽略现实。

　　在下单进场之后，你要立即设置止损，如果行情波动符合预期，则按其走向移动止损点。止损点的移动只有一条路径：在你做多的情况下，你可抬高止损点，但不要将其拉低；当你做空以后，你可以降低止损点位，但千万不要将其升高。失败的交易者经常给自己找理由："我想给交易再留出一点空间。"实际上，在你设置止损的时刻，你已经留出了足够的空间！如果相关股票的价格走势与你的预期不符，千万让你的止损老老实实地待在那里！相对于你今天看着价格在应设的止损点位之上波动，并随时有可能穿透其防线，止损的设置就显得非常理性了。

　　投资者必须每隔几周对其止损点位进行一次再评估。而作为交易者就要更加辛苦，我们每天都要重新计算止损的点位，并且要经常地移动它；同时，我们还要解决如下的几个问题：

　　致命的幻想　很多交易者认为：凭借他们高超的行情分析能力，即使不设止损，也不会遇到麻烦。其实，在场中交易就像马戏团的走钢丝表演一样，如果不系安全带，可能走 100 次都没事，但只要摔下来一次，你就可能落下残疾，你没有能力承受这一次的风险。你要明白：没有什么能让你放弃止损。

几年前，我接到一个电话，一个世界闻名的交易软件开发商邀请我一起去宿营。同时，他告诉我说：他开发了一套神奇的期货交易系统。此系统以电子化的程序确认相关形态，测试了以往 20 年的数据，并从中得出惊人的结论。在过去的交易中，他的钱已经输掉了，因此他没有资金使用这套系统进行交易。但是，当他向一大群资金管理者展示其系统的时候，这些人被此项发明所震撼，他们为我这个朋友创设了一个对冲基金，开设了一个小的账户，打入了 10 万美元。

听到这个消息，我立刻坐飞机赶了过去，到达目的地以后，我用了一晚上的时间欣赏他的系统。我问他："你都交易了哪些产品？"系统则显示出 6 种交易类别：大豆、瑞士法郎、猪腩以及其他三种产品。我发现他的仓中资金没有剩余，全部配置到此 6 种产品上。"你的止损设在哪里？"他反复地对我讲："真正的男子汉是不需要设止损的。"

他以数学的方法证明止损的设置会降低收益率，其交易的安全性在于各种产品之间没有相关性，即使一两种产品亏损，其他的产品会赚回来。"你有没有做最坏的打算，那就是，所交易的产品都亏损？"他向我保证：这种情况不可能发生，因为各种产品之间，如猪腩和瑞士法郎，不存在相关性，其价格的升降亦不相关，而且这个系统检测了过去 20 年的数据，没有一次出错。

我当时就建议把宿营的事搁在一边，还是先"盯盘"，因为他的资金敞口风险是 100%。可我的这位朋友对他的系统充满信心，于是我们便驱车前往内华达州的锯齿山，一个全美洲最引人入胜的风景区。在那里，我们玩得很开心。最后一天，我的儿子，当时才 8 岁，搜来一塑料桶金块，当然是假的。而我当时就拿出一块，一直留到今天，放在我的桌子上当镇纸，上面刻着字：一切闪光的东西都是黄金。

等我们回到城里后再看盘，不可能发生的事情发生了，我朋友所交易的 6 个产品的行情走势与他的预期完全相反，他的仓内资金几乎被吞噬殆尽。第二天一早，我们恐惧地观察着开盘之后的行情，这些金融产品的价格继续前一天的走势，并且大幅度地蔓延开来，我告诉这位朋友马上平掉两个仓位，接下来我要赶去机场。

几天以后，我打电话去感谢朋友对我们一家的款待。他告诉我说他已经爆仓了，同时，他还在抱怨他的出资方不够绅士，拒接他的电话。我很想说：要是把我的10万美元弄没了，我也不会给他回电话——只是这话对朋友说不出口。

一个不设置止损的交易者最后会输的一无所有，巨大的灾难会降临到那些自以为聪明或者认为凭借强大的系统可以取代止损的那些人的身上。一个粗心大意的交易者不设置止损，他可以侥幸一时，但他如果是做长线交易的，市场早晚会把他搞掉。

没有什么特殊的智慧可以让一个交易者不设置止损，即使你对金融市场的研究可以获得诺贝尔奖也没用。让我们来看一家从事长期资本管理的对冲基金公司的运营情况。这家公司拥有一大批顶尖的天才，其中就有曾经的所罗门公司的董事、美联储曾经的高官、两名诺贝尔奖得主。这些精英智商太高，所以他们做单不设止损。但是，在1998年，这家公司赔得几近清盘。之所以没有破产，是因为美联储的介入——为了防止公司破产影响全球的金融市场，美联储不得不向其注入资金救市。

没有什么知识、技能还有电脑技术可以使你不设止损且远离灾难。设置止损是你在场中生存并取得成功的关键一环。

那么可不可以设置心理止损，并以之确定出场价位，同时紧盯市场呢？在此条件下，如果行情波动超出止损价位，你可以最好的价格离场。不过，这是有很多交易经验的、能够严格遵守交易铁律的专业人士所普遍采用的策略；而作为一个初学者，盯市会使其因恐惧而僵硬，以致不能做单，所以还是设置实实在在的止损为好。

自然，止损不能为交易者提供完全的保护，因为市场价格是不连续的，有时，会出现缺口，即跳盘，从而绕开止损的价位。例如：你以40美元的价格买入一只股票，在37美元的价位设置了止损。但是，当天晚上出现了坏消息，第二天一早该股票以每股34美元的价格开盘，这样，此开盘价就比你预期的还要惨。但这种情况并不是你不设止损的理由：一个有孔的降落伞总比没有降落伞好；资金管理的原则会提供一个额外的保护网。

两维度止损　设置止损是交易当中最具挑战性的行为之一，比发现交易机会还要艰难。如果你既想把止损拉近一些来保护你的资金，又想使其足够远以避免噪声的冲击，这就需要在两者之间寻找恰当的平衡点。

　　大多数的交易类书籍不断重复同一个建议：做多时，在近期的底部以下设置空单作为止损；做空时，在近期顶部以上设置多单作为止损。这种方法太简单，也太普通，以至于大量的止损聚集在同一个显著的价位之上——专业人士通过查看图表就能发现其所在，他们发起攻击，以假破的方式触发这些止损。

　　当一只股票的价格仅在支撑位以上，新的买单会停止进场，在支撑位以下设置止损的交易者们会屏住呼吸，焦急地等待结果。而职业的交易者却开始做空，将该股价向下推去一点点，股价便会穿透支撑位，引发大批的止损出场，在较高价位做空的专业人士此时开始抛售空单，同时以较低的价格从那些止损已被穿透的业余水平的交易者手中补进多单。一旦降势稍缓，专业人士们就会继续做多，加倍买入；一旦行情上扬，之前在支撑位以下做多的职业交易者就会在升势中做空。所以，价格波动区间的破位大都属于假破，是专业人士设在一般性止损点附近的鱼饵，一旦相应的止损被刷尽，行情也就开始反转了。大部分交易者在其所设置的止损点被几波假破的行情穿透之后，感到非常沮丧，从此便不再设置止损。而一轮真正的反转行情就会使他们输光所有的钱，最后为市场所抛弃。

　　在显著的价位设置止损，不是一个好方法，你最好把止损放在既能保护你的资金又能降低被穿透风险的位置上；同时，你的设置方法要尽量与其他所有交易者的区别开来；再者，你要把止损设在所预期的行情可能达不到的价位。如果你能预期行情到达的点位，那你还设什么止损？你还不如直接平仓，省得焦急地等待。

　　在设置止损方面，你要依据相应的技术分析和资金管理的原则，并把二者很好地结合起来，以确定合理的交易规模，同时，为相关的点位确定恰当的位置。具体来说：首先，你要确定在相关的交易当中，你所能承担的风险及相应的资金损失程度有多大。然后，在本书的资金管理部分，你将学习到如何将风险控制在很小的范围之内，如果你还是有些担心，那就将风险控制在更小的范围当中。一旦你投入的资金可能承受最大规模的风险，你就要运用技术分析的手段去发掘止损的点位。与利用资金管理的原则设置止损的方法相比，基于技术分析而设定止损的模式会更加严格，止损价位会更加靠近当前的市场价格，如此一来，你在场中的资金账户就像披着两层船壳的潜水艇——外柔而内刚。

基于资金管理方法所设定的止损是因市场行情的波动而形成，代表的是你所能承受的最大风险，在任何情况之下都不要试图对其变更而根据技术分析所设置的止损则更加靠近当期价格，你可将它铭记于心，并根据价格的变化进行调整。如果此类止损将被触碰，你要随时准备离场。

接下来，我想和大家分享一下两种高级的设置止损的方法，你可在自己的软件中进行编程，同时你要对自己的交易品种进行相应的数据检测。截至到目前，我还没有将"安全区域"的相关理论向广大交易者传授，不过，在交易训练营地，我向一小部分人介绍过相关的原则，因为我喜欢在那里和大家分享我最新的研究成果。我不想把相关的信息从我的书中拿掉，因为在我边交易边写作的过程中，我不是通过保密，而是通过创新使自己居于交易的前沿行列。

安全区域止损法则

一旦下单进场，你的止损设在哪里？这是技术分析中最难回答的问题之一；还有一个更难回答的问题，随着时间的推移，你应何时将止损价位调整至何地呢？如果止损点设得太近，在日内的价格波动当中，它很容易受到一些毫无意义的行情的干扰；如果止损点离得太远，它又起不到保护资金账户的作用。

在我的《以交易为生》当中，曾经描述过抛物线理论，依据此理论，我试图解决设置止损的难题：每天将止损点向当前价格的方向推进，如果一只股票或某种可交易商品的价格达至极值点位，就加速推进。但这里有一个问题：如果行情做横盘调整时，相应的抛物线却仍在不停地移动，而止损则经常被无意义的噪声所冲击。

由信号与噪声的相关理念可知：前者指示的是行情与趋势；后者显示的是价格的一种无趋势、无秩序的波动。股票或者期货的行情可能处于升势或者降势之中，但是噪声所引起的行情的随机波动会使相应的信号朦胧不明，而做单之所以不易就是因为场中的噪声太高。因此，我开发"安全区域"指标系统，意在追踪价格走势，同时争取使设定的止损价位既能保护你的资产又能远离行情随机波动所产生的干扰。

　　工程师们采用过滤原则来抑制噪声，同时让信号通过。如果说信号预示的是一种趋势，那噪声就具有"反趋势"的性质。具体来说：当趋势向上，我们可以将每天低于前一天低点的价格波动区间定义为噪声；要是趋势向下，我们就会将每天高于前一日高点的价格波动区间定义为噪声。安全区域系统就是要对市场的噪声进行测量，然后将止损价位设置在远离相关行情的多重噪声的区间之上。

　　我们可以运用22日指数均线的斜率来定义趋势，同时，你需要选择回溯期的时间跨度来测量噪声的强度。选取的时间跨度需要既能追踪最新的价格变化又能与当前的交易产生关联——其实，10～20天的时间跨度就可以运行得很好；如果你要追踪长期的行情变化，你也可将回溯期的时间跨度定为100天。

　　如果趋势向上，你要统计出所有在回溯期间内的下穿次数，并将下穿的所有点数进行加权，然后将下穿点数之和除以下穿的次数，你就可得到回溯期内的下穿点数均值，而这个均值反映了升势当中的平均噪声强度。如果在这个平均水平附近设置止损，那你一旦受到噪声的干扰，那就是自找的了。你的止损价位要远离噪声的平均水平，因此，下穿点数的均值要乘以一个系数，暂时定为"2"，在测试时可以将其逐步升高。最后，用前一日的最低价减去点数均值与相关系数的乘积，所得价位就是你的止损点之所在。如果今日之低点低于前一日的低点，不要下移你的止损点，因为在做多的情况下，我们只有提高止损点这一条路径。

　　如果趋势向下，那我们就反过来做：当22日指数均线显示一轮降势，那我们就将所有回溯期内的上穿点数进行加权，然后将总值加以平均，得到上穿点数均值，将均值乘以相关系数，也可先定为"2"。在你做空之时，你要将前一日的最高值加上两倍的上穿点数均值，所得价位就是你的止损点之所在。随着相应的行情走势不断下倾，你可逐渐降低你的止损价位，但千万不要抬高它。

　　我希望安全区域系统的程序能够被编入大量的软件包中，交易者们可以自行调试、控制相应的回溯时间跨度以及相关的乘数因子，不过，你要先行编辑自己的程序，或者手工绘制安全区域系统指标的电子表格（见表6-1）。切记：计算时，务必将升势与降势的各自情况分别对待！

表 6-1 安全区域止损——电子表格

	A	B	C	D	E	F	G	H	I	J	K	L	M	N	O	P	Q	R
1	IBM				For uptrends							For downtrends						
2	Date	High	Low	Close	Dn Pen	Sum	Pen Y/N	Dn numb	Dn Avg	Short Stop	Protected	Up Pen	Sum	Pen Y/N	Up numb	Up avg	Long Stop	Protected
3	04/19	115.90	110.30	114.47														
4	04/20	116.40	113.75	114.83	0		0					0.5		1				
5	04/23	114.05	111.68	112.00	2.07		1					0		0				
6	04/24	114.75	112.28	112.67	0		0					0.7		1				
7	04/25	114.85	111.99	114.85	0.29		1					0.1		1				
8	04/26	116.70	113.68	113.74	0		0					1.85		1				
9	04/27	116.90	114.55	116.20	0		0					0.2		1				
10	04/30	118.05	114.72	115.14	0		0					1.15		1				
11	05/01	118.65	114.90	118.51	0		0					0.6		1				
12	05/02	118.95	113.74	115.40	1.16		1					0.3		1				
13	05/03	115.10	112.35	113.70	1.39	4.91	1	4	1.23			0	5.4	0	8	0.68		
14	05/04	115.86	111.20	115.86	1.15	6.06	1	5	1.21	109.90		0.76	5.66	1	8	0.71	116.45	
15	05/07	117.25	115.00	115.90	0	3.99	0	4	1.00	108.78		1.39	7.05	1	9	0.78	117.28	
16	05/08	117.75	115.50	117.70	0	3.99	0	4	1.00	113.01	113.01	0.5	6.85	1	9	0.76	118.82	116.45
17	05/09	118.18	115.30	116.98	0.2	3.9	1	4	0.98	113.51	113.51	0.43	7.18	1	9	0.80	119.27	117.28
18	05/10	118.90	115.20	115.20	0.1	4	1	5	0.80	113.35	113.51	0.72	6.05	1	9	0.67	119.78	118.82
19	05/11	114.15	110.96	111.81	4.24	8.24	1	6	1.37	113.60	113.60	0	5.85	0	8	0.73	120.24	119.27
20	05/14	113.18	111.00	112.56	0	8.24	0	6	1.37	108.21	113.60	0	4.7	0	7	0.67	115.61	115.61
21	05/15	114.15	112.50	113.58	0	8.24	0	6	1.37	108.25	113.60	0.97	5.07	1	7	0.72	114.52	114.52
22	05/16	115.80	112.20	115.80	0.3	7.38	1	6	1.23	109.75	109.75	1.65	6.42	1	7	0.92	115.60	114.52
23	05/17	117.09	113.36	115.07	0	5.99	0	5	1.20	109.74	109.75	1.29	7.71	1	8	0.96	117.63	114.52
24	05/18	117.68	114.90	117.44	0	4.84	0	4	1.21	110.96	110.96	0.59	7.54	1	8	0.94	119.00	115.60
25	05/21	119.90	117.55	119.04	0	4.84	0	4	1.21	112.48	112.48	2.22	8.37	1	8	1.05	119.57	117.63
26	05/22	119.70	117.05	118.01	0.5	5.34	1	5	1.07	115.15	115.13	0	7.87	0	7	1.12	121.99	119.02
27	05/23	118.95	117.10	117.40	0	5.14	0	4	1.29	114.91	115.13	0	7.44	0	6	1.24	121.95	119.57

当你理解了相应的运行原理，你可将安全区域指标系统编入你的技术分析软件当中，并将相关的信号在图表之上显示出来。同时，你要比较交易软件与电子表格的数据是否相符。如果不符，你的程序有可能存在误差——对两套软件系统进行对比，有助于我们克服比较纷繁的编程错漏。下面，我们从升势做多与降势做空两个角度进行详细的解析。

1. 升势做多的止损原则

升势做多的止损原则见图 6-8。

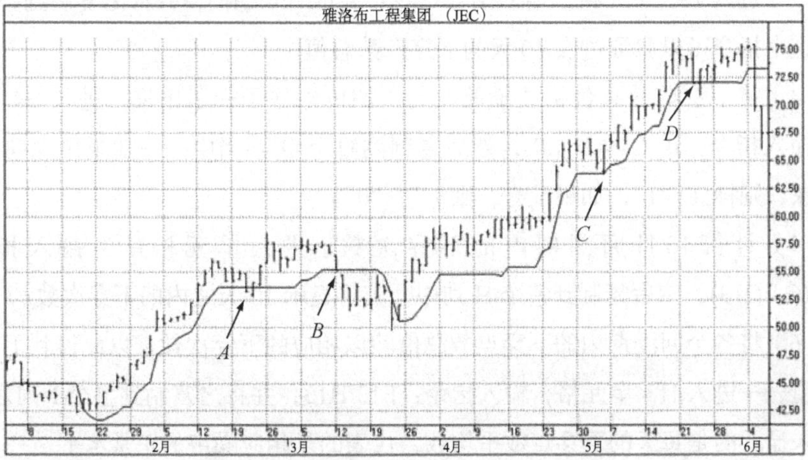

图 6-8　安全区域止损——升势

如图 6-8 所示：当你所交易的股票或期货处于上升趋势之时，你可运用安全区域系统指标，将下穿点数均值乘以因子"3"，然后用最近一期的低点价位减去这个乘积，得到止损的价位。如果将止损点设置在平均噪声水平以内，你可能就要遇到麻烦了，有时甚至两倍的系数都不够。一旦你的交易系统确认了一轮升势，安全区域系统则开始追踪价格行情，而在趋势反转之前，此类系统会让你离场。你可以看到按照安全区域原则所设置的止损在 A、B、C 以及 D 点处被触碰，但此系统已经捕捉了升势之中的大部分行情，同时也规避了价格回调的风险。

在图 6-8 的右端，安全区域指标系统的原则显示继续持有股票不是一个好主意，因为 JEC 公司的股价正在下跌，且降至安全性止损点以下，两天之内就稀释掉一个月的收益，而使用安全区域系统的交易者在降势之初就已平仓套现了。

当行情向上，我们可以根据各个交易日的低点计算安全区域指标，所得到的结果就是止损的所在位置，具体细节如下：

（1）采集至少一个月的数据资料，按照表 6-1 的模式分别列出所交易的股票或者期货的最高价、最低价、收盘价（最低价位于第 3 列，C 栏，第一个数据出

现在第三行）

（2）检测每个交易日的最低价是否低于前一日的最低价，然后进入 E4 列，输入编程语言：IF(C3>C4，C3—C4,0)，然后将其复制在整个的 E 列之中，相应的条件语句用于测量当日行情下穿前一日价格区间的点数，如果今日价格没有穿透前一日低点，单元格内的值为 0。

（3）以"滚算"的法则，选择一定跨度的回溯期，并将相应期间内的下穿点数加总，这里，我们先以 10 天为一个运算周期，以后再用其他的时间跨度进行检测——进入 F13 单元格，输入语言指令：SUM(E4:E13)，并将之复制到整个 F 列，这个指令可以验证过去 10 天的下穿点数总值。

（4）将下穿前一条价格柱子低点的当期价格柱子标示出来，进入 G4 单元格，输入指令：IF(C4<C3,1,0)，然后复制到整个 G 列当中——如果出现向下穿透现象，则标注"1"，如果没有，则标注"0"。

（5）计算 10 日回溯期内的下穿次数，进入单元格 H13 输入指令：SUM(G4:G13)，然后复制到整个 H 列中，其将显示 10 天之内的下穿次数。

（6）将各个回溯期内的下穿点数总值除以相应的下穿次数，以此得到下穿点数均值——进入 I13 单元格，输入指令：F13/H13，并将之复制到整个 I 列之中，其结果显示的是每天的下穿点数平均数，代表的是相应噪声的正常水平。

（7）将当日的止损点设置在前一日低点之下几倍于下穿点数均值的价位之上——先将前一日的下穿点数均值乘以一个相关系数，此系数开始是 2，也可升值到 3，然后用昨日之低点价位减去相应均值与系数的乘积，所得价位就是今日的止损点位。在程序上，你可先行进入 J14 单元格，输入指令：C13—2.I13，然后复制到整个 J 列之中，这样，你的止损点就可位于最近一期低点之下两倍于相应的下穿点数均值的价位之上。如果今日的低点下穿了昨日正常的噪声区间达两倍以上，我们就要离场了。

（8）强化相关指令，防止在升势之中你的止损点位出现下移的情况——如果指令语言显示你要将止损点向下拉，那你就以昨天的止损价位作为今日之用，进入 K16 单元格，输入指令：MAX(J14：J16)，并复制到整个 K 列，如此，你的止损点可保证 3 天之内不会下移，在此期间，你可等待升势恢复，或者相应的止损点被穿。

2. 降势做空的止损原则)

降势做空的止损原则（见图 6-9 ）。

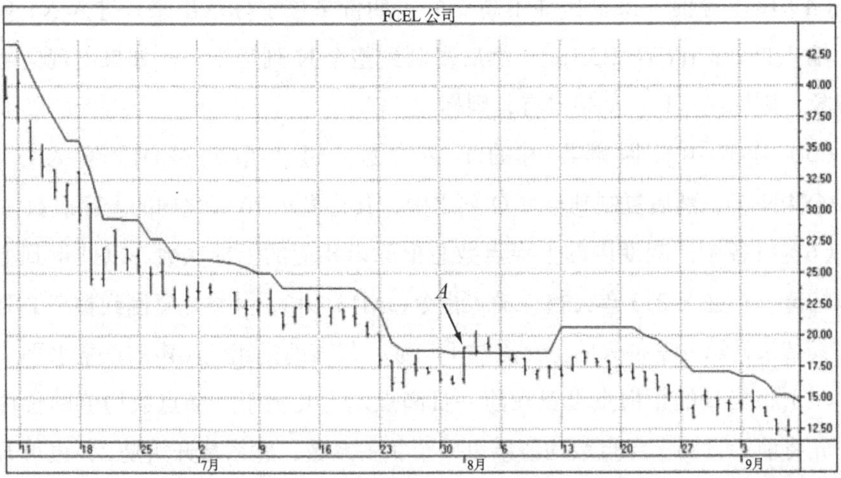

图 6-9　安全区域止损——降势

如图 6-9 所示：当你的交易系统确认了一轮降势，安全区域系统指标可以帮助你追踪相应的行情，同时在价格向上反弹之前平仓，规避了收益被吞噬的风险。图中 FCEL 公司的股价在一路下跌，安全区域系统一直在追踪相应的价格变化，其保护性止损点位一直在下移，只是在 A 点的价格反弹之处被触碰。

在图 6-9 的右端，股价的降势正在延续，安全区域指标系统正在保护着相应的空单头寸，配置保护性止损的空方会很安全。

一旦趋势向下，我们通过相应的高点进行安全区域系统指标的计算，从而确定止损点的所在位置：

（1）采集至少一个月的数据资料，按照表 6-1 的模式分别列出所交易的股票或者期货的最高价、最低价、收盘价（最高价位于第二列，B 栏，第一个数据出现在第三行）。

（2）检测每个交易日的最高价是否高于前一日的最高价，然后进入 L4 单元，输入编程语言：IF(B4>B3, B4$B3,0)，然后将其复制在整个的 L 列之中，相应的条件语句用于测量当日行情上穿前一日价格区间的点数，如果今日价格没有穿透前一日高点，单元格内的值为 0。

（3）以"滚算"的法则，选择一定跨度的回溯期，并将相应期间内的上穿点数加总，这里，我们先以 10 天为一个运算周期，以后再用其他的时间结构进行检测——进入 M13 单元格，输入语言指令：SUM(L4:L13)，并将之复制到整个 M 列，这个指令可以验证过去 10 天的上穿点数总值。

（4）将上穿前一条价格柱子高点的当期价格柱子标示出来，进入 N4 单元格，输入指令：IF(B4<B3,1,0)，然后复制到整个 N 列当中——如果出现向上穿透现象，则标注"1"，如果没有，则标注"0"。

（5）计算 10 日回溯期内的下穿次数，进入单元格 O13 输入指令：SUM(N4:N13)，然后复制到整个 O 列之中，其将显示 10 天之内的上穿次数。

（6）将各个回溯期内的上穿点数总值除以相应的上穿次数，以此得到上穿点数均值——进入 P13 单元格，输入指令：M13/O13，并将之复制到整个 P 列之中，其结果显示的是每天的上穿点数平均数，代表的是相应噪声的正常水平。

（7）将当日的止损点设置在前一日高点之上几倍于上穿点数均值的价位之上，先将前一日的上穿点数均值乘以一个相关系数，此系数开始是 2，也可升值到 3，然后用昨日之高点价位减去相应均值与系数的乘积，所得价位就是今日的止损点位。在程序上，你可先行进入 Q14 单元格，输入指令：B13 + 2.P13，然后复制到整个 Q 列之中，这样，你的止损点就可位于最近一期高点之上两倍于相应的上穿点数均值的价位之上。如果今日的高点上穿了昨日正常的噪声区间达两倍以上，我们就要离场了。

（8）强化相关指令，防止在降势之中你的止损点位出现上移的情况——如果指令语言显示你要将止损点向上抬，那你就以昨天的止损价位作为今日之用，进入 R16 单元格，输入指令：MIN(Q14：Q6)，并复制到整个 R 列，如此，你的止损点可保证 3 天之内不会上移，在此期间，你可等待降势恢复，或者相应的止损点被穿。

安全区域系统为止损的设置提供了一个原创的方法，它追踪行情的变化，使相应的止损点位与当前价格的变化保持一致的步调。它可使你在自己规划的范围之内设定止损价位，这比在非常明显的支撑位与阻力位附近设置止损要好。

安全区域系统在升势与降势当中运行，在上例中：我们按照前一日的价格波动区间，选择一定的时间窗口，将相关数据加权平均，取得上穿点数均值，乘以相关系数 3，然后将相关点数加到每条柱形的最高值以上。

遍览书中所有的系统和指标，安全区域系统并不是一个机械的程序，不能取代独立的思维模式。我们必须通过安全区域系统计算相应的时间窗口来确定回溯的期限，但是，相应的时间跨度不能涵盖前一个重要的行情拐点之前的时刻——如果相关行情在两周之前反转向下，那么，保护当前多单的安全区域系统的回溯期就不能超过 10 个交易日。

按照安全区域系统设置止损时，还有一个重要的因素就是如何确定相关系数，一般来说，系数在 2 ～ 3 之间能够保证你入市资金的安全，但你一定要根据自己所交易产品的具体数据做出仔细的研究与判断。一旦你做足了"功课"，修正了指标，那本系统就能变成你个人的"战斗"工具，你可因之在金融市场当中生存并获得成功。同时，你也可将安全区域指标加入任何一种交易系统之内，如三重滤网系统。

倒挂式离场法则

一旦行情加速运行，你不想在波段区间内交易，而是要换挡加速，进行追踪。由于在区间之内进行交易需要严格、紧凑的止损，而长线头寸需要更大的价格波动空间，而倒挂式离场系统（见图 6-10）正是要保护此类交易的安全。

当多头设置止损之时，他们要回测以往的低点，在近期重要的底部之下确定相应点位；反之，空方设置止损时，要回测以往高点，并在近期顶部以上确定相应点位。

倒挂式离场系统采用的方法不同，当交易者做多，此系统会将止损设在相应趋势所达至的最高价位之附近，就像倒挂在屋顶的一盏吊灯。随着行情继续上扬，居于相关行情最高点附近的倒挂式离场价位也随之上升，这样，此系统既追踪了价格，又跟踪了相应的波动率，其离场价位在相关顶点之上，随着波动率的升高而攀升。我们将在升势当中探讨倒挂式离场的原则，但是你要能做到举一反三，懂得如何在降势之中逆用其运行原理进行相应的分析。我们不知道一轮升势会走多高，而倒挂式离场价位会在价格自顶点回落之前一直升高，回落伊始则触碰相应的止损而结束交易。此种离场方式，加上其他几种方法，为 Chuck LeBeau 所开发。他于 2000 年 1 月，在加勒比的训练营中，首次向参加活动的学员们展示，并在 2001 年 3 月的太平洋岛屿集训之中再次提及。

倒挂式离场系统指标是基于 Welles Wilder 在 1996 年所提出的平均真实波幅

的理念而演化出来的，而真实波幅是从 3 个数值之中取最大值。这 3 个数值是：当日高点与低点之间的差值、当日高点与前一日收盘价之差值、当日低点与前一日收盘价之差值。真实波幅通过比较当日和前一日的价格变化来反映行情的隔夜波动率。

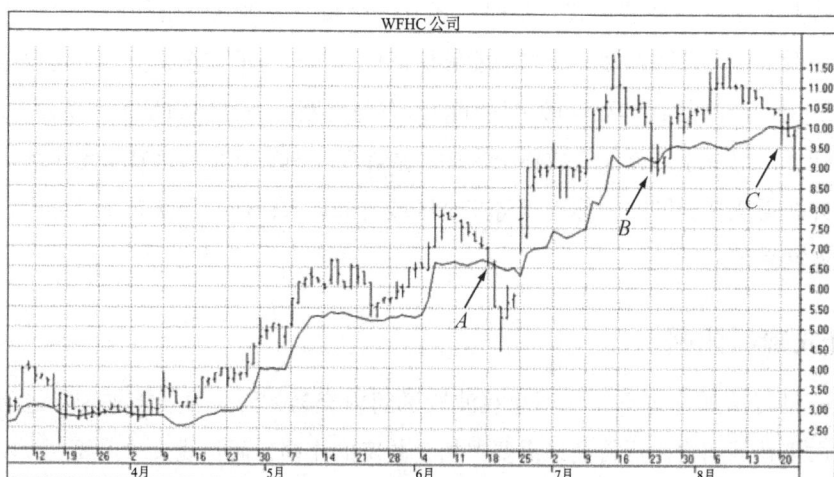

图 6-10　倒挂式离场系统

如图 6-10 所示：在升势之中，倒挂式离场系统设置的止损居于相应行情波动之中的最高极值点位以下 3 倍波幅均值的价位之上，如此则有利于捕捉升势之中的大部分行情，在 A、B、C 点处，我们可以看到本系统可以使交易者获利离场；而在行情波动率上升之时，倒挂式离场系统则将相应的止损点稍稍拉远一些，这样会使当期价格的波动余地稍宽一些。

在图 6-10 的右端，倒挂式离场系统在行情回落时已然做出获利离场的指示，在交易系统显示新的买入信号之前，你要耐心地等待，一旦信号出现，你要重新设置适合新一轮趋势的倒挂式离场止损点。

真实波幅指标被包含在很多软件系统当中，平均真实波幅（ATR）数值等于相应的波幅点数除以一定的时间长度。那么，时间跨度以多长为宜呢？开始的时候，我们以一个月为周期，而现代化的电子交易系统可以测试不同回溯期的 ATR 值。

倒挂式离场价位值就是用相应趋势所达至的最高点位，减去平均真实波幅与相关系数的乘积，具体的数学模型如下：

$$Chandelier = HP - coef \cdot ATR$$

式中　*Chandelier* —— 倒挂式离场价位值；

　　　　　HP ——一定期限内的最高价位点；

　　　　coef —— 交易者自行选定的系数；

　　　　ATR —— 一定期限内的真实波幅的均值。

如果升势强烈，每天的价格波动区间较大，止损点位可以设得远一点；如果涨势平淡，波幅较窄，止损点位可以拉得近一些。

在 Windows 系统中的华尔街交易软件里，倒挂式离场指标的指令语言是：

$$Hhv(hi, 22) - 3 \cdot ATR(22)$$

Hhv(hi, 22) 是过去 22 日之内价格所达至的最高点位；ATR(22) 是同期的 22 日以内真实波幅的平均值。不要拘泥，你可根据自己的喜好，选择交易品种的相关参数。

上述语言程序以因子"3"乘以波幅均值，然后用过往 22 日的最高价格减去这个乘积读数，一个严谨的交易者对相关系统的研究会很有热情，他应该马上发现相应的语言程序包含三个变量：确定最高价格点位的回溯期的时间跨度、真实波幅的回溯期限、与波幅均值相乘的系数——其中，过多关注第一个变量可能意义不大，因为在价格单边运行的情况下，最高价总是显示在图表右端的当期行情走势之中，大部分回溯的时间跨度都能捕捉到它。真实波幅的均值对回溯周期的长短则稍微敏感一些。至于如何确定波幅均值的相关系数则有较大的余地去检测，如果每个人都把止损点设置在波段内的最高价以下 3 倍波幅均值的价位之上，那你不妨试一下采用 3.5 倍或 2.5 倍的系数，看看会是什么结果？

倒挂式离场指标系统同样可以在单边降势行情当中为空方设置获利套现的点位，其程序指令如下：

$$Llv(lo, 22) + 3 \cdot ATR(22)$$

上述指令当中，Llv(lo, 22) 是过去 22 日以内行情所达至的最低点；ATR(22) 是 22 日以内的真实波幅均值。

经验丰富的交易者常说：熊市之中无支撑，牛市当中无阻力。一个单边的行情走势可以戳破所有的理性预期；而倒挂式离场系统却可以将止损与极值价格点位及波动率挂钩，进而对单边价格走势进行掌控。

倒挂式离场指标系统的负面效应是：它放弃了可观的收益——3 倍的波幅均

值在大幅度波动的市场行情之中意味着一大笔钱。初入市者最好依据价格通道的相关原理获利平仓。对水平较高的交易者来说，如果其交易的产品的行情走势比较强劲，且不断冲击通道边际，他倒是可以采用倒挂式离场系统进行相关的设计；如果你的持仓量很大，你可以根据价格通道原理将一部分头寸平仓获利，剩余的头寸则参考倒挂式离场系统指标进行相关的操作。对于有经验的交易者而言，倒挂式离场指标系统能够提供一个很好的平仓策略。

具有赌博心态的交易者总是喜欢锁定相应的顶部与底部，结果都失败了；好的交易者都很现实，他们所要攫取的是相关趋势之中的大部分行情，至于"追顶逐底"的工作则留给那些自作聪明的人去做。而倒挂式离场指标系统的任务就是帮助你抓住趋势当中的大段行情的。⊖

交易品种的选择

打开报纸，你可以看到几千种可供金融交易的元生产品和衍生工具，它们有：股票、互助基金、期货、期权、债券、外汇等。相关的数据供应商甚至可以提供超过 20 000 个项目供你选择。如果要把所有的文件下载并进行浏览，即使每个项目只用去两秒钟，你也要浪费 11 个小时的时间。

初入市者恐怕错过赚钱的机会，他们尽可能多地查看各种金融产品，并想通过扫描相应的软件系统以获取一些相关的建议，同时，他们想对上千种的股票进行过滤，进而从中发现一些诸如显示在 MACD 柱形图上的底背离形态的一类信号。但是，由此而产生的第一个问题是：相关的背离信号可以随时目测，而对其进行编程就非常困难了——我认识的一个高水平的程序员告诉我他开发了一套可用的软件系统，这是他取得的最大成果，同时，这套程序的售价非常昂贵。即使交易新手们购得这一套系统程序，他们的钱恐怕也要白花，因为就连这个程序员本人都不知道如何运用此程序去经营股票，也不知道如何按照正确的方向进行交易。所以，一个初入市者最好只集中交易几个品种，对其加深了解，并谨慎小心

⊖ 倒挂式离场系统的运行规则与止盈价位的设置的原理相通，此系统更适合于在单边行情起始阶段即下单进场的交易者。系数的选择还要参考斐波纳契反驰基数（Fabonacci Retracement Sequence）。——译者注

地交易它们。

每一天你都要限制自己的欲望，尽你所能地、脚踏实地地跟踪相应的交易品种。专业人士每天都要研究其所经营的产品，测试相应的行情是否从休眠期转向一轮新的走势。其实，从趋势运行当中获利的最佳时机发生在相关价格被高估、其波动亦加速之前。

那些热门的金融产品大都已被高估，其价格波动的幅度也很大。而一旦你在金融类报纸的首页看到一篇关于介绍生物化学企业股票疯涨的文章，或者在晚间新闻节目当中看到咖啡价格上升的报道，你要明白：相关金融产品的行情已然是升势将近了，买入生化企业的股票或者做多咖啡期货都是很危险的。

要想了解一个人或一个群体，你要知道他们想什么，怕什么。期刊的记者和编辑们最怕犯下错误，从而显得他们很愚蠢。他们报道趋势的时候，已经是任何人都能看到的了，而这样就不会犯错误。即使他们知道如何在早期把握行情与趋势，他们也不敢写出来，因为他们怕出错而显得无知。其实，对交易者来说，只要运用资金管理的原则，就不怕出错；而期刊的编辑们却不敢冒这个险，在他们把相关行情趋势书写出来的时候，它已经运行一段时间，其波动率已经很高，风险管理已经很困难，一个反转的行情可能即将开始了。

你想经营股票、期货、外汇还是期权？初入市者交易期权不易，他们应该先学习如何交易相关的基础资产证券，如股票或期货。美国国外的交易者们喜欢交易外汇，但他们忘记了：外汇交易系统在全球市场运行，当你进行相关操作的时候，就是在和那些世界各地都拥有交易人员的银行做较量；至于在股票与期货之间如何抉择则很难以理性的方式做出——交易股票似乎更能获得尊重，而交易期货产品则有贪慕虚荣之嫌；期货因其高杠杆率则给人一种狂野的印象，但如果你谨慎地运用资金管理原则对其进行相应的控制，它们会变得很安全，不那么惊心动魄。

下面，我们就选择几种金融产品进行详细的解析。

股票

股票的波动比期货要慢，对初入市者来说风险小一些，特别是它无须交纳保证金。金融市场当中有一个奇怪的现象：做实盘的交易者容易赚钱，而做虚拟保证金交易的容易赔钱。为什么呢？保证金在场中的借贷利率非常高，这为盈利设置了一道门槛，但还不是全部的原因。进行实盘股票交易的人却感到很轻松，因为没有杠杆的限制，他们可以多买也可以少买，完全根据自己的意愿。还有，从事保证金交易的人经常处于压抑的状态，而情绪紧张是交易的大忌。所以，你最好是根据自己的实力，量体裁衣地从事相关的交易，提高自身的交易技巧，这样就会获取不错的收益。

你所交易的股票品种不宜过多，因为那会使你分心。初学者们总是漫天撒网般地追踪、交易大量的股票；而遵守纪律的交易者只集中交易几只股票，他们于交易之初，会先从工业板块或几个行业板块入手，然后逐步锁定相关个股。

初入市者应该先行选择一两个行业板块；中等水平的交易者可以跟踪四五个行业；而专业人士自己知道应该交易几种股票，他们一般只盯住那些熟悉的行业板块。因此，在交易之初，你应该选择那些最有前途的、你最感兴趣的行业板块进行相应的观察和操作。例如：你可集中交易生化行业的股票，因为它的前景很好；或者，你可交易餐饮业的股票，如果你可能在相关的领域工作。

另外，你要在比较宽广的范围里去关注相应的行业板块。例如：如果你要交易汽车行业的股票，那你不仅要观察汽车生产厂家，还要注意那些生产汽车零配件以及轮胎等产品的企业。其实，集中关注单一行业会使你错过从其他关联企业股价的行情巨变当中获利的机会，但不能否认此种做法也有其自身的优点。同时，你要清楚哪些股票在行情当中处于领军状态，哪些股票会随后跟进——当某些股票先行变化，那你就会获得一个提前量去交易那些即将跟进的股票。你可根据相对强弱指标的数据，买入处于升势的板块之中涨势最为强劲的股票，也可做空处于降势当中的行业板块内跌势最猛的股票。你可创设一个指数，使之覆盖你所交易的行业板块之内的所有股票，然后详细地分析，此类分析工具会是其他交易者所不具备的，为你所特有的。如果你采用基本面的分析方法，那你就集中精力跟踪单一的行业板块，如软件关联企业，这比今天交易微软公司的股票、明天交易麦当劳公司的股票要好。

一个被广泛定义的行业板块可能包含100多只股票，但是一个明智的初入市者所跟踪的数量不应超过12只。我们可以把股票分为蓝筹股和投机性的各色股票——其中，蓝筹股是那些大型、资本雄厚、运行良好的企业的股票，这些股票被很多机构投资者所持有，同时也为大批的研究者所追踪。蓝筹股的价值认知水平非常公允，其价格围绕价值的波动也很温和，如果能设计一套系统，每年捕捉几次其行情的变化，你的潜在收益可能很可观。不要忽略那些盘子较大的、按道式波浪理论运行的股票，它们从指数均线开始冲击通道上下轨线的有序波动会为你提供很好的交易机会。

那些被称作阿猫阿狗的股票，可能花上几个月，甚至一年的时间在价格底部徘徊，直到有一天基本面发生变化，或者出现类似的谣言，相应的股价就会出现破位或者上扬的趋势；而另一些类似的垃圾股票会失去方向或者清盘退市。不过，这一类股票的收益率比蓝筹股要高，可是风险也大，而且你要花上好长一段时间才能去等候一轮行情。因此，在你的场中账户之中，蓝筹股应该占有较大的比重，你可以用一小部分头寸去交易长期投机型的股票。

如果你支付的金钱，并付出了一定的努力，可以熟练交易某些行业板块中的一些股票，正想扩展经营范围时，你该如何操作呢？而且，相应的技术模型和指示信号不会因为市场的多样性而有多大的不同，如果你想扫描大量股票中的信息，从诸如 MACD 背离信号、脉冲系统的破位指示以及你熟悉的其他类型模式当中寻找答案，并加以确认、采信，同时因之而从事交易，这样可以吗？

在你进入网络寻找一个能够展示 100 种最活跃的纳斯达克样本股的网页之时（如果你不知道如何去发现相关的网站，那你还没有能力交易相关的股票），你对浮动的每一只股票都要留意；当报纸上的文章提及一些公司，那你就要关注它们的股票；在各种派对当中被人们所谈论的股票，你也要默记下来，并将其输入你的交易系统，在你自己的屏幕上查看它们的运行轨迹；同时，对很多来自各种途径的信息，你要运用逆向思维去进行分析，例如：2001 年夏天，Lucent 公司公布了一个令人失望的信息，其股价从 80 美元跌至 6 美元，当各种金融类期刊的撰稿人不知所措之时，该公司股票的降势行情已经结束了，并呈现出明确的底背离形态，一波上扬的行情即将开始——相关股价从 6 美元升至 9 美元，上涨了50%。其实，人们在派对聚会当中所推崇的股票是你要做空的素材，当外行们都在关注某一只股票的时候，它的升势就即将结束了。因此，你应有的态度是：保持你的好奇心，但不要被各类信息所左右，需要反向思考，对那些被推荐的各色股票，关注即可。另外，我发现：在我平仓的单子之中，根据消息、按各种方向进行相应操作的比例是 5%，即 20 个消息我会用 1 个。我有一位朋友，她是一个很聪明的交易者，经常给我打电话，让我注意这只或那只股票，从她那里，我采信 10% 的消息进行交易——因为她是最棒的。

下面，我要对与股票交易相关的几个显著的问题进行分析。

1. 换手率的问题

换手率（TRO）主要通过评估平均日交易量与相应的可流通股之间的关系来预测某一只股票的波动率，而相应的数学模型是由工作在 *The Right Line Report* (www.rightline.net) 的罗杰·佩里（Roger Perry）先生提请我注意的：

$$换手率 = \frac{月成交量}{相应的可流通股数量}$$

过去一个月的成交量很容易计算；而流通股数量等于发行的总股本减去机构和股票关联企业内部职工所持有的股份，机构和企业内部员工对其所持有的股份握得比较牢，不像个体散户投资者，一旦价格合适就将手中的股票抛出。前述所有的资料在金融系统的数据库当中都能够被广泛地采集。

你可以将日平均交易量乘以一个月内的交易日——22，从而得到平均月交易量的值。其实，采用日交易量指标，能够使换手率相对于交易者买入、卖出相关股票之成交数量的变化而言，反应更加灵敏一些。

换手率指标显示的是流通股在一个月当中的成交数量，例如：一只股票的月交易量是 2 个亿，流通股数量为 1 个亿，那它的换手率就是 2；另一只股票如果月交易量也是 2 个亿，流通股数量为 5 000 万，那它的换手率就是 4。

如果交易量的均值大大低于流通股的数量，那相关联股票的周转率就会很低，一些多单的涌入不大可能使价格变动加速。但是，如果某只股票的交易量相对于流通股数的比重很高，那会有大批的交易者进场抢购已为数不多的股份，众多买家的突然进场会使股价剧烈地波动。

换手率高的股票，其波动率也大，无论是谁要购买此类产品，都必须以支付溢价的方式从相对少数的持有者手中费尽心力地抢得。而一旦降势来袭，换手率高的股票的价格跌幅会更大，因为它们没有一个大的可容身资产池——机构持仓者不愿在较低价位超额买入此一类股票。所以，在其他要素相同的情况下，换手率高的股票具有大的波动率。

举例来说：在我写作本书之时，通用电气的月平均交易量为 3.559 亿美元，流通股数为 98.09 亿美元，换手率是 4%；JNPR 公司股票的交易量为 3.872 亿美元，流通股数为 1.556 亿美元，换手率为 249%——毋庸置疑，通用电气的蓝筹股价格的波动很缓慢，而 JNPR 公司股价的波动却很大。结论是：你要一个月查看一次与换手率相关联的不断变化的数据。还有，如果对某只股票进行分割，拆成小份额股票发行，这样会因为流通股数量的增加而降低其换手率。DELL 公司就是因为将其股票进行过度拆分而使相应的流通股数量呈现超饱和状态，从而使得该公司股票不为日间交易者所青睐。

诸如通用电气与 IBM 一类公司所发行的蓝筹股，为广泛的机构和个人所持有，其日交易量不管多高，都只是其流通股数量中的极小部分；而一些新的非季节性股票的流通数量很小，一旦它们进入公众的视野，其日交易量会一飞冲天，从而抬高相应的换手率。

你要紧密关注所交易与跟踪的股票的换手率：一旦行情活跃，甚至加速运行，你就要锁定换手率高的股票；如果相应的行情呈现波浪起伏的态势，那就在价格波动的区间之内交易换手率低的股票。总之，换手率的高低有助于我们在选择进攻型、还是防御型的交易策略方面，做出正确的判断。

2. 波段交易和趋势交易的相关问题分析

当你扫视图表之时，你会立刻关注一个主要的升势和降势，因为大的行情波动可以带来高额的收益，而谁会获取收益却是初学者们很少考虑的问题。还有一个麻烦是：一波升势和一轮降势在相应图表的中央被清清楚楚地标注在那里，而离右端越近，行情趋势就变得越模糊。

一波大的升势会被价格的下跌所间断，而降势也会被价格的上扬所干扰。从情感上讲，要在一轮逆势而动的行情当中持仓坚守是最困难的，随着利润被稀释，我们就会开始怀疑：这到底是一个短暂的回调，还是一轮全方位的行情反转呢？此时，你会有一个强烈的念头——收取为数不多的少许利润，平仓离场。一般来说，较短线的波段交易比较容易获利，因为目标价位离得很近，止损价位靠得也很紧。

那么，你是根据长期的趋势进行交易，还是按照短期的波段行情做单呢？在进行交易之前，你一定要做出抉择，因为在资金处于"险地"之前，你容易做出比较客观的判断。不同的股票交易不同的特质，因此波段交易者和趋势交易者所追踪的股票属于不同的类型。

一般说来，交易者有三种选择：趋势交易者需要判明运行数月的主要行情走势；波段交易者需要在乐观与悲观的形势当中捕捉短期的价格升降区间，其时间结构可能延续几天乃至几个星期；而日间交易者要在日内完成进场与离场两项任务，他们的交易一般只持续几个小时甚至几分钟不等。

成功的趋势交易能够帮助大的行情，每一单都能够赚取更多的收益；趋势交易有更多的时间决定进场和离场的点位，不必紧盯屏幕、高频交易；同时，跟随一个主要的行情走势可以带来心理上的满足感。但趋势交易也有它的不足之处：其止损点离产品的当前价位太远，一旦被穿，相关交易者的损失会更多；由于趋势交易在很长一段时间里不能做单，这对很多人来说无法忍受，而你也会错过许多短期的获利机会。

波段交易的机会要比趋势交易多，相关的交易者从中获取经验也多；同时，由于止损点位较近，资金的风险也比较小；另外，频繁交易、频繁收益也会使你得到心理上的满足。当然，波段交易也有它的不足之处：由于比较频繁地做单，其支付佣金与价差的费用较高；同时，你每天都要工作，要对频繁的交易进行相应的管理；还有，你可能错过一波大的行情走势——因为小的鱼钩钓不上大鱼。

在一波大的牛市行情之下，买入并持有相关头寸，进而从事趋势交易对一些特殊类别的股票最合适，彼得·林奇先生将之定义为"十番股"，即价格可以上涨10倍的股票。它们是比较新、便宜、冷门的证券。一个互联网或者生物工程相关联的企业，可以因其一项热门的发明、一个创新的专利，抑或一种新的理念，就能使其股价大幅度攀升，远远超过那些老牌公司的股票价格；而一个小型企业可以凭借其独特的产品、创新的理念为其股票提供出一种预期，如果公众认可这种预期，其股价就会飙升，反之，就会狂跌。如果一个大的跨国公司创造出同样的发明，其股价也不会大动，因为多一样、少一样产品对大企业来说，影响甚微。

大的行情趋势产生的诱惑，使得一些新兴行业的小公司股票为从事趋势交易的群体所青睐。波段交易者则应该选择那些在交易所中最为活跃的股票进行操作，他们应该寻找那些在比较完美的价格通道之间运行大盘股票交易。

当你选择了一只股票，不要以为它的行情会永远朝着同一个方向，关联公司的经营情况发生变化，你也要进行相应的拣选。例如：DELL 公司由 Michael Dell 先生在他的学院宿舍里创建，过去是一个很小的上市公司，但是它逐渐成长为世界上最大的计算机企业之一。我的一个朋友在 20 世纪 90 年代买了价值 5 万美元的 DELL 公司股票，3 年之后，在他平仓套现时，其股票价值 230 万美元。然而，DELL 公司股价的那种每年翻两番的势头已经不再，取而代之的是这只被广泛持有的股票已经成为被波段交易的产品，而且其波动并不活跃。

初入市者最好是先做波段交易，因为相应的获利目标和止损点位都比较清晰，又能快速地进行自动调节，同时，相应的资金管理也比较容易。在趋势交易和波段交易之间做出选择部分取决于客观的条件，部分取决于主观的因素，那么，你是交易趋势还是交易波段呢？在我的印象里，数以千计的交易者和投资者都趋向于捕捉大的行情与走势，但做得好的人却相当少。其实，很多从事波段交易的人士反倒能够赚钱，有时甚至是赚大钱。

另外，三重滤网系统可以为上述两种交易方式提供参考，即使其各自的入场点、出场点有所不同，也不妨碍此系统的运行。

下面，我要详细地分析趋势交易和波段交易的相关问题。

趋势交易　从事趋势交易就意味着你要持仓很长一段时间，有时甚至是几个月；同时，此类交易要求你即使所持股票的价格走势与趋势相反，你也要忍耐与坚持。而在此条件下，牛市与熊市的行情是被基本面因素所驱动的。例如：股市受新技术与新发明等消息面因素的影响，农产品市场受气候变化的影响，外汇市场受政局变化的影响等。究其实质，基本面因素是行情产生的背景，而价格的升降则表现在交易者与投资者的行为模式上，因此，当基本面信息预测出一波主要的行情走势，你需要查看图表，通过技术分析加以确认。

在相应的行情展开之前，它不会事先通知你。而在相应的价格走势从底部开始上行时，很少有人注意到它，业余的交易者对之视若无睹，但专业人士会开始把握相关的动态、扫描其破位与背离的信号。活跃的市场经常出新闻，因为相应的低点、特别是高点能够吸引期刊记者的注意力。但是，外行与专业交易者的区别之一就是：专业人士经常关注、追踪其所交易的产品；业余的交易者起床以后，只在相关行情出现在新闻中时，才出来观看相应的图表，而此时"火车"已经离开站台了。之前谈到过的 ABC 级别的定位系统能够帮助你在并不活跃的期间去跟踪相应的股票行情与走势。

一个破位的行情产生以后，对你来说，确认之易，交易之难，继续持仓则更难。随着行情的运行加速，越来越多的交易者期盼其回调。行情走势越强劲，留给那些希望抄底的人的优惠就越少，因此，在一波行情之中持仓等待需要有很大的耐心与自信心。交易者大都是一些活跃分子，他们对待工作的态度是"不要坐着等，要去行动"，被动地学习对他们来说很困难。女人的交易成绩之所以比较好，就是因为她们有耐心。

那么，你要如何进行趋势交易呢？其实，你可以先行研究历史的图表，不过要切记：交易经验是无法替代的，一个好的方法就是"干中学"——先少量做几单，这样，你会很轻松，也不会太纠结；然后在学习的过程当中，交易几百股，或只做一份期货合约，效果可能会越来越好。

你可以应用三重滤网系统去进行趋势交易——在长期的图表上去发现破位点，或者通过周线图上的指数均线去找寻一个比较完美的价格运行趋势。当你在周线图上确认一轮升势或者降势，你要返回日线图，利用震荡指标去发掘进场的点位，具体方法是：如果趋势向上，在靠近上行的指数均线附近下单做多，当价格回调时，你可增加多单数量；在日线图之上的震荡指标，如 MACD 柱形图或者强力指标，给出买入信号时，特别是信号与回调同时产生之时，你可继续加仓。在降势之中，操作的程序反过来即可，即周线图上的行情下指，日线图上的震荡指标向上反弹，并给出超买的信号，特别是信号与指数均线的反弹同时发生，这就提供了一个做空的指示。

进行趋势交易的正确理念是：你要按照市场的行情方向对自己的交易进行定位，然后利用那些与行情相对的波浪走势建立自己的头寸。初入市者最好学着做一些小规模的交易，一旦你能够赚钱，你的交易规模和加单数量可以通过资金管理的功能进行相应的调整。

一旦你确认了一轮新的行情走势，你可快速下单进场！新的趋势一经形成，就会跳出以往的交易区间，速度之快难以想象，很少甚至根本就没有回调。如果你觉得自己真的判明了这个新的行情，那就顺势而为，入场交易；为了降低风险，你可降低交易规模，但是不要期盼相关的行情会做深度的调整。因为在这种情况下，回调可能来得很晚，如果有，你可以加仓。在一个新的行情走势当中顺势做单总会让人觉得有违背常规，但长期居于市场中会使你对其变化模式更加警觉，乔治·索罗斯曾经半开玩笑地说："先做，然后再进行调查与研究。"

在趋势交易中，你的初始止损点应该设置在一个新的行情走势从相应的价格区间破茧而出的价位上，就像一枚火箭从发射台上升空之后，它将不会再回到地面上，价格走势亦如此。同时，你不要急于移动初始止损点位，你要等待新一轮行情经历了回调与反弹而变得稳定之后，再将相应的止损点移至在回调与反弹的波浪之中形成的底部和顶部附近。安全区域止损法则适用于波段交易；但在趋势交易当中，其止损点设置得太近，不适合大的行情波动。如果要追踪趋势，你应该有波浪逆袭的心理准备，要有坚定的持仓在场的信念与自信心。

趋势交易意味着你要在收益率扩大与减少的情况下坚守你的初始头寸。你要知道：想钓到大鱼，就要有足够的空间。之所以很少有人能够从趋势交易当中赚到大钱的理由之一是：相关的交易者大都非常冲动，其交易也过于频繁，他们忘记了要"放长线"的原则。趋势交易与快速获利离场的波段交易不同，它需要你一直持仓至周线图上的顺势指标做横盘调整或出现反转信号之时。

业余的交易者们总是觉得自己够聪明，总是想在行情的末期平仓离场。这是非常困难的，几乎不可能。Peter Lynch 曾做过一个比喻：试图抄底就好比想要抓住一把掉下来的刀子，你会经常找错位置，因为趋势运行往往会超出理性的预期。新闻、日线图上的指标形态，还有其他一些信息都可能使你分心，进而放弃追踪趋势，你一定要远离干扰、坚定信心！同时，你可以考虑将交易头寸分成"核心"以及"补充"两个部分：你可以在核心头寸设置一个比较宽泛的止损点，不必设定明确的获利目标；而在补充性头寸部分，你可以从事波段交易——或者在价格回调至其指数均线附近时做多，或者在价格上扬至通道上轨附近时做空。另外，为了避免两部分头寸相互混淆，你可以建立两个账户，对其各自的交易成果分别登统。

波段交易　市场行情在大部分的时间当中是没有方向的，上扬几天，休息一段，再下跌几天，然后重新上扬。无论在周线图、日线图还是小时图上，细微的波段行情比大的行情走势要普通得多，有时在月底，它可能稍高或稍低一些。但是，波段行情会反复上行或下指，达数次之多，新手可能会被震出场，而专业人士却很喜欢在短期的价格波动当中频繁获利。

几位研究者从统计学的角度来看：金融产品的价格走势是围绕其价值上下波动的。所以，波段交易的做法就是：在价格处于正常水平时买入相关产品，在其疯涨时将产品卖出（即在靠近升势之中的指数均线附近做多，在价格通道上轨附近平仓）；或者，在正常价格水平卖出，在价格趋于萧条时平仓（即在靠近降势之中的指数均线附近做空，在通道的下轨附近做多平仓）。波段交易首选那些最为活跃的股票以及一些蓝筹股，这些股票的价格一般都在其各自的通道当中比较有规律地运行；至于一些闲杂类的股票，就留给趋势交易吧。当你面对一张遴选股票的清单，你要选择20只最活跃的股票和几只蓝筹股，同时，选择那些通道最宽、波动最有规律的股票进行交易。

你要确定你所选择的股票的价格通道足够宽，至少可以从中赚到1个点，达到C级交易者的水平，C级水平的交易者可以获取通道轨距10%以上的收益。如果你想达到B级或A级的水平，你要先以C级的标准进行交易达6个月才可以。即使A级的交易者也需要比较宽泛的价格通道，因为相应的利润比较丰厚。初学者在开始的阶段没有别的选择，只能采用"1点、C级"的原则，也就是其所选择的产品的价格通道轨距要在10点以上；即使相关的技术信号很诱人，如果价格通道的宽幅小于10点，那你就翻页到下一只股票。

一些股票能够给出较好的技术信号，而你要从中选择那些运行比较规范的股票进行追踪，你需要选择6只或者7只股票进行研究，但不能超过10只。对几只股票进行跟踪可以使你养成做"作业"的习惯。注意：你每天的功课不能落下——你要逐渐掌握所交易的股票的脾气秉性，对你做的每一单都要进行评估，一旦你已经成B级交易者，那就可以扩大你的交易规模。

当周线图上呈现升势，你要等到日线图之上的价格回调至指数均线附近，相应的震荡指标显示超卖的信号时，下单做多；反之，当周线图呈现降势，你要等待日线图之上的价格反弹至均线附近，相应的震荡指标给出卖出的信号之后，进场做空。如果震荡指标创下几个月以来的新低，而价格接近指数均线，其状态显示空方力量超强，此时要推迟多单入场的时间，等待一个底部的出现；此种规则同样适用于空方，只是做法相反而已。

当周线图的趋势上扬，日线图上的价格底部会很显眼，此时做多的最佳时机要等到日线图上的价格回调至相应的指数均线以下；同理，最佳的做空时机要等到日线图上的价格反弹到相应的指数均线以上。所以，你要预测指数均线于次日可能达到的点位，以便植入相应的订单——相关的数理方法很简单：你已经知道昨天的指数均线所在价位，也知道今天其在收盘时的所在位置，如果上升了0.5个点，那明天它可能也上升0.5个点，这样，你就可以将这0.5个点加到今天的指数均线值里。

你要查看所交易的股票价格在最近一波行情开始以来是如何运行的。如果行情向上，你要查看升势之前的回调是如何运行的。如果在回调当中，相应股价返回指数均线附近达3次之多，并且平均下穿了1.5个点，那你就在指数均线之下1个点的位置下一个多单，比之前回调的低点稍微高一点；同时，你要对第二天的指数均线的位置进行预期，然后每天调整你的多单点位。电子经纪人不会因为你每天变换订单点位而厌烦！

波段交易就像钓鱼，需要注意力集中，而且有耐心。你需要每天完成你的交易作业，每天都要计算、预测次日的指数均线点位并下单，你还必须计算相关的获利目标和止损价位。

进入波段交易之后，你要按照安全区域法则设置保护性止损。波段交易是一个类似走钢丝的游戏，需要系安全带，设置止损与相应的资金管理原则是你在场中生存和交易成功的关键。

从事波段交易，你要在价格通道的上下轨线附近获利平仓，具体的精确位置要根据波段运行的强度来确定。如果MACD柱形图和强力指标出现新高，行情强势，你可以等到通道的上轨或下轨被冲击之时离场；如果行情走势较弱，你要在还有利可图的时候，迅速出场。如果强劲的波段行情穿透了通道的边缘线，那该如何操作呢？一个有经验的交易者会改变他的交易战术，把单子留的时间稍长一些，或许等到相关行情冲击新的极值点而失败之时；但对初入市者来说，他必须训练自己在通道边缘线附近获利离场的习惯，因为他没有追踪行情的能力。其逐渐变得成熟的标志是：能够赚取有限的利润，不会因错过一大段行情而沮丧。所以，在波段交易之中，你要清楚你想要什么，其他的都不重要；而获利目标的设置可以为你在无序的市场环境当中建立一个有序的框架。另外，你要对在轨距当中所获取的收益进行评估，从而知道自己处于什么级别、什么位置。

在交易之初，集中进行波段交易可能更安全一些；随着你交易水平的提高，你可以拿出一定比例的资金去进行趋势交易。主要的行情趋势可以提供可观的利润，在大趋势中可以赚大钱——而你所要做的是：努力加强学习，提高交易质量，如此则会不断地获取收益。

期权

任何公司所发行的股票份额都是固定的，而期权可以由空方根据多方的要求无限量创设。期权的多方希望基础资产的价格按照其所预期的方向运行；而期权的空方则将这种希望定价出售。实际上，大量的希望从来就没有实现过，但是人们还是满怀希望地买入期权。基金经理、场内交易商、还有交易所会员将被定价的各种希望卸货给大批的业余交易者，而这些业余水平的交易者常常在牛市买入看涨期权，在熊市买入看跌期权。

一份看涨期权赋予其持有者一种权利，而不是一种义务，即多头可以在一个特定的时期、以一个特定的价格买入一定数量的标的资产⊖——此类期权希望基础资产价格会上升；而一份看跌期权同样赋予多方一种权利，不是义务，即他可以在特定的时期、以特定的价格卖出一定数量的基础资产⊜——此类期权希望标的资产的价格下跌。

每个期权都有一个执行价格，如果作为基础资产的股票价格在到期日没有达到执行价格所要求的水平，这个期权则没有价值，买方就会损失掉其所交纳的购买期权的费用；反过来，空方就会占有这笔费用，美其名曰收取期权费。如果想从买入、卖出股票而获取收益，你就要选择正确的股票，确定正确的交易方向。而期权的多方除此之外，还要在股票运行的速度之上下赌注。

当基础资产的价格与执行价格相等时，期权处于平价状态。

当基础资产价格低于执行价格时，看涨期权处于虚值状态；基础资产价格在执行价之上时，看跌期权处于虚值状态。虚值越大，期权价格就越低。

当基础资产价格居于执行价格以上时，看涨期权处于实值状态；而基础资产

⊖ 也可以不买。——译者注
⊜ 也可以不买。——译者注

价格位于执行价以下时，看跌期权处于实值状态。

一份期权在其生命周期的不同阶段，随着基础资产价格的变化，可能会处于平价、虚值或者实值的状态；而期权的价格包含两个部分：内在价值与时间价值。

实值期权的内在价值大于零。例如：如果一份看涨期权的执行价为 80 美元，基础资产价格升至 83 美元，那期权的内在价值就是 3 美元；如果标的资产价格等于或低于 80 美元，此期权的内在价值就是零。

期权价格的另一个组成部分是时间价值。例如：如果股票价格是 74 美元，你花 2 美元买入一份执行价为 80 美元的看涨期权，这 2 美元就是时间价值；如果股价升至 83 美元，期权价格会变为 4 美元：3（=83–80）美元是内在价值；1 美元是时间价值（代表一种希望：标的股票价格在期权有效期内会升得更高）。

期权价格由以下几个要素所决定：

首先，虚值越大，期权价格越低——标的资产价格需要运行较长一段时间才能使期权交易在到期日之前有所收获。

其次，越接近到期日，期权价格越低——因为所剩余的实现目标的时间已经不多了。期权贬值的速度被称之为时效性衰减，其运行趋势随着期权到期日的临近会逐渐变得陡峭起来。

基础资产的波动率越低，期权价格也就越低——因为在此情况下，依靠标的资产赚钱高额利润的几率也低。

其他影响期权价格的因素包括市场当前的利率水平、基础资产的红利率等。

当一只股票的价格达至 100 美元，执行价格 110 美元的看涨期权价格要高于执行价 120 美元的看涨期权价格；同时，相对于两个月的时间来说，股票价格在 5 个月内能够更加容易达到 110 美元的水平，因此，期限长的期权价格更高。最后还有一个问题：如果两只股票同时报价 100 美元，一只在年内波动了 50 点，另一只波动了 30 个点，那么，对于执行价 110 美元的看涨期权来说，波动率大的股票价格自然会高一些。

期权定价的决定因素之间也会相互冲突、彼此抵消。例如：如果基础资产的价格剧降，看涨期权的价值就会降低，但是由于波动率的上升，期权价值会被抬高，所以，相关的期权价格降得比预期的要少。有几种期权定价的数学模型，诸如布莱克—舒尔斯公式，在期权类的杂志上被广泛地描述出来，它们所确定的期权价格被称作"合理价值"。

最为简单的期权交易策略是做多，这是初学者所为，当他们没有钱买入股票时，就特别喜欢买入看涨期权。但他们忽视了一个事实：期权比股票复杂得多，在股票上赚不到钱，在期权上不可能盈利。而更为复杂的是做空期权，包括"对冲型"和"敞口型"两种。

对冲型期权的空方拥有基础资产。例如：一个基金公司握有 IBM 公司的股票，同时卖出相应的看涨期权来对冲现货头寸——如果股价没有达到执行价的水平，期权价值为零，而空方可将期权费落袋；如果股价达到执行价的位置，多方行权，空方则卖出现货股票而获取收益，然后再买入另一只股票，同时继续卖出相关的看涨期权来进行对冲。此一类期权在早年间的交易所交易期权当中利润率非常高；现在，其交易领域之中人数太多，其交易回报也不大。敞口式期权不与基础资产挂钩，空方直接以现金的形式计算盈亏，在后面我会再做介绍。

以上是对期权的相关术语进行的简介。你若想知道更多，那就看一下列在本章结尾处与期权相关的书籍或杂志名称吧。对一些标着"用简单的策略让你的资金在一年之内翻三番""一天只需看盘 15 分钟""不需要精通数学"等承诺的书籍，要加倍小心。与瞪着眼睛、希望用 5 000 美元赚快钱的赌徒正好相反，能在期权当中获利的人需要高超的数理分析能力，要有雄厚的资金。下面，让我们从做多与做空两个角度来分析期权的交易策略。

1. 做多期权——重要反转行情的应对之法

通过买入期权获利比通过股票获利要难，除了要面对所有与股票相关的问题之外，诸如选择恰当的股票、判明相应的趋势、选择合适的进场和离场价位等，你还要关注股票的运行速度，看它能够多快达到预期的水平。如果你买入一只处于升势的股票，它要花费 5 个月而不是 3 个月的时间才能达到你所希望的目标价位，你在现货市场可以获利；而在相关的期权交易中，其在到期日可能一分不值。如果你买入期限较长的期权，你可能以另一种方式赔钱，因为这一类期权价格太高，变化也慢。另外，所有期权的时间价值都在渐渐地缩小，那些将期权作为股票替代品的初学者们非常可怜，他们所进入的领域是专业人士所不愿触碰的！

专业人士只在特殊的情况下才来买入期权，如他们预期到一波重要的反转行情，特别是一轮降势。如果你预测的不是一波微弱的降势，而是一次大的崩盘，此时买入看跌期权可能是一个好主意。当一波长期的趋势开始掉头，特别是已经接近相应的价格顶部，相应的行情会变得很狂乱，就像一艘远洋的班轮即将改变航道一样。一只股票可以今天狂跌，明天暴涨，然后继续下跌。当相应的波动率不断升高，即使高水平的交易者也不知道将止损设在哪里——因为止损应该设在市场的噪声区以外，但是噪声本身如果变成疯涨，那你把止损设在哪呢？期权则可以解决这一类问题，但是也只有在对冲大的行情趋势之时才采用之。

价格下跌的速度往往是上升的两倍。市场交易人群在升势当中的主要心理是贪婪，降势当中的心理是恐惧。由此看来，专业人士更加喜欢买入看跌期权，因为其中时效的衰减期会变短。当你预测到一波重要的反转下跌的行情走势，买入看跌期权是明智的。同样的原则也适用于看涨期权，只是在升势当中，交易股票会更好。

如果你预测到一波降势，你必须确定购买哪一种看跌期权。最好的选择方法应该是反常规的，而且要与大多数人的方法区别开来。

首先，你要对现货股票在降势之中会跌至什么点位进行预测。因为只有在瀑布式的降势当中，你才有买入看跌期权的必要。

其次，尽量避免看跌期权的期限超过两个月。买入看跌期权是因为你预测到一波急速下跌的行情，如果降势缓慢，你还不如直接做空标的资产证券。

再次，你要买入不附带期望值且便宜的看跌期权。在看跌期权报价单中的执行价格栏内，你要向下看，执行价越低，期权价格就越便宜。执行价每降低一行，看跌期权的价格就会下浮 25% ～ 35%。

最后，你所选择的执行价和现货价格之间的差额应该非常之小，挤掉期权当中所有的期望值，就像买一张便宜的彩票一样，这才是你想要的！

买入一份便宜、虚值的看跌期权是违反常规的。从表面上看：期权处于虚值状态，期限又比较短，它很快就会一文不值；而你又不能在期权交易之中设置止损，如果行情和预期相悖，你的期权费就会白交。那你为什么不在此看跌期权接近实值状态时买入呢？

因为只有在你要从一波重要的反转行情当中获取额外收益的情况下，你才来买入看跌期权；如果行情属于正常的降势，那你还不如直接做空股票。从一个便宜的、虚值的看跌期权中你可能赚到很多钱，所以你在此交易中的获利目标应该定在 10 倍以上，不是两三倍，如此高额的回报可以让你在犯过一系列错误之后，仍然可以获利离场。因此，捕捉到一波重要的反转行情可以弥补你的交易损失，使你获得丰厚的利润。

我做过的最好的一次期权交易是在 1989 年 10 月，当时的股市行情出现了一些微弱的降势。星期四，市场以弱势收盘，在一年当中首次呈现顶背离的形态，给出我期待已久的卖出信号；星期五一早，在芝加哥交易说明会上，我以 0.375 美元的价格买入一份 OEX 看跌期权，当天下午，掉了一个底朝天；星期一，市场继续低开，而我所购进的看跌期权几个小时之前只值 0.5 美元，而之后却升到了 17 美元。

为什么大多数人不能采取同样的策略呢？首先，这种方法需要有很大的耐心，因为像上面我所讲的交易机会不多。其次，期权交易缺乏娱乐性，大多数的人即使最终能够获利，也不愿意三番五次地在一个产品交易中犯错误。所以很少有人在期权市场中来从事这种高智商的游戏。

2. 做空期权

期权交易中的多方大都是新手、赌徒以及资金不够的交易者，这些人本想着快速致富，但在期权交易中输光了所有的钱。你往期权市场扔过钱吗？谁又能挣到钱呢？当然，经纪人可以赚钱，但是大钱基本上被期权的空方拿走了。资本充足的专业人士喜欢做空期权，其中：对冲型的空方卖出期权为其现货资产保值；而敞口型的空方不拥有标的资产，只是卖出期权。

一只股票或一份期货合约的价格走势在三种情况下必居其一：上升、下降或横盘调整。当你买入看涨期权，当行情上扬时你可获利；在行情下降或徘徊时，你会赔钱；有时即使行情上涨，但涨势不够快，你也会赔钱。如果你买入看跌期权，只有在行情下跌的足够快时，你才能赚到钱。一个期权的多方只有在行情按照他所预期的方式运行时才能获利，一旦行情相反或上下徘徊，他就会遭受损失。这样，期权多方获利的概率是 1/3；而与之相反，期权空方获利的概率是 2/3。因此，专业人士们喜欢做空期权。

　　一些大的基金公司倾向于采用电子方式买入股票，卖出看涨期权进行对冲、保值。如果股价低于执行价，他们收取期权费，然后再卖出到期日业已更新的看涨期权；如果股价升得够高，期权会被执行，他们会交割股票，收取现金，然后再投资另一种股票，同样卖出相关联的看涨期权进行对冲。此种类型的期权对数学知识要求很高，也需要资本相对集中。许多专业的投资者经常通过大的资金投入来稀释如雇员开支与设备投资一类的交易成本；小的投资者不太适合这种昂贵的交易。

　　敞口型的空方不拥有标的资产证券，他们直接出售期权。在此条件下，风险敞口的空方虽然可以收获期权费，但如果情况和他的预期相反，他又不能离场，其损失的风险是无限的。如果你握有一只股票，然后卖出看涨期权，即使期权被执行，你可以交割股票。但如果你是敞口型的期权空方，股价一旦超过执行价，多方就会要求你交割股票，他不管你是否拥有这只股票。如果你卖出一只股票的看涨期权，而股价在第二天早上开盘时上涨了50美元，你还必须交割，那你受的伤害可就太大了。

　　有限的收益伴随着无限的风险，敞口型做空期权使大多数的交易者望而却步。但是，市场中的现实和理论上的概念往往相去甚远。敞口型期权看似危险，但在大多数情况下，一个短期限的虚值期权在到期日经常是一文不值，这样一来，空方就会获利。另外，基础资产的价格达到执行价的水平并使空方蒙受损失的几率很小，在敞口型期权中的风险与回报之比要比想象的好得多，而对一些罕见的负面行情，也有一些技术去减少它的危害。

　　聪明的敞口期权的空方倾向于卖出一些虚值的看涨期权或看跌期权，其执行价格又是某只股票或某种商品的价格走势在期权有效期内所难以达到的点位，他们出售的是一种遥远的希望。高水平的期权空方能够把握基础资产价格的波动率，能够根据一只股票的运行情况判断它会走多远，然后在其波动区间以外确定执行价格。如果一只股票需要用一年的时间从60美元涨到130美元，而一些外行想在170美元的水平买入期限为数周的看涨期权，那专业人士会尽一切力量满足这些业余水平交易者的要求，因为在期权到期之前，股票上涨40美元的可能性非常小。业余选手总是想购买希望，专业人士很乐意向他们出售希望。这种游戏在期权到期之前的一个两个星期里，会变得非常热闹，场内交易商们忙着收钱，同时卖出敞口型的看涨与看跌期权，标的资产的价格几乎没有可能达到执行价格的水平。

谨慎的空方会在期权到期日之前平掉期权头寸。如果你以90美分的价格卖出一份看涨期权，现在它跌至10美分，你完全可以用赎回的方式平仓。你已经赚取一大部分利润，为什么还把自己暴露在风险之下呢？此时，你可以支付一笔很便宜的额外佣金，然后将收益入账，再去寻找另一个做空期权的机会。

要想做空敞口期权，你必须遵守交易的铁律。你交易的规模、头寸的数量必须严格地由资金管理的原则来决定。如果你卖出一个敞口的看涨期权，而股票价格已升至执行价格之上，你就有毁灭的风险。所以，你必须事先确定在什么情况下离场以减少损失，敞口的空方不能在股价走势和自己的预期相反时还坐着不动。业余水平的交易者总是想等到基础证券的行情变回来，想等到时间价值殆尽之时脱困。但是，你等待奇迹的时间越长，你就会被套得越牢。如果你有哪怕是一点问题而不能遵守交易的铁律，你都不要做空敞口期权！

那么，做空期权当中还需要注意那些问题呢？

空方的选择　所有期权的多方都清楚一个问题：即使你选对了股票，对行情的预期正确，但你交易期权还是赔钱。时间因素是多头的敌人，如果基础资产价格到达某一特定水平所花费的时间比预期的要长，多方的赌注就被吞掉了，他就会赔钱。随着到期日的临近，期权价值会变得越来越小。

反过来，要是我们做空期权会是什么样的情况呢？那时间就会站在我们这一方，因为每消失一天，期权升值的概率就会减小一些，如此直至期权的到期日。

如果你开始做空一份期权，而且方向正确，你会享受时间的饕餮盛宴——期权价格每天都在失去它的时间价值，你要收取的期权费会变得越来越安全。即使基础证券价格走势的方向不明，你也会赚到钱，因为过去一天，时间价值就会减少一些。

如果想在交易中获胜，那你就让时间要素去击败你的对手——多方，如果时间在为你工作，那将是一次非常愉快的体验。

期权本身包含一种希望，作为空方，你最好出售的是一种难以实现的空想。在卖出期权之前，你要完成三项工作：第一步，分析基础证券，确定其价格波动的方向与目标价位；第二步，确定是卖出看跌期权，还是出售看涨期权；第三步，为你所要出售的期权选择执行价格，并确定到期日。如果三个步骤当中有一项不明朗，你要先行观望，不要强迫自己做决定，你可以寻找另外的机会。

在期权定价当中最为关键的要素之一是基础证券的波动率。在大多数的交易软件系统当中，有一个分析工具，被称作布林带线，它可以帮助你确认相关的波动率。布林带线以移动平均线为中心，确定上下的标准差，其运行原理与包络线不同，上下边缘线是两条平行线，随着波动率的变化而离散或收敛。当市场处于休眠状态，布林带线会变得很窄；当行情波动加大时，它会变得很宽。平坦、狭窄的布林带线表明市场的行情波动近于休眠状态，相关的期权价格会很低，你最好是买入此类期权，而不是卖出它；当布林带线变宽，相应的市场行情会变得炙手可热，此时的期权价格会被高估，这是空方的机会。那空方应该如何操作呢？

首先，根据所要卖出的期权分析其基础证券的行情与走势。你可以运用三重滤网系统确定某只股票、某种期货或者某类股指的价格运行是处于某种趋势当中，还是没有趋势。你要在周线图和日线图上，运用顺势指标、震荡或摆荡指标去发现趋势，探索行情的反转，设定获利的目标价位。

其次，选择所要出售的期权的类别。如果你认为市场处于熊市，那就考虑出售看涨期权；反之，你要考虑出售看跌期权。在趋势向上时，你要卖出下跌的希望；而如果行情下行，你要出售上扬的希望。在市场做横盘调整或布林带线很紧的时候，不要做空相关的期权，因为期权费太低，而且一旦价格波动区间被突破，你有可能受到伤害。

再者，你要缴纳充足的保证金，预期基础证券的价格走势何时反转，并在此区间之外售出期权；同时，你所确定的执行价格应该设在到期之前基础证券的行情所难以达到的点位。如果一只股票在一年之内从 50 美元升至 80 美元，现在以每周 0.5 个点的速度上升，相应期权还有 8 周到期，股票价格的趋势向上，那么，执行价 70 美元的看跌期权在这个背景之下于到期日可能会一文不值。

如果希望获取现金且收取高额期权费而出售敞口期权是很危险的，因为一旦行情走势与你的预期不符，你的头寸会被淹没。因此，你要查看期权期限当中剩余的时间长度，从相关行情的当前走势之中计算其将要运行的距离，同时你要在相应的波动区间以外出售你的期权。

你所卖出的期权的期限最好不要超过两个月，时间越短，意料之外的因素就越少。在期权到期日之前的几个星期里，其时间价值的流失会加速，如果你在接近到期日的时候做空期权，你会在时间的流逝当中获利。如果你卖出期限较长的期权，你会收取更多的期权费。但你不要贪心，做空期权的目的不是在每一笔交易当中都取得丰厚的回报，而是要获取比较稳定的收益。

风险的控制 一个长期做空敞口型看涨与看跌期权的交易者，总有一天会被逆料的行情所冲击，几年之内攒下的利润有可能在一天之内化为乌有。例如：在市场处于大的牛市之下，专业人士认为卖出看跌期权获利就像在印钱一样；一些噪声交易者喊着"末日即将到来"的口号年复一年地不断买入看跌期权，他们赔了很多钱。但是，突然有一天行情剧变，而且狂跌，噪声交易者们看到了曙光，而作为交易对手方的专业交易者此时却在面临着灭顶之灾——逃得快的还能生存，慢的就会被淘汰出局。

交易者在出售敞口型期权的时候，由于大多数合约未被行权，他们收取了很多利润，因此就变得贪婪。一种自我满足感使空方陶醉，从而忽略了要对现实状况进行考量。所以，对敞口型期权的头寸要用设置止损和资金管理的原则进行相应的保护。

首先，在基础证券的行情走势当中寻找心理止损价位。止损点应该被设置在诸如股票、期货、股指等基础资产的价格之上，而不是期权价格之上。如果标的资产的价格走势达到你的止损点，你就要赎回你卖出的期权。例如：你卖出执行价为80美元的看涨型敞口期权，如果股票当前价格是70美元，在77美元的价位你要设置止损，一旦标的现货价格超过执行价格，期权就会进入实值状态，在此之前，你要平掉所卖出的期权。

止损点就像飞机上的弹射座椅，如果你卖出的期权从虚值状态进入实值状态，你就没有理由再盯着看下一步会发生什么情况，你已经做错了，赔了钱——在赔光之前迅速按下座椅的按钮，飞出场外。如果你售出的期权价格是1.5美元，如果期权进入平价状态而触发你的止损，此时该期权的价格可能翻倍涨到3美元。如果使用止损，你就会远离因做空期权而承受无限损失的风险。⊖

⊖ 其实，从理论上来说，只有看涨期权的空方损失才是无限的。——译者注

再者，你要设置获利的目标价位，考虑赎回你的敞口期权。当你做空看涨和看跌期权时，你卖出的是一个逐渐贬值的资产；如果基础证券的价格距离执行价格很远，离到期日还有一段时间，期权价格就会筑底，其贬值的速度会很慢很慢。买入期权的多方虽然在赔钱，但他还在盼望着行情反转，他会继续持有手中的期权，就像拿着一张彩票，等候着万分之一的中奖机会。

当一份敞口期权已经给你提供了一大部分其应有的价值，那你还留着它做什么呢？剩余的利润空间已经不多，没有必要继续暴露在敞口的风险之下，此时你要考虑赎回期权，获利平仓。

还有，你要开立一个保险账户。一个做空敞口期权的卖方需要为应对灾难性的反转行情加保险。可能在你卖出看跌期权之后，行情会与次日暴跌；或者，在你做空看涨期权之后，行情会突然上涨。你不希望这种事件发生，但是"常在河边走，哪有不湿鞋的"？金融市场当中什么事情都会发生！所以你需要保险，但是，没有人会为你买单，你只能自我保护。

你可以开立一个资本市场账户，每次赎回你的敞口期权之后，将10%左右的收益存进这个账户。不要用它来交易，就让它待在那儿，作为你在资本市场上的一笔基金，随着你做空期权的次数增多，保险账户的收入也会增加，你可以将之作为应对灾难性行情的储备资金，或者在你停止做空期权的时候把里面的现金提走！

对期权的空方来说，在三种情况下会遭受损失：新手过度交易、售出期权太多、打破了资金管理的原则。中级水平的交易者在期权的基础资产价格走势与其预期不符时，撤离得不够快；经验丰富的交易者在一波大的逆市来袭之时，没有充足的储备资金进行应对。总之，你交易期权的时间越长，你遭逢灾难性行情的几率就越大，所以，建立保险账户可以确保你的头寸，能够使你成为专业的空头去交易期权。

接下来该怎么做？　每个期权交易者都应该看看一本由劳伦斯·麦克米伦所著的《期权投资策略》、大多数专业的交易者都读过谢尔顿·那滕伯格（Sheldon Natenberg）所著的《期权波动率与期权定价策略》（*Option Volatility and Pricing Strategies*）；还有哈维·福瑞登泰格（Harvey Friedentag）的《期权：无畏的投资》（*Investing without Fear*），以及作者对如何做空"对冲型"期权的独特见解。

期货

期货过去的名声一直不好，以至于在一个世纪以前有好几个州要立法禁止它的交易。在农业带的部分地区，一些人举行星期天布道会来反对其交易模式，但所有这些都没能阻止期货成长为一股强大的经济力量。

期货之所以蓬勃发展是因为其服务于两类富裕的群体：一方面，期货为商业的生产者和消费者规避价格风险提供了对冲保值服务，使他们的产品更具有竞争的优势；另一方面，期货为投机者提供了一个壮观的博弈平台，其交易品种比内华达州所有赌场的赌博工具还要多。在对冲者和投机者之间，专业的期货交易者居于一块充满金钱和鲜血的土地上，他们推动着经济的车轮滚滚向前，为自己付出的努力而收取费用。这些人获取丰厚回报的标志是：他们经常将其中的技巧传授给儿子，现在也偶尔传授给女儿。

对冲交易是指：开设一个期货的头寸，与你当前的现货头寸方向相反，其目的是通过期货交易来规避持有现货资产或计划买入现货产品所要承担的价格风险。对冲者将价格的风险转给了产品相关联的投机者，如此，他们就可以集中精力从事主业，为消费者提供更好的价格。同时，在和那些没有进行保值的同行们的竞争当中，对冲交易者可以获得长期的优势。

例如：我有两个朋友在莫斯科做经纪人，负责教授砂糖进口企业如何开展保值业务（俄罗斯在苏联解体之后，已经成为世界最大的砂糖进口国），他俩的客户全部来自于食品行业中的大公司，这些人在一年前就已经知道自己需要多大数量的砂糖，如果砂糖的期货价格足够低，他们就会在伦敦和纽约的期货市场做多买入。这些企业几个月以后才会进口大批量的现货砂糖，但同时又握有砂糖期货，在买进现货以后，它们会平掉期货上的多单。从结果上看，这些企业是在做空现货，做多期货——如果砂糖的价格上升，现货市场上，企业会支付更多的金钱，但这笔损失会被期货市场上的利润所冲销，而没有做此类对冲交易的企业就只有听天由命了：如果砂糖价格下跌，它们可以买到便宜货，如果价格上涨，它们的血会被抽干。做对冲的进口商可以集中精力从事它们的主业，而不必太过关注价格的变化。

商品的生产者同样能够通过期货对冲而受益。农产品相关企业可以在价格够高、获利有所保证的情况下，先行出售其自产的小麦、咖啡、棉花等；同时，这些企业可以根据收成情况，卖出相同规模的期货合约。这样，它们就可以规避价格波动带来的风险——如果价格下降，企业的现货损失可以由期货的收益来弥补；价格上升，其在期货市场的损失会被现货市场的盈利所冲销，生产者放弃了一些收益的机会，但是使自己脱离了价格下跌的风险，在稳健当中发展壮大。诸如 Exxons、Coca-Colas 和 Nabiscos 一类的公司，之所以成为商品市场的主流企业，其成功的内因便是进行了期货对冲交易。企业当中一个好的从事对冲保值交易的理财部门，不仅要给价格上保险，它也应该是一个盈利中心。

投机者为丰厚的利润所诱惑，进入期货市场挑战风险。享有内部消息的对冲者对期货价格也不能完全有信心地去把握，而一群兴奋的局外人却投入大量资金去博弈期货价格的运行方向。我想起了几年前和一个做科研的朋友在午餐时去贩酒屋准备买葡萄酒时的故事，当时正值新泽西州"以彩票收入支付教育经费"的法案的通过中。在那些天里，只有贩酒屋一类的地方出售彩票，所以大家都在柜台前排队等候，准备购买彩票。我的朋友在新泽西拥有房产，看到眼前的情境，大笑着对我说："这些人排队买彩票，会减少我的纳税金额！"——这就是大多数投机者在期货市场中所做的事情。

投机者中的两个占比例最大的人群是：农场主和工程师。农场主熟悉商品，而工程师喜欢用科学的方法进行金融博弈。很多小的农场主进入期货市场最初是为了对冲保值，但渐渐地玩上了瘾，变成投机了，如果他们知道自己在做什么，这倒没什么过错，但让我奇怪的是：大批的农场主开始交易股指期货。如果交易棉花、生牛或大豆，以农场主们对相关基础产品的了解，他们应该比城里人有优势，但是，如果交易标准普尔 500 指数期货，他们有什么优势呢？难道他们比我们的反应更快吗？还是休息一下吧！

期货与股票有一个重要的不同之处，正是这个不同使得期货交易的速度极快，交易的内容非常猛烈、刺激和致命——简单而强力的低比例的保证金机制使得期货市场像涡轮一样旋转。

根据美国《证券法》的规定：在股票交易中，你的资本头寸必须有至少一半的现金，另一半可以由你的经纪人以保证金贷款的方式提供给你。如果你的账户里有 3 万美元，你可以购买价值 6 万美元的股票，不会再多了。这一法律是 1929 年经济大萧条时期通过的，当时人们意识到保证金比例太低会导致大量的投机，从而造成悲惨的降势局面。1929 年以前，投机者可以只交纳 10% 的保证金，这在牛市当中果然很好，但在熊市中，他们会被清出市场。

在期货市场上，3% ~ 5% 的保证金比例是非常普遍的。在这里，你可以"以小博大"。如果你有 3 万美元，你可以掌控 100 万美元的商品，可能是猪腩，也可能是黄金。如果你捕捉到 1% 的升势行情，你的收益就是 1 万美元，超过账户资金的 1/3。很少有这样的交易，但是你已经在做了。一些小散户看到这样的数据变化，以为找到了快速致富的秘密捷径。但这里有个问题：行情上涨 1% 以前，可能先下调 2%，这很自然，没什么可大惊小怪的，但你的 3 万美元的账户资金可要输光了，你的经纪人就会向你催交保证金并对你的头寸进行反向"强锁"，即使你的预测无误，你也会爆仓的。

期货市场的淘汰率是 90%，尽管一些金融中介公司试图隐瞒相关的统计数据。低比例的保证金吸引那些赌徒和喜欢找刺激的人入场，但这些人的资金很快就灰飞烟灭了。其实，如果运用资金管理的原则经营期货，情况会好得多。如果你能运用相应的原则，对低保证金机制理性地加以等待，期货是可以交易的。但是，你要遵守铁一般的交易纪律交易期货，你必须冷静、冷酷，而不要僵化。如果你不能遵守资金管理的原则，你最好去拉斯维加斯，在赌场当中，娱乐价值和操作结果是一样的，但至少那里有免费饮料，场内表演也很有趣。

由于期货交易需要高度的纪律性和精湛的资金管理技巧，因此不太适合初学者。一个新的交易者最好先学着做一些趋势较慢的股票，等他成熟后，再来关注期货也不迟。

如果你懂得如何交易，同时想赚快钱，期货值得一试。你可以先建一个小额的头寸，用严格的资金管理原则进行保护；随着行情走势符合你的预期，你可以加仓；同时，你要移动相应的止损点，使其位于多空均衡点之外，然后你可再加单。

期货有几十个品种，而股票有几千只，所以在期货之中做出选择比较容易一些。但你要关注自己所在时区的市场，我很奇怪：为什么那么多新手，尤其是美国之外的人，喜欢交易外汇？他们当中很少有人考虑外汇市场是 24 小时运行，从不停息，所以在此类交易中，个体投资者基本处于劣势地位。你可能够聪明，能够正确分析外汇的走势，但这一波行情可能发生在另一个时区中的市场，其时你可能在睡觉。所以你要选择自己所在时区的市场，在你起床时开盘，睡觉时收盘。

如果对基础资产比较了解，你最好先进入这一类期货市场。例如：你是一个养牛的牧场主，或者一位建筑商，或者一位金融官员，如果交易条件允许，那些与生牛、木材、利率相关的期货应该是你的首选；如果你没有什么特殊经验，那你要根据自己的资金规模进行交易品种的选择，在起步阶段，不宜选择太过昂贵的品种。所有的市场都存在一定程度的随机噪声，或者快速的逆势行情。在昂贵的期货市场定价机制中，价格随机波动所产生的价差常常能将你的头寸置于死地。

你可以做一些简单的训练，在你的电脑上创建一个电子表格。在 A 栏当中，记录下几种你感兴趣的期货产品的名称；在 B 栏里，记录下交易单位的变动值：玉米以美分计价，一个美分的价值是 50 美元，标准普尔以点数计价，一点价值是 250 美元——将这些数值加入 B 栏之中；将最新收盘价计入 C 栏之中；然后，用 B 栏的数值乘以 C 栏的相应数值，将相应的结果计入 D 栏之中。这样，一份合约的价值就显现出来。通过做表，你要研究：最贵的期货合约价格比最便宜的期货合约价格要高出多少倍？5 倍，10 倍，20 倍，还是 30 倍？[⊖]

新手们总是喜欢交易标准普尔 500 指数期货，但很少有人考虑在这个昂贵的市场当中运用合理的资金管理原则。在北美，棉花、砂糖以及在运行缓慢的年份当中的铜期货对新手来说，就是很不错的品种——首先，这些期货的市场处在你的时区当中；其次，这一类期货的流动性较好，波动率也比较合理，而且也不是很昂贵。

我已经列出了几本很好的关于期货交易的书籍，大多数的技术分析工具都是在期货交易中被原创出来，然后移到股票市场的分析当中。下面，让我们来分析一下期货和股票不同的地方。

1. 期货升水和基差倒挂

所有的期货合约会同时提供出几个交割月，如你可以买入或卖出在当年 9

⊖ 一份玉米期货合约的交易数量是 5 000 蒲式耳，蒲式耳对应美分，由于 1 美元 =100 美分，所以玉米期货的交易单位是 50，原作者的说明不够直观，故在此加以补充。——译者注

月、12月或者第二年3月交割的小麦期货合约等。正常情况下，近期的期货价格低于远期的期货价格，这种现象被称之为"期货升水"。

远期的期货合约价格偏高，主要是由于现货产品的持有成本较高，而持有成本包括现货的融资费用、储存费用及保险费用等。期货的多方交纳3%的保证金之后，没有支付余额就掌控全额的合约，直至清算之日；空方需要在期限内储存、保管现货商品，同时承担融资与保险的费用。

不同交割月的期货价格也不同，其差值被称为基差（有时也译作溢价或升水）。对冲保值者与场内交易商都在紧密关注基差的变化，因为它反映了市场的紧张程度。一旦某类产品供不应求，人们就会做多近期的合约，远期合约的溢价就会减少，随着需求的增加，近期合约的价格逐渐超过远期合约——市场出现了基差倒挂的现象！这是一个强势的基本面的上涨信号。现货市场产品短缺，人们愿意支付高价，尽早地购入相关产品。

当你查看金融类报纸的商品页面时，你要注意栏内商品的收盘价，寻找基差倒挂的交易品种，因为其中有上涨的信号，然后你要用技术分析工具去寻找买入的时机。

谨慎的保值者不会等到倒挂发生时再进场，他们跟踪溢价的走势，从其升降当中获取信号。一个好的投机者能够掌握期货所有的最新价格，对冲保值者能够报出远期合约与近期合约的最新溢价情况。

当你扫描期货市场寻找基差倒挂的品种时，你要了解：有一个领域，基差倒挂是正常的，那就是利率期货。因为在交易当中，掌握现金头寸的持仓者是收取利息的，他们不必支付融资与储存的费用。

2. 点差套利

对冲者一般倾向于做空期货，而投机者喜欢做多期货，场内交易商则偏好进行点差交易，从中套利。利用点差进行套利的交易就是：在同一个市场买入一个在某个月交割的期货合约，再卖出在另一个月交割的期货合约；或者，做多一种商品，再做空另一种相关联的产品。

期货是经济发展的基础，是社会日常功能的关键组成部分，而经济的需求和商品市场及交割月份紧密相连。如果作为主要的动物饲料，玉米价格比小麦的价格涨得快，一些牧场主就会用小麦替代玉米进行饲养。这样一来，玉米的需求就会减少，小麦的需求就会增加，二者之间的差价就会归于常态。一个聪明的商品期货交易者会把商品之间的差价铭记于心；套利者则在价格偏离之处进行博弈，赌它们最终归于常态。在前述的情况下，套利者会做空玉米，做多小麦，而不是在各自的市场中去追踪趋势。

套利交易比定向交易要安全，其交易的保证金更低。业余水平的交易者不懂套利交易之妙，对这些可靠但波动缓慢的交易没什么兴趣。有几本关于点差套利的书籍，但在我写作本书之时，还没看到一本好的。专业人士想把相关的知识封存起来，不让外行们看。市场当中有一些隐秘的领域，专业人士可以从中获取收益，但却从不著书，好像是一个企业的内部工作人员贴出一张告示：外人（即外行）禁入。

3. 交易者分类

商品期货交易委员会根据交易者的头寸情况从经纪人那里收集大量的报告，然后把他们做的总结向大众公开。其中，交易者分类项目是了解期货市场当中精明投资者信息的最好途径之一。交易分类报告揭示了市场中三类交易群体的详细情况，他们是：对冲保值者、大户交易者、散户交易者。如何对这三类人群定位呢？其中，保值者会向经纪人说明，因为他们需要取得一些特权。例如：较低的保证金比例；大户交易者的合约持仓量大，超过被政府要求报告的数量；那剩下的就是散户交易者。

在过去，大户交易者往往是精明的投资者；现在，市场扩大了，被要求报告的交易数量的下限升高了，大户投资者多是商品基金公司，其中的大多数人不比散户投资者高明。对冲保值者现在是最聪明的了，但是想要了解他们的情况不像看上去那么容易。

例如：交易者分类报告中显示，在一个特定市场，保值者握有 70% 的空单，新手会觉得市场处于熊市，他们不知道保值者正常的空单持仓量是 90%，70%意味着一个疯狂的升势。聪明的交易者分类报告分析师会把当前的头寸情况和过去的正常水平加以比较，然后探寻对冲保值者或精明投资者的市场位置；同时，分析师们还要发掘与前者相对的散户投资者的位置，这些人大多是赌徒和输家；

然后，分析师们要发现前两者之间的僵持、角力之所在——如果一方大量做空，另一方也重金做多，那你应该加入哪个阵营呢？在一个特定的市场中，如果你发现精明的投资者占据一方，散户投资者占据另一方，那你就运用技术分析的方法寻找入场点位，站到精明的对冲保值者一方。

4. 市场供求

在期货市场中，有两种模式分别形成牛市行情与熊市行情，它们是：供给驱动模式和需求驱动模式。供给驱动型市场波动快速、猛烈；而需求驱动型市场行情平静而缓慢。为什么？

咖啡这种商品，无论产自非洲，还是南美洲，其需求的变动比较缓慢，主要原因在于人类天性中的保守。只有喝咖啡变得更加流行，每个小酒吧都增添了第二台浓缩咖啡机之后，对咖啡的需求才能上涨。当喝咖啡变得不再流行，对咖啡的需求就会下降。这可能发生在经济衰退期或是对健康时尚的某种反应。需求拉动型市场的变化节奏比较缓慢。

现在想象某个咖啡的主产区遭受了飓风或霜冻的袭击。突然间，有谣言说全球的咖啡供给将减少10%，咖啡价格马上飙升，边际消费者被抛弃，市场上涨至一个新的供求均衡点。供给推进型市场的波动非常剧烈。再想象一下：非洲某个可可产地下了大暴雨；或是石油输出国组织（OPEC）突然宣布了一条新政策，准备大幅削减石油供应；或是一个主要产铜国爆发了一场全国性的大罢工。当某种商品供应减少，而谣言让局势进一步恶化，价格将飙升，那些最有能力的买家将对收紧的供应量进行重新分配。

每个期货交易者都必须清楚其所在市场的主要供应因素并时刻关注这些因素。比方说，农产品的关键生长期及收割期的天气状况。期货市场中的趋势交易者喜欢寻找供给推进型市场，而波段交易者在需求拉动型市场中的表现更好一些。

春夏两季是播种期及生长期，美国谷物市场通常会出现价格尖峰，因为干旱、洪水及害虫都会威胁到谷物的供应。交易者常讲，农民在收获之前已经损失了三回了。一旦收获在望，供给明确，市场将由需求主导。需求拉动型市场的价格通道很窄，这使其利润目标也很小。随着季节的变化，你需要重新绘制价格通道，调整交易策略。一个懒惰的交易者会纳闷他的工具为什么不好使了，而聪明的交易者会为季节变化准备一套新工具，将旧工具收起来，以备明年之用。

5. 价格下限与价格上限

与股票分析相比，期货的基本面分析更加直接。大多数分析师主要监控供给情况——因为需求的变动非常缓慢。种植面积有多少？库存有多少？作物种植区的天气如何？基本面分析师为大多数商品确定了价格下限。在这些价格上方同样有一个自然形成的、几乎无法企及的价格上限。

价格下限取决于生产成本。当某种商品（黄金或白糖）的价格跌到了成本线以下，矿工就停止挖矿，农民也会停止耕种。某些第三世界国家的政府急需美元，为了防止社会动荡，他们可能对生产进行补贴，他们会使用廉价的本国货币进行支付，而将产品向世界市场倾销。然而，如果有足够的生产商破产并退出市场的话，供给会减少，价格会上升，从而吸引新的供货商进入市场。如果观察大多数商品的20年图表，你会发现，年复一年，同样的价格下限反复出现在同一区域。说来也奇怪，这些价格水平并未受到通货膨胀的影响。

价格上限取决于替代成本。如果某一商品的价格上涨，主要的工业消费者会转而寻求其他的替代物。如果豆粕（动物饲料的一种主要原料）的价格过高，对豆粕的需求就会转向鱼粉。如果白糖的价格过高，对白糖的需求就会转向其他的甜味剂。

为什么没有更多的人在这个水平进行反向交易呢？为什么他们不在价格下限处买入，在价格上限附近做空呢？这钱简直就是白给啊！首先，价格下限与价格上限不是一成不变的，市场会发生短暂的背离。更重要的是，人们打心眼里抗拒这样的交易。大部分投机者发现，他们既不敢在沸腾的市场高点处做空，也不敢在市场崩盘时做多。

6. 天气

大多数商品的价格随着天气的变化而变化。比方说，在收获期刚结束时，谷物的价格往往是最便宜的，此时供应充足，需求也十分明朗。春天是播种的季节，接下来的天气令人捉摸不定，此时最容易形成价格尖锋。对燃油期货价格来说，美国北方的寒流警报是一个牛市信号。当佛罗里达出现霜冻天气时，橙汁期货价格一度暴涨。但是，随着远在南半球的巴西橙子的产量稳步增长，橙汁期货的价格逐步走稳。

某些交易者将季节性交易简化为日历交易。他们盯住历史数据，发现某个特定的市场应该在 3 月的第一周内买入，在 8 月的最后一周卖出，这是一种对技术的误用。从历史数据中找到某种有效模式很容易，但任何模式如果没有得到基本面或群体心理的证实，它很可能是由市场噪声引起的。季节性交易利用的是每年的波动，但你要谨慎从事。它们每年都在变化，季节性交易还必须经过技术分析的过滤。

7. 未平仓合约

所有的交易所都报告成交量，但期货交易所也报告未平仓合约，即任意一天的持仓量，通常在第二天报告。股市中的流通股数量一般不发生变化，除非公司增发了股票，或是回购了股份。在期货市场中，只要买家与卖家达成一致，一份新合约就产生了。如果买卖双方都平仓了，合约也就消失了。未平仓合约的数量每天都在变化，这一变化为我们提供了多空双方动向的重要线索。

每份期货合约都有一个买者和一个卖者，有一个赢家和一个输家。未平仓合约数量增加，表明有很多赢家进场。同样重要的是，它也表明有更多的输家进场，因为如果没有输家的钱，赢家也无钱可赚。未平仓合约数量的上升趋势表明交易双方均增加了投入，意味着上升趋势将延续。未平仓合约数量的下降趋势表明赢家正撤走筹码，而输家则接受亏损，正在退出游戏。未平仓合约数量下跌，表明趋势正在走弱，在你决定是否要兑现利润时，这条信息非常有价值。

8. 做空

经历了 1929 年股市的人，如今仍活跃在交易场中的已经很少见了，但是当年股市崩盘所带来的余波还在影响着我们。美国政府对那些因受到伤害而怒不可遏的大众做出回应。在诸多的立法中，其中一部法律试图根除那些邪恶的做空者，这些做空者被指控应为股市暴跌负责。美国政府颁布了《提价交易规则》。该法案规定，只有在股价上涨时方可做空。这样一来，邪恶的做空者就再也不能用卖单来打压那些无辜的股票了。他们只能做空那些正在上涨的股票。还能不能再制定一部类似的法律，禁止购买正处于上升的股票，只允许人们在股票下跌时才能买入股票，这不就可以防止牛市疯狂的发展吗？

为了迎合群体癫狂而通过一部恶法，《提价交易规则》即为一例。这部法律很短视，因为在熊市的下跌过程中，是做空者用兑现利润的方式阻止了股市的进一步下跌。在期货市场中没有提价交易规则。与股票交易者相比，期货交易者可以更舒服的做空。

在股市中，大多数人都在做多，极少有人做空。交易所每月都会公布空头净额，该数字一直是个位数。在期货市场中，空头净额经常是100%——每份多头合约都对应一份空头合约，因为如果某人买入一份在未来交割的合约，其他人就得卖给它一份在未来交割的合约，这就是做空。如果你想做期货，你就得熟悉做空。

9. 涨跌停板限制

股市现在有了自己的"熔断机制"，少数期货新手吃惊的发现，期货也有涨跌停板限制，超过这一限制价格就不能再交易了。涨跌停板制度旨在防止群体癫狂行为，让人们有时间重新思考他们的仓位，但该制度也有缺点。正如行人会撞在为保护他们而设置的交通路障上一样，交易者也会受困于涨跌停板制度。遭遇一连串的涨跌停板尤其恐怖，因为输家被死死套住，无力脱身，在此期间，他的账户也被逐渐侵蚀。

对涨跌停板制度的恐惧被极大地夸大了。这一制度主要在20世纪70年代的高通胀时期盛行，自那时起，市场已经平静了许多。如果你顺势交易，涨跌停板制度往往对你更有利。随着期货市场的全球化，更多的紧急出口开始出现，这让你有机会在其他地方平仓。一个优秀的交易者会提前找好自己的退路。最后一个要点是，正如我们在上文中推荐的裸期权卖者，期货交易者可以考虑开立一个"保险账户"，只不过，这一保险账户的规模要小得多。

迷你合约

那些资金规模较小的期货交易者有时会问，他们是该交易正常的合约，还是交易迷你合约呢。比方说，一份正常的标准普尔期指合约的是每点250美元，但一份迷你合约的大小只是它的1/5，每点为50美元。一份正常的英镑合约价值为62 500英镑，但一份迷你合约的价值只有其1/5，为12 500英镑。迷你合约的交易时间与正常合约相同，其价格紧随正常合约价格的变动而变动。

　　迷你合约的唯一优势是降低了风险，但其佣金占每笔交易的比例过高。交易新手可以用迷你合约练手，但完整的期货合约是更好的交易工具。

　　接下来该怎么做?　特维莱斯（Teweles）和琼斯（Jones）写的《期货交易实用指南》（*The Futures Game*）已经教育了几代期货交易者，一定要买最新的版本，该书每 12 年左右再版一次；托马斯 A. 海尔奈莫斯（Thomas A. Hieronymu）写的《期货交易经济学》可能是最深奥的一本期货著作，但该书早已绝版——你可以试着去图书馆复印一本来看；由 L. 迪·贝尔维尔（L. Dee Belveal）撰写的《商品期货市场价格行为图解》对成交量和未平仓合约进行了深刻的分析；由斯蒂夫·布里斯（Steve Briese）制作的录像《赢在内道》（*Inside Track to Winning*），介绍了交易员持仓报告，该录像带由我们公司出版发行。

资金管理公式

你是为了赚钱还是追求刺激而做交易的？你不用说，只需出示你的交易记录即可。你没有详细的交易记录？好吧，这本身已经说明问题了。如果你坚持做交易记录，那么你的资金曲线的斜率显示了你的认真程度。

大多数人进入市场是为了赚钱，但他们很快就迷失了方向，开始追逐一些个人的乐趣。交易游戏远比玩纸牌有意思得多，它可以满足你追逐财富和权力的梦想。人们交易是为了摆脱无聊或者是展现自己的聪明才智。有多少交易者，就有多少条神经质方面的原因，但只有一条现实——赚取比无风险投资（如国库券）更多的钱。

成功的交易建立在 3 个 M 的基础之上：理智、方法及资金管理。理智指的是交易心理，方法指的是市场分析，资金管理指的是风险管理。资金管理是成功的最重要因素。作为资金管理过程的一部分，你必须画出自己的资金曲线，它不但反映了你的理智状态，也反映了你的分析水准。

任何人都可能在某笔交易甚至是几笔交易中赚钱。即便是在拉斯维加斯的赌场中，你也会连续地听到有人中头彩时所发出的音乐声。硬币像水一样从"吃角子老虎机"里倾泻下来，发出阵阵悦耳的声音，但有多少玩家在回到自己的房间时是赢钱的呢？在市场中，几乎每个人都可以做出一笔好的交易，但很少有人能让资金持续增长。

资金管理就是你管理交易资金的技能。有人认为这是一门艺术，有人认为它是一门科学，实际上它是两者的混合体，科学在其中占主导地位。资金管理的目标是通过减少失败交易中的损失及最大化成功交易中的利润来积累资金。在你看到"通过"的绿灯亮起后穿越马路时，你仍然要左顾右盼，因为有些疯狂的司机会对信号灯不管不顾，向人行横道直冲过来。每当你的交易系统发出一个交易信号，资金管理的作用就像你在穿越马路时的左顾右盼一样。要想持续盈利，即便你有着最完美的交易系统，你也离不开资金管理的保护。

我曾经遇到一对由父子二人组成的成功的基金经理组合。在儿子十几岁时，父亲就开始培养他的商业才能。在周末，父亲会带儿子去赛马场，并给他10美元，用于支付他在那天的午餐费用和下注的本钱。这位父亲整天都与朋友们在一起，如果他的儿子有问题，可以过来问他，但再也得不到一分钱。他必须通过赌马来赚钱，如果想吃午餐的话，那就得管好自己的钱。研究障碍赛马（这是技术分析）、管理自己的赌注（这是资金管理）、等待最合适的时机（这属于交易心理），在儿子加入他父亲的团队管理对冲基金之后，这些努力终于得到了百万倍的回报。

一个好的交易系统会让你在市场中获得极大的优势，它为一系列的测试结果提供了一个正的期望值。一个好的交易系统能确保你在大量交易中盈利的概率超过损失的概率。如果你的交易系统能做到这一点，你就需要资金管理；但是，如果你的交易系统不能提供正的期望值，不管多好的资金管理方法都无法让你摆脱亏损的厄运。

例如：轮盘赌玩家的期望值就是负的。在美国，一个轮盘赌的转盘有38条插槽；在欧洲有37条，但只有36条可下注，因为剩下的一两条由赌场"拥有"。由于一条插槽约占一个转盘的2.7%，经过一段时间后，赌场就在每轮游戏中按此比率抽红，从而将玩家慢慢地榨干。有一种原始的资金管理方法，称为加倍下注法。玩家在一开始时只下最小的赌注，通常是1美元，在每次输掉后就加倍下注。因此，在理论上，当他们赢下最后一把的时候，他们不但会赚回所有的损失，还会盈利1美元，然后重新以1美元的赌注开始。在现实生活中，加倍下注法不起作用，因为赌场限制了最大投注量。一旦你的损失触及这一限制，加倍下注法就会因受限而失败。

与之相反的是，在21点游戏中，一个非常自律的玩家如果遵循一套经过验证策略，他的玩牌能力会比赌场略微高出一到两个百分点，有时会更高一些。这时，一个优秀的牌手需要使用资金管理，以保证其在手风不好时下较小的注，而在手风好的时候加倍下注。

一旦你有了一个期望值为正的交易系统，你必须制定自己的资金管理原则。务必遵循这些原则，就好像你的生活完全依靠这些原则一样，事实也的确如此。如果我们把钱赔光了，我们作为交易者的生涯也就结束了。

不管你的资金损失比例是多少，你必须赚更高的比例才能翻本。过去，我经常用一张汽车租赁公司的收据对此加以说明。这张收据显示，费用为70美元，折扣为10%，按10%的税率征税。你实际应付多少钱？如果你说是70美元，那你需要重读一遍课本了。70×（1-10%）=63美元，63×（1+10%）=69.30美元。如果先减去10%，再加上10%，你最终得到的结果会低于初始值。资本金的损失就像是坠入一个冰窟——你很容易向下滑落，要想爬出来却很难，因为冰窟的四壁太滑了。如果一个交易者的账户从10 000美元下滑至6 600美元时，他亏损了34%，而他必须再盈利50%才能重新回到10 000美元，一个刚刚损失了1/3资本金的交易者，想要赚50%，谈何容易？他正处于一个冰窟的底部，他要么就此出局，要么从外部获取新的资金，从头再来。问题的关键在于他是否能从失败中汲取教训。

市场就像一个柔软的角斗场。只不过在这一战场上，生命是用金钱来衡量的。无论是你的竞争对手、商家还是经纪公司，每个人都在拼命从你身上赚钱。亏钱很容易，赚钱却很难。

资金管理有两个目标：生存与发展。生存是第一位的，然后是努力实现稳定的收益，最后获得巨大的收益。交易新手一般都把优先次序搞反了。他们上来就想获取巨大的收益，却从未考虑长期生存的问题。将生存放在第一位会促使你专注于资金管理。严谨的交易者总是密切关注损失最小化及资金的增长上。

我所知道的一个最成功的资金管理者总是说他担心最后落得一个开出租车的结局。他的工程学学位已经过时了，他没有任何市场之外的工作经验，作为一个交易者，如果彻底失败，他的唯一的出路只能是开出租车。他已经赚了几百万美元，但仍然想尽一切办法来避免亏损。在我认识的人当中，他是最自律的一个。

数学盲请走开

在当今社会里，你不会算术也可以轻松生活。我们中的大多数人很少需要计算，都已经习惯使用计算器和设备上的数字显示屏。如果你能算出参加晚会客人的总数，或者算出一箱 6 罐的啤酒，在你们喝了 2 罐之后还剩几罐，那你的数学就算是不错的啦。就算你没有任何数学知识也照样可以度过一生。但在市场中却不是这样。

交易是一种与数字有关的游戏。如果你不会算术，你就不会交易。你不需要懂得微积分或代数，但你必须熟悉基本的数学运算——加、减、乘、除。此外，你需要计算百分比和分数，以及取整计算，从而加快计算速度。你还必须熟悉概率的概念。这听起来可能很简单，但大部分交易新手的算术水平如此之差、计算速度如此之慢，常常令我吃惊。所有的优秀交易者都精于计算。他们务实，反应敏捷，能够飞快地计算风险、收益及概率。

如果你是一个现代教育的受害者，需要借助于计算器才能算出 183.5 减去 26.75，或是 320 的 15% 的结果，情况又将如何呢？你需要自学了。你必须训练自己的数学能力。一种最简单的方法是在商店购物时用心算找零，估算总价。当你把钱递给收银员时，心算一下该找回多少零钱。坚持练习，尽量摆脱由现代消费社会带来的不需要计算的舒适环境。再读几本流行的概率论书籍吧。

挺麻烦的吧？是的。要花费很多时间吧？当然。学习心算绝非乐事一件，但它对你的交易成功很有帮助。

你的价格通道有多宽？止损点和目标利润的比例是多少？如果你想让自己账户所承受的风险低于 1%，而止损点距当前价位的点位为 1.25，那么，你应该买多少股？诸如此类的问题是成功交易的关键所在。如果能快速地回答这些问题，你将真正拥有无数业余玩家所不具备的优势。

📈 经营者的风险与损失

你还记得我们之前介绍过的例子吗？一个经营水果与蔬菜店的小商贩，他每天可以卖出几箱水果与蔬菜。如果他的批发商卖给他一箱新鲜的进口水果，他可能从上面赚钱；但是，如果当地人不喜欢这种水果，而这箱水果全部烂掉的话，就一箱水果不会对他的生意造成很大的伤害。这算是一种正常的经营者风险。

现在想象一下，他以极低的价格买了满满一卡车的这种水果。如果将这些水果全部售出，他就可以大赚一笔；但是，如果这些水果并没有卖掉，而是全部烂掉了，他的生意会因此严重受损，甚至有可能危及他的生存。一箱水果代表着一种可接受的风险，但满满一卡车意味着非常大的风险。经营者的风险与重大损失之间的差异在于它的规模与你的账户规模之间的相对大小。

经营者的风险让你的资金曲线处于正常的波动范围内，但重大损失会严重妨碍你的生存与发展。你必须对二者之间的关系进行明确界定，并绝不越雷池一步，资金管理的一项关键任务就是界定这一关系。

每当你买入一只股票并在其价格下方设置一个止损点，你就限制了每股价格所承受的风险。资金管理的规则对你在每笔交易中所面临的总风险加以限制，这让你只能拿出账户中很小一部分比例来冒险。如果你知道你在每笔交易中所承受的最大风险，也知道每股或每份合约中所承受的风险，那么，你将很容易算出股票或合约所需交易的份额。

资金管理规则对于你的生存和成功至关重要。很少有交易者能够严格遵守这些规则。在读书时，我们可以很容易地做出某种承诺；但当坐在屏幕前，一切都不一样了。"这次大不一样，这笔投资的利润毫无风险，我要给它一些特殊待遇"，市场总是诱使交易者打破他们所设定的规则。你能遵守自己设定的规则吗？

我最近受邀在一个基金经理的聚会上担当市场心理学讨论小组的主持。我的一个小组成员管理着将近10亿美元的资金。他是一位中年人，从20多岁时开始经商，从学校毕业后就在一个海军咨询公司工作。由于厌倦了自己的工作，他设计了一个交易系统。但缺乏足够的交易资金，因为这个交易系统最低资金要求是200 000美元。"我必须寻求他人的帮助，"他说，"我向他们借钱。一旦我向他们解释清楚我要做的事，他们把钱借给我之后，我就必须坚守我的交易系统。人得讲良心，偏离原有的交易系统是不道德的。我的贫穷反而帮了我。"贫穷更得讲诚信。

要想交易，你就必须承受风险。一个锱铢必较的人会因过于拘泥于得失而连单都不敢下。尽管你愿意接受风险，但你却不愿意接受重大损失。那什么才叫重大损失呢？

重大损失指的是违背百分比规则（即2%及6%规则）的损失　市场会以两种方式干掉交易者。如果你的交易资金是你的全部身家，市场会像鲨鱼一样将其一口吞掉，一次惨重的损失就将你淘汰出局了。市场还可以像一大群食人鱼一样将你一口口地咬死，尽管哪一口都不致命，但这些撕咬加在一起就会让你的资金账户消失殆尽。下面这两种资金管理规则就是为防止你遭受鲨鱼和食人鱼的撕咬而专门设计的。

2%的解决方案——防鲨网

在大多数资金账户上，那些重大损失显得异常醒目。当交易者对他们的交易记录进行回顾时，他们常常会发现，一笔可怕的亏损或者是连续几笔较大的损失对他们造成的伤害最大。如果他们能做到及早止损，他们的盈利会比现在高得多。交易者们梦想着盈利，但当他们面临着交易亏损时，却往往像被车头灯照住的鹿群一样，茫然不知所措。他们需要能够提醒自己何时跳出泥沼的规则，而不是在那盲目等待，祈祷市场反转。

只靠好的市场分析并不足以让你成为赢家。找到好交易的能力也不能保证你成功。如果你不能保护自己不受鲨鱼的突袭，你做的研究再多也不会给你带来任何好处。我曾经看过交易者连续做了20次、30次甚至是50次盈利的交易，但最终仍以亏钱而告终。当你连续赢利时，你会容易认为自己已经完全玩透了这种游戏。然后，一次惨痛的损失会将你的全部利润一扫而光，并会波及你的本金。你需要有效的资金管理来作为你的驱鲨剂。

一套先进的交易系统能够为你带来长期优势，但市场中充满了大量的随机性，任何单笔交易都是胜负各50%的概率。一个好的交易者期待着在年终时是盈利的，但是，当你问他下一次交易时是否会赚钱时，他会老老实实地回答："我不知道"。他用止损来防止那些重大损失伤害到自己的账户。

技术分析可以帮助你确定在何处止损，限制你的每股损失。资金管理规则可以帮助你保护整个账户。一条至关重要的规则是，将你的单笔交易损失限制在账户的一个很小的比例之内。

将你的每笔交易损失限制在账户自有资金的2%以内　2%规则指的仅仅是

你的交易账户。它不包括你的储蓄存款、房屋等资产、退休金账户或者圣诞储蓄。你的交易资金指的是专门用于交易的资金。这是你真正的风险资金，也是你经营交易企业的资本金。它包括账户中的现金及其等价物，再加上当前所持仓位的总市值。你的交易系统应该为你赚钱，而2%的规则可以让你在无法避免的亏损中生存下来。

假设你的交易账户上有50 000美元。你想购买当前市价为20美元的XYZ股票。你的利润目标是26美元，止损点设在18美元。你能买多少股XYZ股票呢？50 000美元的2%是1 000美元，这也是你能承受的最大风险。在20美元买进，并在18美元设置止损点，则你的每股风险为2美元。用可承受的最大风险除以每股风险，就得到你可以购买的股票数量。1 000美元除以2美元，结果为500股。这是理论上的最大股数。在实践中，这一数目应该更低一些，因为你必须支付佣金，还要为滑点亏损所带来的影响做准备，所有这些费用加在一起不应超过2%。因此，此次交易的上限应该是400股，而不是500股。

我注意到，人们对2%规则的反应迥异。那些经验不足的交易新手认为这个比率过低。在最近的一次研讨会上，有人问我对于规模较小的账户来说，2%规则是不是可以再提高一点。我的回答是，如果你去蹦极，将绳索放长一段恐怕没什么好处。

与之相反的是，专业交易者常常认为2%过高了，他们尽量想使风险更低一点。最近，一位非常成功的对冲基金经理告诉我，他计划在接下来的6个月中加仓。他在单笔交易中承受的风险从未超过资本金的0.5%——现在极力说服自己将风险比例上升到1%！优秀的交易者很愿意待在远低于2%的限制之下。不管什么时候，只要业余选手和专业交易者的意见相左，你应当清楚该站在哪一边。尽量使你的风险低于2%，这就是你能承受的最高风险。

每当你发现一个潜在的交易机会时，都要检查每手股票或每份期货合约的合理止损点是否满足2%规则。如果哪笔交易要求你拿出更多的资金来冒险，请放弃这笔交易。

请在每个月的月初检查你的账户上的资金情况。如果在月初时你的账户上有100 000美元，那么2%规则只允许你在每次交易中冒不超过2 000美元的风险。如果你在上个月表现不错，你的资金上升至105 000美元，那么你在下个月的

2%限制是多少钱呢？请快速回答！记住，一名优秀的交易者一定要会算账！如果你的账户上有105 000美元，2%规则将允许你在每次交易中冒不超过2 100美元的风险，你可以略微扩大一点交易规模。反之，如果你在上个月表现不佳，资金降至95 000美元，2%规则会将你在下月交易中所冒风险的金额限制为1 900美元。如果你表现优异，2%规则将允许你扩大交易规模。而如果你表现不佳，它又会强制你减少交易规模，这就将你的交易规模与交易业绩联系在一起。如果你有好几个交易账户，比方说，一个股票账户，一个期货账户。你又该怎么做呢？在那种情况下，你应当在每个账户上独立使用2%规则。

期货——用电子表格交易效果更好

我们来想象两个交易者——兔子先生和乌龟先生。他们各有一个50 000美元的账户，正在观察两个期货市场——标准普尔500股指期货和玉米期货。机敏的兔子先生注意到，标准普尔500股指期货的日平均波幅约为5点，每个点价值250美元。玉米的日平均波幅约为5美分，1美分代表着每份合约的价值为50美元。他很快算出，哪怕只能抓住日平均波幅的一半，他就可以在每份标准普尔500指数期货中赚500美元，而使用相同水平的技巧，他在每份玉米期货合约中只能赚100美元多一点。于是，兔子先生打电话给他的经纪人，买入两份标准普尔500指数期货合约。

但是，谨慎的乌龟先生却有着不同的算法。首先，他使用2%规则算出自己的账户所能承受的最大风险为1 000美元。在标准普尔500指数期货的交易中，每天只用1 000美元这样小的账户来进行交易，如同去抓一只个头庞大，但尾巴非常短的老虎一样。与之相反，如果交易的是玉米期货，他就能坚持更长的时间。这只"老虎"要小一些，而且有一条长尾巴，长到可以在他的手腕上缠几圈。于是，乌龟先生买入了一份玉米期货合约。从长期来看，兔子先生和乌龟先生谁将取得长期的胜利呢？

在确定哪些期货市场可以交易，哪些期货市场不可交易时，你需要将你的资金与近期的市场波动水平进行比对。首先，算出你的账户资金的2%。用安全区域指标来测度波动水平，计算出其22日EMA（指数移动平均线），并将结果转换为具体的金额。不要在任何平均波动水平高于你账户资金的1%的期货市场中交易。如果你遵守这一规则，你所选择的交易市场相对比较稳定，在这样的市场中，你可以比较安全地设置止损。为什么是1%，而不是2%呢？因为2%止损一定大于市场的平均波动水平。

表7-1中电子表格的第一列是各种期货市场，第二列是每份期货合约的价格，第三列是当前的安全区域指标，第四列是用安全区域指标乘以2，第五列是账户资金的2%，在本例中，账户资金为30 000美元。表中的最后一列对两倍的安全区域指标与2%的账户资金进行了比对。如果后者大于前者，则该市场适合交易。

表 7-1　通过电子表格选择适合交易的市场

期货交易品种	单价	安全区域指标	安全区域指标乘以2（再乘以单价）	30000美元的2%	是否适合交易
债券	$1 000	0.33	$660	$600	否
欧元	$2 500	0.09	$450	$600	是
标普指数	$250	10.00	$5 000	$600	否
瑞士法郎	$1 250	0.40	$1 000	$600	否
日元	$1 250	0.38	$950	$600	否
德国马克	$1 250	0.26	$650	$600	否
加元	$1 000	0.21	$420	$600	是
糖	$1 120	0.11	$246	$600	是
棉花	$500	0.63	$630	$600	否
咖啡	$375	1.70	$1 275	$600	否
可可	$10	24.00	$480	$600	是
无铅汽油	$420	1.84	$1 546	$600	否
民用燃料油	$420	2.11	$1 772	$600	否
原油	$420	0.76	$638	$600	否
白银	$5 000	0.09	$900	$600	否
黄金	$100	1.80	$360	$600	是
铜	$250	1.05	$525	$600	是
小麦	$50	2.60	$260	$600	是
玉米	$50	2.50	$250	$600	是
大豆	$50	6.50	$650	$600	否
豆油	$600	0.30	$360	$600	是
豆粕	$100	2.60	$520	$600	是

表7-1中的数据是我写作本书时的当前值，但该数据需要每月更新，因为市

场的波动性在不断变化，而安全区域也会随之变化。交易时会对期货合约进行修改，变动期货合约的单位价值。这张表格只是一个范例及分析的起点。要做好功课，代入最新的数据，并找出适合你与不适合你交易的期货合约品种。

如果你没有足够的资金交易某个期货，你仍然可以下载该期货的相关数据，认真做好功课，像投入了真金白银一样对其并进行模拟交易。当你做好了充分的准备，而你的交易账户已经变得足够大，或是某个市场变得足够平静时，你就可以随时杀入该市场了。

6% 规则——防食人鱼

机构交易者的整体表现远比个人交易者好得多，这一点常常让我迷惑不解。一般来说，个人交易者年纪在 50 岁左右，已婚，受过大学教育，通常有自己的公司，或者是某个领域的专家。你会认为这些思维缜密、能熟练使用计算机，整日读书的人的表现会远胜那些年纪在 25 岁上下、只知道打闹的年轻人，他们只接受过最低程度的培训的，在大学时只会打球，从大三开始后就没怎么读过书。实际上，大多数个人交易者的交易生涯也就是个把月，而机构交易者则年复一年地为他们的公司赚大钱。这是因为他们反应灵敏吗？并非如此，因为年轻的个人交易者被淘汰的速度和年老的交易者一样快；机构交易者能赚钱，也和培训机会无关，因为大多数公司都不怎么提供培训机会。

那些为公司赚了大笔钱的机构交易者有时会决定自立门户。他们从公司辞职，租用同样的交易设备，使用同样的交易系统进行交易，他们还与同行保持着密切联系——最后却以失败告终。几个月之后，这些一时冲动的人大多数又会回到猎头公司的办公室，寻求一份操盘的工作。为什么他们在公司干的时候能赚钱，自己出去单干的时候却赚不到钱呢？

当一个机构交易员离开了公司，他也就离开了他的经理，离开了那个帮他掌握纪律和控制风险的人。经理为每个交易员的每笔交易设定了最大风险，这类似于某个个人交易者可以采用的 2% 规则。公司掌管的资金规模巨大，从绝对美元的数量上来看，其风险上限显得非常的高，但其占总资本的百分比却很小。如果机构交易员超过这一风险上限，他就会被辞退。个人交易者可以违反 2% 规则，并将其隐瞒起来，但投资公司的经理却会像鹰一样一直盯着这些交易员。个人交易者可以将交易确认单扔进鞋盒里，但经理很快就会把那些容易冲动的交易员开掉，他使这些交易员免于灾难性的损失，而正是这种灾难性的损失使许多个人账户遭受灭顶之灾。

此外，经理还为每个交易员设置了每个月的最大允许亏损额。当某个交易员达到这一亏损水平时，他会在那个月的剩余时间内被暂停交易权利。我们总会经历周期性波动，有时，我们的表现与市场完全同步，交易一笔成功一笔，似乎有着点石成金的魔力；在另一些时候，我们的表现与市场完全不同步，交易一笔就失败一笔。你可能认为你的手热得发烫，但当你持续亏损时，其实是市场在用它的语言告诉你，你的运气已经没了。

许多交易连连失败的个人交易者试图通过不断的交易来挽回败局。失败者认为下一笔成功的交易指日可待，他就要转运了。他不断增加交易次数，并扩大其交易仓位，而他所有的行为只不过是在自掘坟墓。明智的做法应该是，减小交易仓位，并停下来检验一下自己的交易系统。投资公司的经理在其交易员达到当月最大亏损限额时会强迫他们停止交易。想象一下，在办公室里，你的同事们都在不停地交易，而你不是在削铅笔，就是跑出去帮他们买三明治。交易者们会想尽一切办法来避免这种情况的出现。这种社会性的压力形成了一种强大的防亏损激励机制。

我有一个朋友曾经在伦敦管理过一个交易部门，他的团队中有一个非常棒的女交易员。有一次，她连连受挫，刚到月中就迫近了亏损的上限。我的朋友知道，他必须取消这位交易员的交易权利，但因为她极度敏感，所以我的朋友不想伤及她的面子。他为她在华盛顿找了一门资金管理的课程，然后派她在这个月剩下的时间里去学习。大多数经理可没这么温柔。温柔也好，严苛也好，月度亏损限额使得交易员们免受食人鱼的撕咬——一连串的小损失加在一起，就是一场灾难。

食人鱼是一种热带淡水鱼，比人的手掌稍大一点，生有一排锋利的牙齿。它看起来没啥危险，但如果有一个人或一只猴子无意中跌入河里，成群的食人鱼就会聚集上来，对受害者不停地撕咬，直到其粉身碎骨为止。如果一头牛走到河里，它会受到食人鱼的攻击，几分钟后，河里就只剩下一副牛骨架了。交易者用

2%规则抵挡鲨鱼的攻击，但他还需要用6%规则来保护自己免受食人鱼的撕咬。

无论何时，只要你账户上的资金余额相比上个月月末价值下跌6%，在当月剩余时间里，你应该停止交易　你应该每天计算资金总额，这些资金包括账户中的现金、现金等价物以及全部敞口当前市值。只要你的资金相比上个月最后一天资金余额下跌6%，你应该马上停止交易。平掉所有的仓位，并在当月剩余的时间里作壁上观。但你应该对市场继续进行监控，跟踪你中意的股票和指标，如果你愿意的话，还可以做些模拟交易。检查你的交易系统，要弄清楚，你这一连串的损失只是一次意外呢，还是你的交易系统本身有缺陷呢？

那些离开公司的交易者知道怎么交易，但他们的纪律来自于外部，而不是内部。一旦离开了经理，他们很快就开始赔钱。个人交易者没有经理。这就是你需要有自己的自律系统的原因。2%规则使你免于灾难性亏损，而6%规则会让你避免遭受连续的亏损。6%规则可以强迫你做那些大多数人自己做不到的事情——避免连败。

把6%规则和2%规则结合起来使用，就像你有一个自己的交易经理一样。让我们来看一个应用这些规则的例子。尽管我们在现实中会尽量冒更小的风险，为方便起见，假设我们每次只拿资金的2%去冒险。

在月末，某个交易者对他账户上的资金进行计算，发现他有100 000美元，而且没有敞口仓位。他写下下个月所能承受的最大风险数额：对每笔交易来说，这笔数额是100 000美元的2%，2 000美元，对整个账户来说，是100 000美元的6%，6 000美元。

几天之后，这个交易者发现一只极其诱人的股票A，在确定在何处设置止损之后，他做了一笔多头头寸，拿出了2 000美元（或资金总额的2%）来承受风险。

几天以后，他又看上了股票B，并做了一笔类似的交易，拿出另外的2 000美元来冒险。

到了周末，他又看好了股票C并买进，又承受了2 000美元的风险。

下一周，他又看上了股票D，它看起来比上面说到的三只股票更诱人。他应该买进吗？不，因为他的账户已经承担了6%的风险了。他已经持有三个仓位，每个仓位都承受了2%的风险。也就是说，如果市场对他不利的话，他将亏损

6%。6% 规则会禁止他在这个时候承受更多的风险。

　　几天之后，股票 A 开始上涨，交易者把止损点移动到盈亏平衡点之上。而股票 D，这只在几天前还不允许交易的股票，现在看起依旧诱人。他现在可以买进这只股票了吗？是的，可以了，因为他现在承受的风险只占账户资金的 4%。2% 的风险在股票 B 上，而另外 2% 的风险在股票 C 上，但股票 A 现在没有风险，因为其止损点在盈亏平衡点之上。交易者买入股票 D，又承担了 2 000 美元的风险。

　　在这周的晚些时候，交易者发现了股票 E，它看起来极有可能上涨。他应该买进这只股票吗？按照 6% 规则，他不应该买进该股票，因为他的资金账户已经在股票 B、股票 C 和股票 D 上承受了 6% 的风险（他在股票 A 上不承受任何风险），他必须放弃股票 E。

　　几天后股票 B 下跌，触及其止损点。股票 E 看起来依旧诱人。他应该买进该股票吗？不应该，因为他已经在股票 B 上亏损了 2%，而他在股票 C 和 D 上还承受着 4% 的风险，此时再增持一个仓位的话，他本月承受的风险将超过其资金账户的 6%。

　　6% 规则将保护你不受食人鱼的伤害。当它们开始撕咬你的时候，你一定要从水里出来，不要让那些凶残的家伙将你慢慢地咬死。如果你每笔交易所冒风险少于 2% 的话，你可能同时持有三个以上的仓位。如果你每笔交易的风险只占资金账户的 1%，在达到 6% 的最大限额前，你可以持有 6 个仓位。6% 规则会保护你账户上的资金。其依据是你的账户在上个月月末的资金余额，但不应考虑本月所获得的额外利润。

　　如果你带着一笔较大的浮动盈利进入一个新的月份时，你就必须重新设置你的止损和交易规模，以确保每一笔交易的风险敞口不超过新资金总额的 2%，而整个交易账户的全部风险敞口不超过新资金总额的 6%。无论何时，只要你的交易一帆风顺，你账户上的资金价值在月底有所上升，6% 规则让你在接下来的一个月里可以交易规模更大的仓位。如果你的表现不佳，你账户上的资金规模会缩小，这会削减你在下个月的交易规模。当你的交易连续赢利时，6% 规则会鼓励你增加交易仓位，而当你出现连续亏损时，6% 将使你停止交易。如果市场走势对你有利，你将把止损点移动到盈亏平衡点之上，然后增持更多的仓位。如果你的股票或期货的走势对你不利并触及止损点，你将会亏损掉当月最大的可亏损限额并停止交易，你账户上大部分资金得以保全，可以在下个月进行交易。

2%规则和6%规则为金字塔式加仓法（增加正在赢利的仓位）提供了指南。如果你买入了一只股票，它开始上涨，然后你将止损点移动到盈亏平衡点之上，只要新仓位的风险不超过你账户上资金的2%，而且整个账户的风险小于6%，你就可以购进更多的同一只股票。将每一次加仓看成一次独立的交易。

大多数交易者都会经历情绪的波动，在行情高涨时，他们会得意忘形；在行情走低时，他们会感到情绪低落。如果你想成为一名有纪律的交易者，2%与6%规则会将你的美好意愿转换为安全交易的现实。

📈 设定交易仓位的规模

几年前，当地的一家股票交易公司的老板要求我给他的交易员们做一次心理学培训。当听说一个精神病医生要来的时候，他们都感到非常震惊，并大声抗议说："我们没疯！"这个培训班最后还是如期举行了，因为经理让那些表现最差的交易员必须参加。一旦我们开始见面，并将注意力集中于心理学和资金管理时，情况就大为改观，6个星期以后，第二组申请参加培训班的名单送过来了。

这家公司使用一套专门的日间交易系统。这套系统非常棒，该公司的两个最好的交易员可以用这套系统为公司每个月赚100多万美元。其他的交易员也使用同一套系统，但赚得没这么多，还有相当多的人赔了钱。

在我们一开始进行的一次研讨会上，一个交易员抱怨说他在过去的13天中天天都赔钱。他的经理也在旁听，保证这名交易员的确是按照公司的系统进行交易，但什么钱都没赚到。首先，我这样说道：对于每一个连续亏损了13天，还有勇气在第二天来到公司，并且继续交易的交易员，我都应该向他们脱帽致敬。然后，我问他一共交易了多少股，因为公司为每位交易员都设置了一个交易的最大限额。公司允许这位交易员一次最多交易700股，但如果他遭遇连续亏损，这一限额自动降为500股。

我告诉他将交易数额降到100股，一直到他在两个星期中盈利的日子多于亏损的日子，而且总体上是盈利为止。一旦他扫清了这一障碍，他就可以将交易限额提升至 200 股。然后，在下一个两周的盈利期后，他可以将交易限额提升至 300 股，以此类推。每经过两周的盈利周期，他就可以将交易限额提升 100 股。如果他有一周是亏损的，他就得将交易限额下调至前面的一级，直到再盈利两周为止。换言之，他必须从小规模交易开始做起，慢慢地增加交易规模，如果再出现问题，立刻减少仓位。

那个交易员大声抗议道，100 股不够。这样的话，他什么钱也赚不到。我告诉他不要自欺欺人了，因为规模更大的交易仓位也没让他赚到钱，他勉强接受了我的计划。当我们在一周以后再次碰面时，他报告说他在这 5 天中已经有 4 天盈利，而且整体是盈利的。由于交易仓位非常小，他赚的钱并不多，但他已经确立了领先优势。在接下来的一周里，他继续赚钱，然后交易仓位上升到 200 股。在下一次研讨会上他问我："你认为这算一种心理问题吗？"学员们沸腾了。为什么一个交易者可以在交易 500 股时亏损，而在交易 100 股或 200 股时却能赚到钱呢？

我从口袋中掏出了一张 10 美元的钞票，然后问道："有没有人愿意爬上会议室里那张又长又窄的桌子，然后从一头走到另一头，谁这么做，那张钞票就归谁。"几只手举了起来。"等一下，"我说，"我还有一个更好的提议。只要有人和我一起爬到我们所在的 10 层办公大楼的楼顶，然后沿着一条同这张桌子一样宽的、横跨大街的木板走到街对面的 10 层大楼的楼顶上去，我就给他 1 000 美元现金。"这次，没有人举手。

我开始怂恿这个组的组员："那条木板和我们的会议桌一样宽，一样结实，我们可以选一个无风的日子，然后我可以当场支付这 1 000 美元。这一技术难度和走过会议桌差不多，但报酬却高得多。"仍然无人响应。为什么呢？因为如果你在会议桌上失去平衡，只需要跳下一两英尺（1 英尺 =0.304 8 米）的高度就会落在地毯上。但是，如果你在两幢大楼的楼顶之间失去平衡，你就会跌到柏油路上，落得个粉身碎骨。

一旦风险等级上升，我们的表现能力就会下降。新手通常会在小金额交易时赚钱。他们获得了一点经验和信心，然后就开始加仓，也就开始亏损。他们的交易系统并未发生变化，但更大的仓位令他们略显僵化，思维也略微迟钝。大部分新手都想着快速成功，但往往是欲速则不达。

除此之外，过度交易指的是交易对你来说过大的仓位。那些低水平的期货交易者试图寻找最低保证金要求的经纪公司。如果黄金交易的最低保证金要求是2 000美元，一个账户中有10 000美元的野心勃勃的交易者就有可能会买进5份合约。每份合约为100盎司黄金，只要黄金价格波动1美元，他的账户就会波动500美元。如果黄金的走势向不利于他的方向发展，他就彻底完蛋了；如果黄金的走势对他有利，这个交易新手就确信自己发现了一条赚钱的新方法，他会继续不顾一切地交易，直到在下次交易中破产出局。

那些寡廉鲜耻的经纪人却鼓励过度交易，因为这会产生大笔的交易佣金。有些美国以外的股票经纪人会提供一种10倍的杠杆，这一杠杆允许你支付1美元来购买价值10美元的股票。有些外汇交易商提供的杠杆高达100倍。

当一个带着水肺的潜水员从船上跳入水中时，他的氧气罐上接有一个名为章鱼的装置。这套装置包括几条管子，一条伸进他的嘴里，另一条伸到他的潜水衣中，还有一条伸到一个显示他的氧气瓶中还剩下多少氧气的仪表。如果他下潜得过低，他就没有足够的氧气返回到水面，这也是潜水对于新手和性格鲁莽之人来说是一项性命攸关的运动的原因。

进行一笔交易，就像是潜入水下寻找宝藏。在海洋底部的岩石下面埋着黄金。当你进行海下掘金的时候，务必要随时注意你的气压计，在不危及你生命的情况下，你带回多少黄金呢？海洋底部四处散布着那些发现了巨大机会的潜水者的遗骸。

专业潜水者应当首先考虑的是剩余的氧气量。如果今天他没有挖到黄金，他可以明天再来挖。他所需要做的是先保证生存，然后再次回来潜水。新手的自杀是因为氧气耗尽。海底下那些免费黄金的诱惑实在是太强烈了。免费的黄金！这让我想起了一句俄罗斯的谚语：世界上唯一免费的东西是捕鼠夹上的奶酪。

在非洲的某些部落，人们将一些美味的食物放进一个细颈的罐子里，然后把罐子拴在地上的树桩上，用这种办法来抓猴子。猴子将爪子伸进罐子里，抓住一小块食物，但它的爪子却拿不出来，因为只有将爪子张开才能通过罐子那狭窄的颈部。当猎人过来抓它的时候，猴子的爪子还在紧紧抓着罐子里的诱饵。猴子被抓是因为贪婪，抓住以后就不想松手。当你试图进行一笔大交易却不设止损点时，请想想这个故事。

一个专业的交易者需要很强的资金管理技能。所有成功交易者的生存及壮大都要归功于他们的纪律。2% 规则会让你免于鲨鱼的袭击，而 6% 规则将帮助你防范食人鱼的攻击。然后，如果你有一个差强人意的交易系统，你就在这一游戏中取得领先的优势。

📈 资金管理步骤

过度交易——做那些相对于你的资金账户来说过大的交易是一个致命的错误。交易新手急于赚钱，而严肃的交易者先考虑风险。如果你先从小规模的交易开始，专注于交易质量，你就会成为一个很好的交易者。一旦你学会了交易——寻找合适的交易机会，进场，设定止损点与利润目标，然后获利离场。此时，你就可以适当增加仓位，并获得可观的收入。

最近有个交易新手来找我，他是一个 42 岁的商人，他厌倦了剧烈的商业竞争。他将生意交给他的妻子打理，而自己则全身心地投入到投资中。他的资金总是在盈亏平衡点周围打转，交易量通常在 100 ～ 1 000 股之间。他经常在一些小单上赚上那么几笔，然后在一笔大交易中将利润悉数奉还。

我告诉他，他的表现已经相当好了，大部分交易新手都是亏损的，他并未赔钱。然后，我给他开了一个标准的处方——一开始先交易 100 股，这是最少的交易手数，如果能做到赚钱的次数多于赔钱的次数，而且总体能够盈利，他就可以提高这一数额了。对一个日间交易者来说，这一阶段应该是两周；对于长线交易者来说，这一阶段应该是两个月。一旦你实现了一个盈利周期，你就可以将你的交易规模从 100 股提升至 200 股。如果你又一次实现了一个盈利周期，你就可以把 200 股提升至 300 股。如果你经历了半个亏损周期（对日间交易者来说，这一周期为一周，而长线交易者则是一个月），你需要回到之前的交易规模，重新开始计算。如果你交易的是期货，用 1 份合约代替 100 股。前进的速度要慢，而撤退的速度则要快。

在他的那本具有里程碑式意义的《投资组合管理公式》一书中，拉尔夫·文斯（Ralph Vince）介绍了最优的 f 值的概念，即为了获取最大的长期收益，你的资金账户与你在每笔交易中所承受的风险之间的最优比例。这本书对数学的要求很高，但其内容最终可以归结为以下几点：每笔交易都有一个最优的 f 值；你的风险会以算数级数减少，而利润则以几何级数减少；如果你下注的比例高于 f 值，你肯定会破产。最优的 f 值随着每笔交易的不同而不断变化，也很难计算。它在长期内可以提供最高的收益，但它也会给交易者带来惨痛的损失，其损失可能超过账户上资金的90%以上。谁会有勇气使用一个把自己账户上的资金从100 000美元变成9 000美元的交易系统呢？最优的 f 值的主要价值在于它告诉了我们这样一个简单的道理：如果交易的仓位过大，我们就会毁灭自己的账户。最优的 f 值是一条边界线，跨过这条界线，你就进入了雷区。要远离雷区，在最优的 f 值之下进行交易。

交易新手喜欢先考虑利润，这其实是本末倒置。应该反过来思考，首先考虑风险。问一下自己，如果你遵循2%规则和6%规则，你能承受的最大风险是多少？

下面是正确的资金管理步骤：

（1）在月初，计算你账户上的资金价值——你的现金及其等价物和所有未平仓头寸的总值。

（2）计算资金总额的2%。这是你在每次交易所能承受的最大风险。

（3）计算资金总额的6%。这是你在每月所能损失的最大值。如果损失超过了6%，你要平掉所有的仓位，在当月剩下的时间内不再交易。

（4）对每笔交易都要确定好进场点和止损点。用货币金额来表示每只股票或每份合约的风险的大小。

（5）把你账户上资金总额的2%除以每股风险，以求出你可以交易的股票或合约的数量。如果要取整的话，一定要向下取整。

（6）计算全部未平仓合约的风险，计算方法是用进场点与当前的止损点之间的价差乘以股票或合约的数额。如果总风险小于等于账户资金的4%，你可以再增加一个仓位，因为新增的仓位会增加2%的风险，这使得总风险达到6%。记住，你不是一定要在每笔交易上冒2%的风险，如果愿意的话，你可以承受更小的风险。

（7）只有当上面所有条件均得到满足时，才开始交易。

确定交易规模大小的依据是你能拿出多少钱来冒险，而不是你要赚多少钱。遵循 2% 和 6% 规则，如果你在某个月的表现特别好，你所做的大部分交易都是盈利的，你的止损点将设置在盈亏平衡点之上，这样的话，你可以继续加仓。你甚至可以使用保证金交易。这种资金管理系统的妙处在于，当你的表现不佳时，它能帮你减少损失；而如果你手气正盛时，它又可以帮你开足马力。

在月初，如果你没有未平仓合约，2% 和 6% 这两个数字很容易计算。如果在月初有未平仓合约，要计算你账户上的资金总额即全部未平仓合约的最新市值加上所有的现金或货币市场基金。根据这一数值来计算 2% 和 6%。如果你的未平仓合约的止损点已经移至盈亏平衡点之上，你的资金没有风险，你可以寻求新的交易。如果你的止损点还在盈亏平衡点之下，你需要计算所承受风险的比例，并将其与 6% 进行比对。用这一数字与 6% 相减，所得到的结果会让你知道你是否应该进行新的交易。

如果你同时交易期货、股票与期权，你应该如何使用 2% 和 6% 规则呢？首先，交易新手应当只专注一个市场，成功以后再追求多样化。如果你同时在几个市场进行交易，你需要开立多个独立的账户，将每个账户看成是独立的交易主体。比方说，如果你在股票上的投资是 60 000 美元，在期货上的投资是 40 000 美元。你要计算 60 000 美元的 2% 和 6%，将其应用于股票交易上；再计算 40 000 元的 2% 和 6%，将其应用于期货交易上。如果你的账户不止一个，你要根据交易规模来分配与交易有关的费用。

记住，要想在市场中取胜，你的交易系统和资金管理系统都得十分出色才可以。

Part 3

走进我的交易室

在其成长历程中，交易者会要经历几个阶段。很多交易新手将交易看成一种机械的工作。他们认为，只要能找到正确的随机指标，或是找到移动平均线的合适的长度，就大功告成了。他们很容易成为那些机械的交易软件销售专家的猎物。

而那些从市场的血雨腥风中冲杀出来的人则认识到，心理因素（诸如乐观态度或怀疑精神、贪婪或交易恐惧症等）远比技术指标更重要。他们开始研究风险控制的重要性。我经常在各个会议中遇到这样的人，他们的技术分析水平不错，对心理学也略知一二，但总觉得还欠缺什么东西。由于他们做不到持续盈利，因此还不能放弃朝九晚五的工作。他们下一步该怎么办？

一旦你对技术分析有了深入的了解，遵循资金管理的原则，也了解交易心理学的价值，你就需要发展出新的组织能力。你已经具备了成功的基石——现在到了你构建成功交易框架的时候了。

　　一个认真的业余玩家要想变成专业的交易者，其中没有任何魔法可言。这里我提供的是一种方法，一种帮助你紧张而又专注的工作，最终让你跨入职业交易场的方法。

有条理的交易者

一个成功交易者最重要的特征是什么？高智商？也不尽然，尽管基本的智力水平是交易的必要条件。良好的教育？也不完全，很多交易高手连高中都没念完。所有成功者的共同特点是高度的自律。怎样衡量你的纪律性水平并不断增强它呢？你可以通过几套交易记录来学习并保持你的纪律水平。

做好交易记录对你的成功至关重要。如果你能坚持一丝不苟地做好交易记录，不时回顾这些交易记录并认真学习，你的表现会越来越好。如果你的资金管理系统也已经就位，能确保你在学习过程中的生存，那你一定会成功的。

我的话听起来掷地有声，但我的经验可以证明这一观点。在多年来为交易者训练营授课的过程中，我发现，所有认真做交易记录的人，要么已经成为成功的交易者，要么很快就成为成功的交易者。我发现女生的记录比男生做得要好，这也是女性成功者的比率高于男性成功者的原因之一。

对成功来说，做好交易记录远比任何交易指标，交易系统或技术工具都来得重要。即使是最好的交易系统也有漏洞，但是好的交易记录能让你找到这些漏洞，并弥补之。作为一个交易者，只要他能做好详细的交易记录，他就已经在成长过程中早早走在了前面。

每当我看到一个认真做交易记录的交易者，我就认定他会是一名优秀的交易者。

表现不好的交易者的交易记录也差。不能以史为鉴的人，注定要重复错误。"我遭受过打击，被人羞辱，被唾弃，被辱骂——我还在坚持的原因就是我想知道接下来会怎样。"好的交易记录能让你从历史中学习，而不是整日地苦苦挣扎。当市场打击你的时候，交易记录会告诉你打击来自何处。下一次，你就会换一条路，避免重蹈覆辙。你也可能会遇到其他类型的麻烦，但只要你坚持下去，你就不会再犯错误。务必确保你的资金管理系统到位，这样你的资金就不会在学习过程中损失殆尽了。当你开始盈利的时候，你的交易记录会告诉你是如何盈利的，这有助于你重复成功的经验。好的交易记录会减少猜测的工作，使你的交易更专业。

你还记得大学做的大量笔记吗？教育者认为，记笔记是学习过程的关键部分。如果你正在苦苦挣扎之中，你必须开始记笔记。一旦你成为一名成功者，你也要坚持记笔记。因为这将是你交易过程中的关键因素。做交易记录是一件耗时费力的事情。如果你累了，或是厌倦了，想放弃，你应该将这一行为看作一个明显的信号，就像你是在赌博，而不是在交易。你的交易记录是检验你的交易生涯是否严肃的试金石。

一个交易者需要4种交易记录：其中3种用来回顾过去，1种用于展望未来。交易者的电子表格、资金曲线与交易日记会帮助他对过去的表现进行回顾。电子表格对每笔单独的交易进行打分，资金曲线追踪账户的整体表现，交易日记则反映了你的决策过程。第4种记录是提前一天做好的交易计划。保持这4种交易记录，你就走在了可靠的、专业化的成功交易之路上。

📈 交易者的电子表格

做好正确交易记录的第一步是建立一个电子表格，记录你的所有交易。电子表格的每一行记录了一笔新的交易。每一列记录了交易的详细情况，或是对你交易的打分情况。下面这些比较常见地在交易者的电子表格中：

1. 交易编号（按进场顺序列出所有交易）
2. 进场日期
3. 多头还是空头
4. 代号（股票代码）
5. 交易规模（股票数额）
6. 进场价格
7. 交易佣金

8. 杂费

9. 费用合计（进场价格 × 交易规模＋交易佣金＋杂费）

10. 价格通道（每天在日线图或你用来记录中周期的任意图表上记录价格通道的高度，待交易结束后，用它来为你的交易打分）

11. 出场日期

12. 出场价格

13. 交易佣金

14. 杂费

15. 费用合计（出场价格 × 交易规模＋交易佣金＋杂费）

16. 损益情况（如系多头，则用第 15 列减去第 9 列；如系空头，情况正好相反）

17. 进场表现得分（说明如下）

18. 出场表现得分（说明如下）

19. 交易总得分（说明如下）

你可能得多加几列。比方说，你可能需要记下实施该笔交易的系统名字，最初设置的止损点、滑点损失（如果可能的话）。你还可以让电子表格显示多个出场价格，记录出场的原因，如达到了利润目标或触及止损点，或是因缺乏耐心等。你也可以利用电子表格迅速概括出损益情况，或显示每个市场或每个交易系统的输赢次数。你还可以用电子表格显示每个市场或交易系统中每笔交易损益情况的平均值、最小值及最大值等。

进场表现得分（17） 对你当天的进场表现进行打分，它表示为当日价格波幅的百分比（用进场价格与最低价格的差额，再除以当日的价格波动范围）。比方说，如果当日最高价是 80 美元，最低价是 76 美元，你在 77 美元买入，那么你的进场表现得分为 25 分。这意味着你的买入价落在当日波幅最低的 25% 之内。如果你在 78 美元买入，你的得分为 50 分。你的进场表现得分越低越好。如果你的进场表现得分一直很高，这将是灾难性的。尽量将进场表现得分控制在 50 分以下。这看似不难，但要做到这一点却不容易。

出场表现得分（18） 对你当天的出场表现进行打分，它表示为当日价格波幅的百分比（用出场价格与最低价格的差额，再除以当日的价格波动范围）。比方说，如果当日最高价为 88 美元，最低价为 84 美元，你在 87 美元卖出，你的出场表现得分为 75。这意味着你的卖入价落在当日波幅的 75% 之内。如果你在 86 美元的价格卖出，你的得分为 50。你的出场表现得分越高越好。卖出表现得分高是好事，得分低就相当于你做慈善啦。尽量将出场表现得分控制在 50 分以上。

对头寸交易者来说，这些打分很重要，但对日间交易者更为重要。时刻牢记，如果要做空，你是先卖后买的。只要你记住买入和卖出的顺序是相反的，类似的打分方式也同样适用。

交易总得分（19） 表示为你的盈利占通道高度的百分比。这是对已完成交易的最重要的打分，其重要性要高于盈利金额。用第 12 列（出场价格）减去第 6 列（进场价格），得到的结果再除以第 10 列（通道的宽度），结果以百分比表示。如果你做的是空头，就把公式反过来，用第 6 列的数字减去第 12 列的数字，再除以第 10 列的数字。

用通道的百分比来对你的利润打分，这一比率提供了一个评判你的交易表现的客观标尺。你可能会在一次漫不经心的交易中赚了一大笔钱，也可能在艰难的市道下，在一次完美的交易中只赚了很少的一笔钱。根据价格通道来对每笔交易进行打分，这反映了你的交易技能。如果你只能斩获价格通道宽度的 10%～20%，你的得分为 C；如果你的盈利超过了价格通道宽度的 20%，你的得分为 B；如果你的盈利达到了价格通道宽度的 30% 以上，你的成绩就是 A！

你还可以在每笔交易的得分后面再额外增加一列，计算你的进场得分、出场得分及交易总得分的平均值。将这些数字绘制成图表，想尽一切办法让其保持向上的趋势。一个严肃交易者做得井井有条的电子表格是一件主动学习型工具。它让你与成功和失败的交易保持紧密联系，在市场噪声之海中开辟一块稳定、可靠的岛屿。

📈 资金曲线

要实现成功的交易，你能做到足够自律吗？很少有人能够斩钉截铁地回答说是还是不是。很多交易者都处于中间状态。我们可以用一种工具做标尺，衡量你作为一名交易者是进步还是退步了。这个标尺就是你账户资金的资本曲线。如果你认真负责，资本曲线就会上升；而如果你判断失误，资本曲线就会下降。

　　大多数交易者都愿意看图表，但很少有人会审视自己。这是一种疏忽，因为性格是交易中的一个重要部分。资金曲线就是这样一面镜子，它能照亮你的表现。专业交易者会为自己及客户保存资金曲线。当你开始绘制自己的资金曲线时，你就向专业的方向迈进了一大步。

　　使用电子表格来绘制你的资金曲线。行表示时间单位，在本例中是月份。下面是各列的内容：

　　1. 日期

　　2. 账户资金

　　3. 账户资金的 2%

　　4. 账户资金的 6%

　　算出每个月最后一天的账户资金，将这一数字输入电子表格中。账户资金等于账户上的全部现金加上现金等价物，再加上全部未平仓头寸的市值。按照市场价调整账户资金的价值，你的账户资金就是账户的清算价值。每个月重复这一过程。在累积了数月的此类数据之后，将资金数据绘制在一张图表上。每个职业交易者的目标是得到一张平稳上升的资金曲线，这条曲线应该是左低右高，逐次上升，中间只是略有一些微小的波动。

　　一旦你积累了一年的资金数据，你就可以在资金曲线中加上一条移动平均线。一条 6 个月的简单移动平均线会指明你的资金曲线的运动方向。它还能回答一个重要问题：何时向你的账户上增加资金。

　　大多数人都是在遭受惨重的损失或是在连续的成功之后自信满满而加仓。在你账户上的资金又创新高时加仓，从情感上是可以理解的，但这是一种错误的增资方式。我们都要经历起伏波动，如果一个交易者的资金创了新高，他的表现很可能停滞或回调。如果你的资金曲线的移动平均线正在上升，加仓的最好时机是在移动平均线回调的时候。你的资金曲线处于上升趋势，这说明你是一位出色的交易者，而回调意味着价值回归。既然你是在价格回调至其指数移动平均线处进场的，当你想拿出更多的资金来交易时，为何不用同样的策略呢？

　　在你的电子表格中设置 2 个重要的数据，2% 和 6% 的亏损。这为你本月的账户设置了 2 个底线。2% 原则规定了每笔交易的最大风险。一旦你决定要交易，2% 的止损能让你知道最大可以买多少股，多少合约（尽量少冒险）。6% 在月底时会告诉你是否亏损到了上个月的 94%。

你可以进一步改进你的电子表格，这取决于你想知道什么东西以及你的编程水平。你可以用它计算有利息或无利息的月度资金曲线，还可以计算支付费用前与支付费用后的资金曲线。如果你增加或减少了交易资本，你需要重新计算资金曲线，以免与过去的百分比混淆。最重要的一点是，马上开始绘制自己的资金曲线！

资金曲线是衡量个人表现的标尺。有条不紊的上升趋势要好于大起大落。你的资金曲线应当保持向上的趋势，如果它转而向下倾斜，你必须在交易中打起十二分的精神来。

📈 交易日记

一个现代的文明人一定和过去有着不可割舍的联系。回忆过去，为的是面对现在，展望未来。坚持写交易日记的交易者可以以史为鉴，而不是重复犯同样的错误。交易日记为你个人提供了一面镜子，它还是一个有价值的反馈环。对交易者来说，交易日记可能是他最好的学习工具。

一份交易日记是一份可读的书面交易记录。你既可以用纸记录，也可以用电子版形式记录。长时间以来，我一直坚持在纸上记录自己的交易日记，现在依然如此，我用剪刀与双面胶将其与图表粘在一起。你可以按照我的办法并适当地做出一些调整，也可以将你的交易日记转换为电子版本。

交易日记是一个大本子，尺寸为 11×14 英寸或更大些。用对开的两面记录一笔交易。只要你做了一笔交易，就将那些促使你做这笔交易的图表打印出来，贴在本子左边的页面上。每张图表大约为 3×5 英寸，周线图在上边，下面再贴一两张日线图，有时还可以贴一张日间交易图表。写下股票的名字、交易日期、做多或做空的股数。如果这笔交易受股票的基本面影响，请在旁边加上和基本面信息有关的注解，注明这只股票是如何引起你的关注的：是你在数据库中搜寻得到的，还是来自于朋友的消息，抑或是杂志或新闻通信上提到的。这可以让你对信息的来源进行追溯。用笔标出促使你进行这笔交易的信号指标及图表形态。用寥寥几笔记录下你进场交易时的感受（是急切、开心、自信还是没把握呢？）以及任何其他反常的因素。

我在家里记交易日记，如果我在办公室里交易，我会把打印出来的交易记录带回家，在晚上再将其粘贴好。剪切图表、将其粘贴在日记本当中、做标记、写评论等都要耗费大量的时间。这样的训练提醒我，交易就是我的工作，它比其他任何活动都重要。

在交易结束之后，你还要重复以下工作——将图表打印出来，贴到本子右边的页面上。右面的图表一般较少，因为周线图不一定包括离场的信息。将交易信号标注出来，写下你对离场环境的评论，也包括你的感受。

随着你的交易日记变得越来越厚，对你的交易所做的直观记录也就越来越有价值。不断地回顾过去，翻阅你的交易日记。那些信号现在看起来有何不同？你对哪些地方感到满意？现在你会有哪些变化？你从这些交易中学到了哪些东西？大多数交易者从来不会问这样的问题。赚钱时，他们志得意满；亏钱时，他们会感到愤怒或羞愧。沉溺于自己的感受不会让你成为优秀的交易者。亏损教会我们的东西比盈利教会我们的多得多。一份交易日记会让你将注意力放在事实上，而将自怨自艾与自我陶醉放在一边。它会帮你学习，助你成功，帮助你实现财务自由。

没人会送给你一份交易日记。你必须自己记交易日记，而且，你坚持记交易日记的能力本身就是对你自律性的一种检验。每当你赚到一些钱的时候，你就要迅速翻阅你的交易日记，并问自己，根据刚刚学到的知识，你对过去的交易是否有着不同的看法；当你赔钱的时候，你不能自怨自艾，但要好好总结这笔交易，回顾过去的交易，认真思考如何在今后避免此类亏损。要学会从利润与亏损中学习。

要想学到更多的知识，在每笔交易结束后大约 3 个月之后再对其进行一次回顾，并打印出当前的图表。将其贴在纸上并做标注，然后将其粘在记录离场交易的页面上。这样，你就可以通过重温交易来额外接受一次教育。

如果你是一个非常活跃的交易者，或是一位日间交易者，那么，对每笔交易都做记录是不是不现实呢？在这种情况下，每做 5 笔或 10 笔交易，从中选出一次交易来记日记，将其记在你的交易者电子表格中。如果某些交易特别重要，你也可以将其记入日记中，但你一定要严格遵守每做 5 笔或 10 笔交易就记一次日记的纪律。

　　坚持记交易日记并从交易中学习交易，这是你交易成功的最佳保证。务必严格执行资金管理规则，这样，当你还在学习阶段时，你就不会被一连串令人匪夷所思的损失淘汰出局了。严格遵守资金管理规则，用电子表格绘制资金曲线，记录交易日记并时常温习，从中学到新知识，这样你就具备了成为一名成功交易者的一切条件。

行动计划

　　每天都要知晓自己要交易什么，如何交易，这一点十分重要。对头寸交易者来说，这一点尤为重要，因为日间交易者必须随时对屏幕上的报价做出反应。

　　一个专业交易者不会整天盯着自己的图表。好的交易机会不会从图表中蹦出来，向你大声喊道：我在这儿，赶紧抓住这次机会。如果必须成日紧盯着图表，这说明没什么交易机会，你应该琢磨下一只股票了。不管是一个优秀的头寸交易者，还是任意一个成熟的交易者，就这点来说，他们看图表不是为了追求挑战，而是为了赚钱。

　　搜寻交易机会的最好时机是晚上，这时市场已经收盘。你可以静静地回顾市场，搜寻其他的股票及指标信号，然后做出投资决策——是做多、做空还是观望。写下你的投资决策，并在第二天早上开盘之前再回顾一次。

　　当你下单时，尤其是当你通过电话向你的经纪人下单的时候，要照本子念，而不是靠记忆来读。为什么呢？这是因为，几乎所有我认识的交易者都有过类似的尴尬经历（通常还不止一次）——把单下反了。你本来是想做空的，但是由于口误，让你的经纪人买入，几秒钟以后，你发现买入的股票暴跌了。更糟糕的是，总有一种诱惑让你在最后一刻改变主意——买入的股票多于或少于原计划的数量，或是将限价委托单改为市价委托单。用一张纸将你和你的经纪人隔开，这种方法为你提供了一种有效的保护。

　　还有一个好办法，就是写下每笔交易的某些背景。我最喜欢的格式包括如下三行：周线表现、日线表现以及要做的事情。

　　● 周线图：EMA 上升，MACD 柱形图下跌，形势趋于恶化

- 日线图：MACD 柱形图看跌背离，正回调至 EMA 附近
- 要做的事情：在 71.30 处做空，止损点设在 73，获利目标位在 65 左右附近
- 或者是
- 周线：EMA 走平，MACD 柱形图形成看涨背离后走强
- 日线：均线上升，MACD 柱形图上升，二者均进入上行通道
- 要做的事：当价格回撤至 EMA 附近时，在 23.25 处买入，止损点设在 22，目标看高至 30 一线

　　我将这些注释保存在一份 Excel 电子表格中。所追踪每只股票都占据一行，纵列为日期。只要我看到一个交易机会，我就单击与该股票及日期所对应的单元格，弹出"插入"菜单，单击"评注"项。一旦我写好了这三行注释，单元格的右上角就会显示一个红色的小三角形。任何时候，只要你将光标放在上面，评注的内容就会显示在屏幕上。这一记录系统让你很容易对某只股票的整个分析历程进行横向回顾，或者对某一天所做的全部评注进行纵向回顾。我将 ABC 打分系统（后面将对此加以介绍）做在同一电子表格中。

　　记得用描述性的文字来记载你的注释。如果你写的内容是"周线图发出一个买入信号"，这样的话并没有给出和某只股票有关的特殊信息，几天后再进行回顾时已毫无用处。你要先对你在周线图上所看到的东西进行描述，然后再描述日线图上的情况，这两步都完成以后，再在行动计划中写下你的交易想法。

　　坚持撰写行动计划的确加重了你的文字工作量，但它让你的交易行为看起来更接近经营活动，而不是在赌场中撞大运。这不禁让我想起了一件事：那次，我带领一个以美国交易者为主体组成的团队来到位于莫斯科的俄罗斯交易所，参与场内交易的模拟大赛。每人都配了一个翻译，领了一笔虚拟资金。整个团队里，除了一个荷兰人之外，大家玩得都很愉快，边交易边照相。这个荷兰人是一位来自阿姆斯特丹的做市商，他只要一看见位于交易所上方的显示屏报价就在一个信封背面快速地记录。活动结束后，我们来到了高管餐厅，他们带来了我们交易结果的打印稿。整个团队的损失达到了 100 万卢布。而那个荷兰人赚了 90 多万卢布，剩下的则是滑点亏损与佣金等费用，这一结果毫不令人惊讶。做好交易记录能够成就优秀的交易者，这就是我让你花费时间与精力做好交易记录、遵循行动计划的原因所在。

第9章
Chapter9

以交易为生

交易吸引我们是因为它承诺可以自由。如果你能交易，你可以在任何一个地方生活、工作，可以对日常事务充耳不闻，可以不理会任何人。只要你的上网条件便利，你可以在海边的小屋里交易，或是在山顶的木屋中交易。没有老板管你，不会有客户要应付，没有闹钟吵你。你是完全自由的。

人们对自由的态度有些"叶公好龙"，他们大谈特谈自由，但许多人却惧怕自由。无论什么原因，如果我不再赚钱了，公司再也不能像老爸一样照顾我了。这是大多数人都担心的想法。难怪有这么多人会习惯于公司带来的牢笼式的安全感。

被圈养的动物会形成各种各样的神经质行为。一种常见的神经质行为是沉溺于赚钱、消费的怪圈。我们打小就接受的教育是：我们在社会中的地位取决于我们的消费层次。如果你开的是一辆价值 50 000 美元的小轿车，你就比那些开价值 15 000 美元车的人成功；然而，如果你的邻居开的是一辆价值 120 000 美元的车，那他就可以说非常成功了。一个身着购自阿玛尼专卖店的服装的男士活得比在街角商店买衣服的人更精致。社会向我们发出无数诱惑。广告的目的不在于推销食品、房屋或交通工具，而在于提升人们的自大心理。上瘾的感觉只能维持一个较短的时间。人们用尽毕生之力来追赶与其社会地位相同的人。然而那些人不甘于原地不动，而是用尽一切手段向上爬，要想不落后，我们也必须往上爬。

自由源自于我们的思想，而不是我们银行账户上资金的多少。要实现自我解放，首先要对自己的消费有一个清醒的认识。你会发现，你的需要远比你想象的少得多，这样，你就会发现自由其实离你并不远。

曾经有一位名叫乔·多明戈斯（Joe Dominguez）的华尔街分析师，他攒够了足够的钱，在 31 岁就退休了。然后，他用余生来享受生活，做义工，还写了一本书，名为《赚钱，还是享受生活？》(*Your Money or Your Life?*)。

在书中，他这样写道：

我们不是在生活，我们正在逐渐走向死亡。想象一下一个普通美国工人的生活吧。闹钟在 6:45 分准时响起，我们这些男男女女的打工一族就开始起床，忙碌。洗澡，穿上职业套装——对某些人来说是西服或正装，对另外一些人来说是工装，医务工作者穿的是白大褂，建筑工人穿的是牛仔裤和法兰绒衬衣。如果有时间的话，就吃点早餐。抓起工作时用的大杯子和公文包（或是午餐盒），跳上班车，忍受着每天必经的折磨——交通高峰期。朝九晚五地工作。敷衍老板，想法对付那些由魔鬼派来专门和你做对的同事。和供货商斗智斗勇。忙于应付客户／顾客／病人。忙得不可开交。掩盖错误。面带微笑地接受无法完成的任务。当所谓的"重组"或"精简规模"（其实就是炒鱿鱼）的大斧落到其他倒霉蛋头上时，长出一口气。对加班无可奈何。不停地看表，违心地附和老板。再次微笑。终于到 5 点了。再次坐上班车，加入到晚间班车的洪流之中。到家了，可以像人类一样与家人、孩子或舍友交流。吃饭，看电视，然后上床。享受 8 小时被遗忘的幸福。

他们管这叫生活？想想吧。你见过多少人每天下班时还活蹦乱跳，生气比早上上班之前还足的？……我们难道不是在自杀吗？用我们的健康、我们的人际关系、我们的乐趣及好奇心来换取工作？为了钱，我们牺牲了自己——这个过程十分缓慢，以至于我们很少感觉到这一点。

把你过去的纳税申报单或现金收入本拿出来，将你参加工作以后所得到的全部收入都加起来，你会发现，即便是一个小有成绩的成功者赚的钱也在 100 万美元以上。而且，这些钱已经被花光了！你见过仓鼠在转笼里跑吗？从里面跳出来，散散步，在鲜花面前停下脚步，闻闻花的味道，难道不好吗？大多数人无法放松，因为他们已经沉迷于消费而无法自拔。当他们开始交易时，他们会设置无法完成的目标。如果你想在第一年就赚出法拉利的首付款，50% 的收益率也无济于事。

如果你是经过了深思熟虑，确实是出于个人的需求，而不是因为广告宣传而购买这部法拉利跑车的话，那么这一消费决策是没问题的。但人们总是为了弥补空虚和不满而不停地买东西。而一个用钱来填补空虚的人是不太可能集中精力，发现那些高质量的交易机会的。

你应该找到那些让你感觉舒适的最低消费水平。我将再次引用多明戈斯的话：

无论是你的生存条件、舒适程度，甚至是某些特殊的奢侈品，对你来说都已足够，它们不应让你承担不必要的负担。知足是一种有力而又自由的状态，也是一种自信而又灵活的状态。

要对自己的开支有清醒的认识。尽可能使用现金消费，不要用信用卡。不要向别人炫耀你的财富。因为他们也在忙于向你炫耀，因此无暇他顾。将你包括按揭贷款在内的所有债务都还清。只要你削减开支，这都不是难事。留够6～12个月的生活费用，尽量增加工资外收入。交易应该是一份能带来高收入，对参与者素质要求极高的自我创业。一旦你的生活费用得到保障，你就应该把多余的利润投资到免税债券上去，这样的话，你永远都会有充足的收入来满足你的正常需求。如果免税市政债券的收益为5%，那么，100万美元可以每年为你产生50 000美元的净收入。这些收入够吗？你需要这些收入的2倍？3倍？还是5倍？你的支出削减得越早，你就能越早地实现财务自由。理性地管理你的个人财务，这有助于你为理性地管理交易账户做准备。

你可能没想到，一本有关交易的书竟然会谈到个人消费。如果它能引起你的注意，请接着阅读多明戈斯的书。对交易者来说，关键在于以一个冷静、理性的态度来对待市场，使收益最大化、损失最小化，为自己所做的每一步负责。

纪律和谦逊

我的一个朋友，一开始做的是交易所内的场内助理，他奋斗了8年才有机会做操盘。现在他是一名全球著名的基金经理，那些在他还是菜鸟时就认识他的人对他在一家位于纽约的小交易所做助理的情形津津乐道：他那时也授课，日子常常过得入不敷出。一个老交易员告诉我："我当时就认识他，我相信他一定会成功的。他办事认真，性格乐观。他早上起来时就相信自己一定会通过交易赚到钱。"

要想交易成功，既要自信又要谨慎。二者缺一不可。如果你自信但不谨慎，你就会变得妄自尊大，这是交易者的致命缺点；另一方面，如果你谨慎但不自信，你就会不敢交易。

你要自信地说："这只股票即将上涨，我的指标告诉我它还将继续上升，我准备借势做多。"同时，你还要足够谦虚，确保你的仓位规模适中，不要危及你的资金账户。而且，你还要接受市场的不确定性，不为那些小损失找借口。

如果你对一笔新的交易感觉信心爆棚，完全考虑不到下跌风险，但如果你考虑不到，你就不能保护自己。如果市场的走势对你不利，触及你提前设定的出场点，无论你有多自信，你都得果断离场。你既要自信又要谦逊。同时意识到两种相互矛盾的感觉，这是一种心理成熟的标志。

我有一个客户，他是纽约人，参加过几次我的研讨会，在我的公司买过书和录像带，但在多年的交易中一直苦苦挣扎。他时而进步，时而落后，再次进步，再赔钱，再通过找个工作来养家糊口。他经常是看起来要成功了，但最后总是回到不赔也不赚的状态。一天，我在一次会议上遇见了他，我看到了一个全新的他。他表现得非常好，管理了 8 000 万美元的资金，评估公司给他的打分也非常高。几周之后，我在路过他的办公室的时候顺便拜访了他。

他一直使用同一个交易系统，这一交易系统是几年前开发的，借鉴了三屏系统的理念。他只变动了一个地方。他不再对这一系统疑神疑鬼，而是将自己看成了一个职员。他假设自己上头还有个老板，他去了塔希提岛，留下这个系统做交易。老板回来后，会给他发奖金，奖金的多少根据的不是他所获得利润多少，而是根据他对这一交易系统遵循的忠诚程度。我的客人不再试图成为交易达人，而是成为一个谦虚而又自律的人。这样，他也就彻底成功了。

对交易系统疑神疑鬼，这是一个极大的缺点，容易导致巨大的不确定性。汤姆·巴索（Tom Basso）是一位杰出的基金经理。他认为，预测市场的走向非常困难，如果你不知道自己该怎么办，你是注定要失败的。

选择你自己的交易系统，设置好自己的资金管理规则，对其进行全面测试。每晚都运行系统，记下它发出的信号，在第二天早上将这些信息读给你的经纪人听。不要在报价在你面前闪动时临时做决定，因为这些报价会引诱你做出冲动交易。

如果市场趋势发生了变化，你的交易系统错过了大行情，或是赔了本金，你该怎么办？好吧，在此之前，你应该已经用足够长的数据对系统进行了测试，因此对其长期表现有着充分的信心。你的资金管理规则会帮助你安然度过困难期。对现有的交易系统要持保守态度。如果你感觉没有把握，你可以设计一个新的交易系统，用一个不同的账户对其进行测试——不去碰那个已被证明是行之有效的交易系统。

交易要求严明的纪律，但问题的矛盾之处在于，交易对那些冲动型的人有吸引力。交易需要实践、谦逊、持之以恒。成功的交易者都是坚强而又谦逊的人，愿意接受新观念。交易新手喜欢吹牛，而专业人士乐于聆听。

交易十诀

当一个新手在其账户中投下重注，而市场又开始波动的时候，他的肾上腺激素开始泛滥。价格上涨，他开始幻想自己赚了很多钱，过上了衣食无忧的生活。乐极生悲的是，他错过了见顶的信号，在向下反转的行情中被牢牢地套住了。价格下跌，他开始陷入恐慌状态，从而错过了见底的信号，在底部附近割肉出局。交易新手过于关注自己的情绪，却不注意市场的现实。

一旦学会了自律，你就开始对你那小小账户之外的巨大市场了解得更透彻了。如果看见市场在横盘整理，或是爆发了井喷式行情，你就知道大众交易者的实际感受，因为你也曾经有过这样的感觉。当市场走平时，业余玩家失去了交易的兴趣，你知道突破即将来临。你曾经也是业余玩家，错过了许多次突破，因为你感觉厌倦了，不再关注市场。现在，当市场处于横盘整理状态时，你发现了过去的样子，你准备开始行动了。

市场暴涨至新高，盘整了一天，然后一飞冲天。报纸、广播、电视都在疯狂地报道这一波新的大牛市。如果你是一名自律的交易者，你应该记得几年前，你在市场顶部附近的几个点处买进。这次不一样了。当市场略显疲态，横盘整理时，你已抄起电话，开始兑现利润。了解自我，熟知自己过去所走过的路，可以让你对市场进行正确的解读，战胜你的竞争对手。

你怎样才能确定自己已经是一个自律的交易者了呢？

1.你坚持保存精确的交易记录。你最少记录了4种交易记录——一份交易者的电子表格、一条资金曲线、交易者日记以及一份行动计划。你一丝不苟地做交易记录并时时更新，认真研习这些交易记录并从实际经验中学习。

2. 你的资金曲线呈现出稳步的上升趋势，下调的幅度很小。对专业的基金经理来说，其业绩标准为年收益率 25%，资金总额的跌幅不超过 10%。如果你的业绩能达到这一标准甚至超出，这就说明你在这一游戏中已经遥遥领先了。

3. 你自己制订交易计划。即使你从朋友那里得知了一个极其可靠的小道消息，你也不会忘乎所以。你要么对其置之不理，要么将其放在自己的交易决策系统中检验。

4. 你不会和他人讨论自己的交易。你可以跟一个你信得过的朋友讨论某个技术要点或某笔已结束的交易，但你永远不会就某个敞口交易向他征求建议。你不会公布自己的持仓情况，以免获取某些不想听的建议，在交易过程中自缚手脚。

5. 你努力学习一切与所交易市场有关的知识。对那些可能影响你所交易的股票和期货的主要技术因素、基本面因素、跨市场因素及政治因素等，你都能很好地把握。

6. 你根据对书面交易计划的遵守情况给自己打分。你假设自己是一名职员，老板去度长假了，留你在家按照他的计划管理交易基金。等老板回来以后，他会按照你对交易计划遵守的忠诚度来对你进行奖惩。

7. 你每天都会抽出一定数量的时间来研究市场。你每天下载数据，用你的成套测试体系及电子屏幕对其进行测试，然后写下测试结果及第二天的交易计划。你在每天的计划中都安排出为交易做准备的时间，让交易成为一项例行活动，而不是仅靠一时兴起来做交易。

8. 无论市场是否活跃，你每天都监控你所选定的市场。避免出现典型的交易新手常犯的错误：只关心那些"活跃的"以及你感兴趣的市场。要知道，那些大行情往往是从相对不活跃的市场中发展起来的。

9. 你坚持学习，乐于接受新思想，但也有怀疑精神。你阅读和市场有关的书籍与杂志，参加研讨会，参与网上论坛，但你不会接受任何未经自己的数据测试的思想。

10. 你应该像对待自己的生命一样来遵守你的资金管理规则——因为你的金融生活的确离不开它。如果你的资金管理非常优秀，从长期来看，大部分还算可以的交易系统都能让你赚钱。

📈 你愿意花时间吗

所有的交易者都关心钱，但很少有人意识到时间的重要性。时间与钱一样重要——你花的时间越多，你越可能赢。

在一开始交易时，大多数人手里的钱都不多，而大多数交易者也没有花足够的时间来学习。交易与物理学或数学完全不同，在物理学及数学领域，天才出现得非常早。在科学领域，如果你在 25 岁时还没有出名，那你永远也没机会了。交易则恰好相反，它是老年人的游戏，现在正日益成为女人们的游戏。耐心是一种美德，而记忆力则是一项重大财产。如果你每年都稍微进步一点点，你最终会成长为一名出色的交易者。

我的朋友卢·泰勒过去常说："如果我每年都能变聪明 0.5%，等到死的时候，我已经是天才了。"他从来都是这样，谈笑中也包含着很多智慧。

请把你的头从键盘上抬起来，思考两个目标——学习怎样交易与赚钱。这二者孰先孰后？不要想着一夜暴富，这是自取灭亡。等到你学会了怎样交易，赚钱不是问题。一个聪明的驯马师是不会让小马负载过重的。先对其进行训练，然后再让它背负更多的重物。

你最好是做许多笔小交易，分析自己的成绩，从中学习交易。交易次数越多，你学到的东西也就越多。用小赌注去玩会降低压力，从而专注于交易质量。要想增加交易规模，你以后有的是时间。你的目标是获得足够的经验，让你的大部分行动都成为习惯。如果交易者的实际经验教会他很多实际的操作技巧，他就可以将注意力集中于投资策略上来（这也是他的要求），而不是担心下一步应该干什么。

如果你想认真交易，你就必须在交易方面多花时间。你需要研究市场、剖析交易方法、对交易方法打分、设计及应用交易系统、做出交易决策、做好交易记录。所有这些工作加起来确实不少。怎么判断工作量的多少呢？我想到了两个例子，分别代表了两种极端情况。

就努力工作的例子来说，我想到的是一位顶尖的美国期货基金经理，我曾经与他在同一所公寓居住过。我们生活在同一屋檐下，但几乎看不到他的人影。他早上 7 点之前就来到了办公室，晚上 10 点之后才回家，就在起居室里和衣而睡。

他一周像这样工作 6 天，周日可以稍微放松一下。周日早上，他会去俱乐部打打壁球，然后再去办公室，准备周一的开盘工作。他没结婚，也没有女朋友，没有娱乐，也没有朋友——但这个人年收入高达几百万美元！

我们再来看一个例子，这个人的生活没那么紧张，但仍然非常自律。我想到了一个中年的中国交易员，我曾经造访过他的豪宅，那时亚洲的股市还在泥沼里挣扎。他在过去 10 年的两个牛市中赚了很多钱。他告诉我，他还要再等亚洲市场出现一次牛市，这样，他就可以退休了。他准备为这一波牛市等上数年，同时，他还要照顾家庭、收藏艺术品、打高尔夫球。他每周内只会花上几个小时的时间来下载数据，分析指标。

你应该花多少时间来分析市场，做功课？一个交易新手只要是清醒的，时时刻刻都应该学习基本知识。到了下一阶段，如果你成为一个有能力的，半职业交易者的话，你又应该花多少时间？我们谈的是头寸交易，而非日间交易，后者要成日对着屏幕。答案取决于你的工作效率及所交易市场的数量。

你应该每天花费一定的时间来研究市场。业余选手与赌徒常犯的一种典型错误是：当市场表现不活跃时，他们就不再关注市场了。当听到新闻说大行情启动了，他们开始苏醒了。到了这个时候，市场已经开始启动——业余选手又错过了这一波行情。此时，他们开始穷追不舍，希冀能够赶上这一波单边上扬的趋势。

无论他是否进行交易，一个做事有条理的交易者都会不断地追踪自己的市场。当注意到原本无精打采的价格现在反复冲击阻力位时，他早早地开始买入，当业余玩家在市场高涨而蜂拥进场时，他已经兑现离场，将筹码尽数抛给那些懒散的迟到者。一个严谨的交易者总能走在游戏的前面，因为他天天都在做功课。

那么，你需要多少时间呢？对你投资的每只股票，你都要掌握它的一些关键的基本面因素，包括该股票所属的行业。对于期货，你还要分析其供求因素、季节因素、交割期的价差情况。你需要制作一份记载重大事件的日历，这些重大事件可能对你所交易市场产生冲击，它包括美联储的公告或公司的盈利公告。你需要研究过去几年的周线图以及至少一年的日线图。你也需要使用某些指标，研究哪一指标在该市场上效果最好，并测试该指标的参数。

除非你是一个天才或魔鬼，要完成这些工作至少需要两个小时，而这只是任何交易工具的入门费罢了。之后是无休止的日常工作，一个严谨的交易者每天都要分析周线图和日线图。你还得把这个市场和相关市场进行比对。每天写交易日记，提前一天写下你的行动计划。要想把这一切工作都做好，你需要在每只股票或每份期货上至少花上 15 分钟。

而这只是每天的例行工作而已。如果你所交易的市场中，价格触及支撑区，或阻力区，或是突破了交易区间，你需要马上做出交易决策，你该怎么办？在这种情况下，你可能要花上一个多小时来分析市场、计算风险和回报，决定进场点及利润目标。

因此，我们换一种问法：如果你每天只有一个小时的时间分析，你应当追踪几个市场，3 个，或是 4 个？如果你有 2 个小时，或许可以分析 6 个、8 个，甚至是 10 个市场。使用 ABC 打分系统（用于管理每日功课）或许可以让你分析市场的数目增加一倍。请记住，无论你做什么，质量都远比数量更重要。

在增加自选股之前，你要确定每天是否有足够的时间来追踪它。你偶尔会错过某一天，但即便是这样，你也应该扫一眼你所投资的市场。每天的功课很关键，你能追踪的市场数量取决于你每天能花的时间。如果和市场失去了联系，感觉也就没了。在外出度假结束后，即使是专业投资者也得花上几天重新熟悉市场。下面是交易者在不同发展阶段中的时间分配情况：

交易新手 一开始，你大约可以追踪 6 个，但不要超过 10 种交易工具。稍后，你还有机会再增加。一开始最好是少追踪几种交易工具，并好好追踪，这远比一开始追踪了很多股票，但哪个都没追踪好要强得多。

要培养出对市场的感觉，每天的功课很关键。每天都应分配一定的时间来研究市场。即使你因为工作或聚会的原因回来晚了，你也要挤出 10 分钟来下载数据，浏览 5 ~ 6 只股票。即使你不想在第二天交易它们，这样也能在大脑里更新它们的印象。新手往往会贪多嚼不烂，一次追踪很多股票，这会让他们表现不佳，从而变得意志消沉。你最好只追踪少数几只股票，熟悉它们，以后再逐渐增加数目。

中等水平的交易者 在这一阶段，你可以追踪几十只股票或期货合约。分析每只股票所花的时间和你是新手时花的时间一样多，但你可以进行更深入的分析。使用 ABC 打分系统（见下一阶段），一个严谨的业余选手或半职业交易者可以更高效地利用时间。

有些优秀的交易者决定不再扩大其交易的股票或期货品种。某人也许只专注于大豆及其相关产品，或只做外汇，或是只关注 5 ～ 6 只科技股。除了分析市场之外，你每周最好抽出 5 ～ 6 个小时来阅读书籍与文章，在网上与其他交易者交流。

在这一阶段，待上大约一年或更长的时间，你会面临一个重要的选择：将交易看作是一种适度的爱好，还是准备转变为职业交易者？如果选择后者，你需要在上面投入更多的时间。你需要在生活中的其他领域牺牲一些时间，每天花在市场上的时间至少是 4 ～ 6 个小时。

专业人士 以交易为生的人一般会放弃其他的专业兴趣。这一市场需要你投入时间与精力，由于账户规模变得更大，资金管理变得更有挑战性。

一个专业的交易者几乎总会使用某种版本的 ABC 打分系统，除非他只交易少数几个市场。他使用更多的时间来研究市场。同时，由于他具备了更高的专业水准，他可以快速地分析市场。他每周会花费几个小时的时间来阅读，深化分析能力，提高资金管理水平，他还要在网上追踪市场的最新进展。

这一阶段的回报极高，但是，耗费了几年心血才达到这一层次的专业人士不会因此而沾沾自喜。他的生活十分舒适，但还会比大多数交易新手更加努力地工作。在这一层次的交易者真心热爱市场，他们从中获得极大的满足。就像滑雪者爱高山一样。

用 ABC 打分系统管理时间

市场会产生海量信息。没有人能够处理这么多现有数据。在做出交易决定时，没有人能记住全部的基本价值、经济发展趋势、技术指标、日内波动、内部交易者及做市商的买卖行为。做研究时，我们想穷尽其所能，但研究永远达不到十全十美。我们需要选择少数市场，设计一个交易计划，这样，我们可以把海量信息变成可管控的信息流。

交易不是为了出人头地，不是做预测，也不仅仅是分析大量的交易工具。交易其实是管理——管理我们的资金、我们的时间、我们的分析以及自己。如果管理得当，我们自然会赚钱。

管理时间是成功的一个重要方面。根据你的个人风格来确定你研究及追踪新市场所需的时间。设计 ABC 打分系统的目的在于节约大量的时间，该系统还可以让你在相同的时间内追踪及交易更多的市场。这一系统不是为交易新手准备的，但中等水平与专业的交易者一定会从中获益的。

ABC 打分系统是由迪·古比（D. Guppy）介绍给我的一套时间管理系统。该系统可以帮助我们专注于即将启动的市场，在那些机会不大的市场中则花费较少的时间。ABC 打分系统要求我们每周对所追踪的股票及期货快速回顾一遍，并将其分为 3 组：A 组是你明天就要交易的，B 组是一周内要交易的，C 组是一周之内不会交易的。

ABC 打分系统运行的最佳时间是周末，此时你已经下载了所有的数据。准备一个电子表格，行代表你所追踪的股票或期货，名字放在左边的列内。使用垂直的列用来记录 A、B、C 组的得分情况，每列代表一天。在你的交易软件里面准备好每周及每天的模板。把第一个市场放入每周的模板中。看看你明天有没有可能交易这只股票？比方说，如果你只做多头，而周线图显示的是明确的下跌趋势，你下周不太可能交易。在这种情况下，把它标记为 C，再看下一个市场。将第二个市场拖进你的周线图模板中。如果它看起来有交易的可能，则将其拖进日线图模板中。看看你下周一有没有可能交易这只股票？如果有可能的话，在电子表格里将其标记为 A。如果它看起来不太可能在下周一交易，但在下周有交易的可能，在电子表格里将其标记为 B。现在再转入下一个市场，将其拖入周线图模板中。如此往复，直至完成全部的市场列表。

适当地保持好节奏，不要慢下来。你应该在一分钟内解决一个市场。记住，好的交易机会应该从屏幕中向你迎面扑来——我在这儿，快来交易我吧！如果你在眯着眼睛仔细观察一个图表，这往往说明没什么真正的机会。

当你完成 ABC 电子表格之后，真正的工作才刚刚开始。现在，你必须研究每只标记为 A 的股票或期货。应用你的交易系统，设置你的进场点、止损点及盈利目标，写下第二天的交易订单。按照这种方式将每个标记为 A 的市场做一遍，其他的市场则不予理会。当周一收盘以后，再对所有标记为 A 的市场进行分析。如果你已进入这些市场，在你的交易日记中为其单列一页，再根据你的交易计划来管理这些交易。如果你的进场单并未被触发，则对这些市场再一次进行回顾——你还想在周二进场吗？将 B 组与 C 组过滤掉，可以节约时间，还会让你专注于那些赚钱机会最大的交易机会。

请于周二收盘后再重复这一过程，但你还应回顾周末标记为 B 的市场。现在，你需要决定是否将其升至 A 组，并每天监控它们；或将其降至 C 组，留待周末再行处置。

之前，我们回顾了交易的行动计划，这份电子表格记载了你在前一天的交易指令。该表格与 ABC 打分系统可以合并为一份电子表格。每一行代表一种交易工具，每一列代表一个交易日。每个单元格中都填有 A、B 或 C，它们代表着你对前一交易日的股票或期货的打分。位于每个表格右上角的红色三角形是你插入的评注，说明了你将如何交易这些股票或期货。

厌倦是交易者的大敌。当市场方向不明时，人们很难做到日复一日地盯着市场。专业人士必须追踪他的市场，但没有人喜欢做这样无聊透顶的事情。ABC打分系统为你提供了一种完美解决方案。它让你用一种快速而又有效的方式来监控所有的市场，同时将主要的时间与精力放在那些最值得交易的市场上。一旦你习惯了使用 ABC 打分系统，你追踪的市场数量可以轻松翻倍，你的交易机会也会随之增加。

决策树

专业的交易者会认真对待市场，并拿出足够的时间与精力来关注市场。如果你已经读到此处，你的专注程度已经超过了一般人。现在，是时候将精力集中于你的行动计划上来了。

你每天都应该在市场上花费一定的时间，和市场保持密切接触是成功的先决条件。你要决定在哪个市场上交易，而且要有选择的关注少数几个市场，这样才能成功。你要给自己设定一个教育规划。最后，同样重要的一点是，你应该设计自己的交易计划，一个严谨交易者的标志就是有一份书面的交易计划。

设计一份交易计划

交易者会经历三个发展阶段。一开始，我们都是新手。某些人的存活时间足够长，他们成为严谨的业余交易者，或是半职业交易者，少数人成为专业交易者。

如果一个交易者有一份翔实的书面交易计划，这表明他正处于发展的上升阶段。

一个交易新手绝不会写什么交易计划，因为他没什么可写的。他热衷于打听小道消息，总是想着瞬间暴富。即使他想写交易计划，他也不知道从该从何写起。如果一个严谨的业余交易者或半职业交易者开始撰写交易计划及资金管理规则时，这说明他离专家级水平不远了。

交易计划与机械的交易系统之间的主要区别在于交易者的自由程度。交易系统非常死板，而交易计划只是规定了主要的交易规则，留给投资者自主决策的权利。

通过将海量数据输入到机械的交易系统中，或是找到一套在过去有效的交易规则，一些新手从中获取了某种虚幻的安全感。市场是一个鲜活的社会有机体，它会不断地发展、成长、变化。僵化的交易系统适用于过去的数据，在未来则未必有效。如果机械的交易系统有用，那么现在这个市场早就被最好的程序员所统治。如果没有人来掌控，所有的机械交易系统都将随着时间的推移而消亡。这些交易系统现在还可以在市场上大行其道，是因为大众很容易被这些营销噱头所打动。

一项交易计划包含一些不可逾越的规则及若干条灵活性较大、由你自行判断的建议。你的判断力会随着经验的增长而增长。交易计划包括如下原则：选择市场、界定交易类型、发出买卖信号、分配交易资金。当你撰写一份交易计划时，一定要避免面面俱到。要知道何时止步，写下你的规则，但要清楚在何时需要你自行做出判断。

你必须知晓你喜欢哪种交易类型。如果只有一般的概念（如通过买进卖出来赚钱）显然不够明确。赢家赚钱的方式各不相同，而输家赔钱的原因都可以归结为一时冲动。像彼得·林奇这样信奉基本面的长线投资者会寻求独特的"10番股"，他们的行为与成功的短线交易者迥然不同，后者会寻求做空，将股票卖给前者。长期而言，这两者都可能成功，但交易时间范围只有30分钟的场内交易者会在当日收盘之前了结他的空头仓位，尽管他的仓位较小，但有利润，其行为就和那些长线交易者将持有其多头仓位一样，是确定无疑的。

一份交易计划是你对某个特定市场及技术的兴趣、你的经验、你的账户大小的综合反映。它反映了你的个性以及你所交易市场的行为。如果两个朋友拥有相同的资金、类似的交易经验，在同一个市场中交易，他们交易计划的提纲可能迥然不同。如果你喜欢不同类型的交易，你可以制订多个交易计划。

如果你还没有交易计划，请马上制订一份交易计划。要撰写一份高水平的交易计划，你要做大量的工作。我的第一个交易计划撰写于纽约到洛杉矶的飞机上。我本以为在飞机上的 5 个小时就已足够，结果 1 个月以后，我还没完事。

下面来看两个交易计划的撰写提纲，它们非常粗略，但可以展示交易计划的基本结构，为你制订自己的交易计划提供参考。看别人的交易计划就像看一本性爱指导书，它也许会让你大开眼界，见识某些新的体位，但你最终还是要根据自己的性格及环境来享受这一结果。

交易计划 A 交易者 A 的账户上有 50 000 美元，他有意投资于股票市场。他追踪市场已有一段时间，他发现大盘股（道琼斯指数类股票）的走势一般较为稳定，但一年会有几次偏离其主要趋势。

所谓交易计划，是将市场行为的概念——价格围绕其平均价值上下振荡转换成一份行动计划。这份计划确认了市场价格的发展趋势及其偏离程度，选定了捕捉这些趋势及偏差的工具，计划还包括资金管理规则、盈利目标及止损点。

研究

1. 从道琼斯工业平均指数中下载这 30 只股票的 4 年数据。

2. 使用带有 26 周 EMA 的周线图来确认长期趋势。

一个严谨的交易者会对其他方法进行测试，诸如长期或短期 EMA、不同股票的不同 EMA，或是另外的趋势追踪工具，如最后衰退趋势线等。要找到能追踪你所在市场对价值认同的平均值的最佳工具，从事促使你在初次交易前进行大量的研究工作。

3. 确定你计划交易的每只股票的平均偏离值。

计算一只股票在回调前对其周 EMA 线的上涨或下跌幅度。你可以利用价格通道，或是将这些数字输入一份电子表格中。求出价格在离 EMA 线多远处发生反转，在表示这些数值时，既要使用价格，又要使用百分比，同时还要使用这些偏离值的平均持续时间。

每周的行动

对你所追踪全部股票的周线图进行回顾。将那些偏离中心趋势幅度达 75%

以上的股票标记上，并将其放入你的每日监控清单中。

每天的行动

为讨论方便起见，我们只考虑做多的情况，尽管一份完整的交易计划也包括做空的详细步骤。

1. 用 22 日 EMA 线来确定你的每日监控清单中股票的短期趋势。研究长期 EMA 与短期 EMA 的哪个效果更好。当一只股票在其周线图上发生背离，但其 EMA 线停止移动并开始走平时，它就变成了买入对象。

还有一种研究方法：当市场大盘上涨时，做多是否获利更多？你如何定义市场大盘的趋势？是使用某个指数（如标准普尔或纳斯达克指数）的 EMA，还是使用某个指标（如新高－新低指数[⊖]）？如果你的股票有自己的独特走势，那就忽略市场大盘吧；否则的话，你就应该在市场大盘上涨时多买一些，在大盘下跌时少买一些。

2. 如果周线图显示出一种向下的偏离时，就在日线图中 EMA 第一次上涨时买入。要对各种进场类型进行研究，这些类型包括：EMA 线之下、EMA 线附近、市价交易或是突破前日高点后。

3. 在日线图上使用安全区域指标设置止损点，在周线图的 EMA 线上设置盈利目标。每天重新计算你的交易订单。

计算你每股所承担的风险，确定你在遵守 2% 规则的前提下需要买的股票数量。一个账户上有 50 000 美元资金的交易者，他在每笔交易上所承担的风险不应该超过 1 000 美元，其中还包括滑点亏损与交易佣金。如果其他的交易已经让你的账户承担了 6% 的风险，他就不应再开新仓了。

这一行动计划包含了几个不可逾越的规则：只有价格位于周线图中的 EMA 线下时，方可买入；只有当日线图的 EMA 线上升时方可买入；做好自己的功课；每天都重新计算止损点；每笔交易所承受的风险永远不能超过账户上资金的 2%；

⊖ 这个指标很简单，任何交易所都会轻松提供，它是测度股市中多空力量对比的最佳标尺。新高指的是股价在本年创造新高的股票——它们是多方力量的领导者。新低指的是股价在本年创造新低的股票——它们是空方力量的领导者。如果每天都对这些数字进行比对，你会清楚是上涨的领导力强，还是下跌的领导力强。这个指标告诉你那些龙头指标股都在干什么，你通常会预见到大众会追随这些龙头指标股。在《以交易为生》这本书中，我对这一指标进行了详尽的阐述。

交易风险的总额不应超过账户资金总额的 6%。这一行动计划还可以锻炼你的判断能力，判断你应该在哪里进场、在哪里设置利润目标、交易规模大小（在遵守 2% 和 6% 规则的前提下）。毫无疑问，你还应保存良好的交易记录，以强化你的行动计划。

随着时间的推移，你的行动计划会变得更详尽。市场走势也许会出现反复，这会让你将计划调整得更为周密、合理。上述计划将三重滤网分析方法（多重时间框架及指标）与资金管理规则、进场点、离场点等紧密结合在一起。

交易计划 B　交易者 B 的账户上有 30 000 美元，想着交易期货。他发现，在大部分时间里，期货市场处于在某个区间横盘整理的状态，间或出现短暂而又快速的行情。他想利用这些短期的脉冲式运动。

研究

该交易者的资金相对较少，但又不想交易迷你合约。因此，他应该关注那些单位价格较低的市场，在这些市场上，正常的交易噪声不会超出他资金管理规则的范围。

比方说，标准普尔 500 指数变动 1 个点就相当于等于标准普尔股指期货变动 250 美元。正常情况下，一天波动 5 个点会导致资金账户变动 1 250 美元，这让交易者账户上的 30 000 美元承受了 4% 的损失风险。对那些小账户来说，2% 规则限制他们在那些昂贵的市场上交易。在你扩大资金规模之前，像咖啡、大豆、外汇以及其他许多市场都没法做。

1. 下载玉米、白糖和铜期货的两年历史数据。玉米是谷物中价格波动最小的期货合约，白糖是热带作物中价格波动最小的期货合约。这两者的流动性都很好，交易者可以很轻松地进出，不像其他价格便宜的交易品种，如橙汁，它的交易量太小，交易者会遭受严重的滑点亏损。铜的流动性好，除了经济繁荣期之外，波动相对较小。迷你合约是一种电子交易的股指期货合约，适合于那些对股市感兴趣的期货交易者。每份期货合约都要下载连续两年的数据：至少连续两年的周线图数据，6 个月近期月份的日线图数据。

2. 测试几种不同的 EMA 线，以确定哪种均线可以对周线图趋势进行更好地追踪。在日线图上做类似的工作。为每个市场找出最好的价格通道，尤其是过去 3 个月日线图的价格通道。这些价格通道必须包含最近市场上 90% ~ 95% 的交易行为。过去 3 个月的相关性最强，但还有一个好办法，即在你的通道研究中将数据回溯至过去的两年，以此为市场剧烈的扩张及收缩做好准备。当市场变化时，许多交易者会不知所措。如果了解历史，你就不会对此大惊小怪了。

每周的行动

对你所交易市场的周线图进行回顾，确定其发展趋势。当周线图的趋势向上时，继续用日线图寻找买入机会；当周线图的趋势向下时，寻找卖出机会；如果周线趋势并不明朗，要么离场观望，要么直接使用日线图。

你可以使用 EMA 线的斜率来确定周线趋势，或是进行一些创造性的发挥，特别是在你所追踪的市场为数较少时。比方说，你可以同时使用 EMA 线与 MACD 柱形图来确认趋势。当这两个指标以相同的方向运行时，这是有大行情的信号。

每天的行动

同样，为讨论方便起见，我们只谈做多的情况，但同样的道理也适用于做空的情况。每个期货交易者都很熟悉做空。期货市场没有提价交易规则（uptick rule），而空头仓位总是等于多头仓位。

1. 采用脉冲式交易系统。当 EMA 线与 MACD 柱形图同时上升，它们发出了强烈的买入信号。

2. 在第二天继续做多，但不要在价格通道的上轨线上方买入。

这种激进的进场方法旨在捕捉高速的脉冲式行情。你需要在你所想交易的市场中研究与测试这一方法。不要在市场发生变化很久之后仍然使用过时的机械交易系统。

在进场交易之前，你要计算在何处止损。确定你在该笔交易中所承担的风险占资金总额的百分比。确定你的资金管理规则是否允许你做这笔交易。6% 规则允许你做这笔交易吗？比方说，如果你在本月已经亏损了账户资金的 3.5%，还有一笔未平仓交易，该笔交易承受的风险占资金总额的 2%，这时你不能再开新仓了，否则就违反了 6% 的规则。

3. 在日线图上用安全区域指标设置一个止损点。

如果你的止损设置允许你进行这笔交易，你可以下买入委托单。一旦买入委托得到确认，马上下止损单。每天都要重新计算止损点，并更新止损单。在你没有盯盘的时候，不能让一波突如其来的剧烈波动冲破你的心理止损点。

如果日线显示买入信号消失，就要在当日收盘之前兑现利润。这意味着你要在收盘前几分钟用自己的公式进行计算。如果你想捕捉脉冲式行情，将日线图上的通道上轨作为你的获利目标有些过于保守。只要买入信号仍然存在，你就可以继续持有。但你一定要验证这一方法。

这一行动计划既包含了不可违背的原则，也鼓励你自行做出判断。使用多重时间框架，运用资金管理规则，设置止损，认真地做好交易记录等，这些都没什么商量的余地。而选择市场，确定进场点、利润目标、交易规模的大小，这些都取决于你的判断。

当你继续研究市场，而你的经验逐渐增长时，你也应该对交易计划进行修订。别忘了写下所有的变化，记录你作为交易者的成长历程。一定要在你的交易计划中加入做空的部分，因为这是期货交易必不可少的一部分。

在某种情况下，你可能想设计一个决策流程图，它包含的步骤如下：

6%规则是否允许你进行交易？

如果不允许，观望；如果允许：

周线图是否发出某种信号？

如果不是，转向下一个市场；如果是：

日线图是否给出一个同向的交易信号？

如果不是，跳过这个市场；如果是：

我应该在何处设置盈利目标及止损点，根据风险回报比率，这笔交易是否值得？

如果不是，放弃这笔交易；如果是：

2%规则同意我交易的仓位规模有多大，我愿意交易的规模是多大？

我们可以为每笔交易都绘制一张详尽的流程图，但关键点在于遵守几条不可违反的规则，这些原则大都与资金管理规则及多重时间框架有关。只要遵守这些规则，在分析及交易方法上你会有很大的选择空间。如果你想像一个专业交易者那样交易，一定要认真做好交易记录，并不断从经验中学习。

📈 交易新手、半专业交易者、职业交易者

交易者提出的问题反映了他们的发展阶段。新手总是询问与交易方法有关的问题——使用什么指标、选择什么交易系统。他们想知道正确的随机指标参数是什么、最佳的移动平均线周期有多长等。大多数交易菜鸟见利则喜，却对风险毫无所知。因此，没有什么神奇工具能将他们从灾难中拯救出来。

对那些从最初的无知状态下存活下来，还能继续前行的人们来说，他们应该感谢运气、努力，还有他们那种天生的警觉，他们学会了如何选择交易机会，发现买卖点。他们开始发问，既然他们已经知道了这么多，为什么还不能实现稳定的盈利？他们的账户为何在这个月能上涨20%，下个月又会下跌25%？为什么他们能赚钱，可账户却未见增长？

位于第二阶段的交易者时常会赚取一些利润，然后很快就将其花掉了。他们对自己的赚钱能力没多大把握。我还记得一件多年前的事情，那时我在瑞士法郎期货上赚了一点钱，我冲进珠宝店给我当时的妻子买了一条项链。还有一次，我用很小的一笔利润给我女儿买了一只昂贵的阿比西尼亚（Abyssinian）猫。这种猫的寿命极长，我给她取名为瑞郎茜（Swissie），它经常会让我回想起过去那些冲动交易的日子。

交易水平停留在这一阶段的交易者就像生长在冰窟中的花朵一样，其表现忽高忽低，起伏不定。要将水平提升一个层次，交易者必须克服最大的障碍——战胜自我。他必须认识到自己在下列行为中所扮演的角色：冲动交易、没有纪律，交易时不设止损等。无论他的方法有多聪明，如果他的心态不正确，他就不能成为赢家。他的个性以及他的怪癖对交易结果的影响要比电脑的影响大。这个阶段的交易者会问："我应该设置止损吗，可以使用心理止损吗？""我为什么害怕交易呢？""为什么那些我没做的交易比我做的交易表现得更好呢？"

那些生存下来的成功交易者已经到达第三阶段，他会感到轻松而又平静。当他提问时，他只关心资金管理的问题。他的交易系统已经就位，他十分遵守纪律，他用大量的时间来思考如何分配资金，降低风险。

这三个阶段构成了一个金字塔，一个由宽广的底部基础与尖顶组成的结构。这一旅程的淘汰率极高。我写这本书的目的就是让你的旅程轻松一点，快捷一点，少些痛苦，多些利润。

在各个不同的阶段，合理的利润目标分别是多少？我给你的数字可能让你感到低得惊人。你想赚更多的钱，如果你有这个能力，你可以做得更好，并设置更高的目标。这些指标有助于你发现你是否满足了最低要求。它们会在你遇到麻烦时帮你确认这一点，这样你就可以停下来思考，并调整你的方法。如果你给银行交易，结果却总是实现不了盈利目标，你的经理就会取消你的交易权利。个人交易者没有经理管束，他只能靠自律。如果本书能帮助你停下来思考，重整旗鼓，提升到更高的层次的话，那我写作此书所耗费的心血就没有白费。

1. 交易新手

（1）对一个新手来说，他一年能够接受的亏损最多是其资本金的10%。当我给出这一数字时，交易者都惊呆了。他们忘记了大多数交易者很快就爆仓出局的这一事实。很多人不是在一周内，就是在一个月内就亏损了10%。如果你能在一年内生存下来，还学会了怎样交易，而亏损还低于10%，你的学费就算是很便宜的了，已经远远地将大众甩在了后头。

（2）交易新手的目标是弥补交易费用，年收益率应达到短期国债或可比无风险金融工具同期利率的1.5倍。你的交易账户必须包括如下成本：交易软件的费用、数据费用、听课费、书费（包括你正在阅读的本书的费用）。交易新手经常把大把的钱砸在那些"大师"身上，因为这些大师承诺给他们开启财务自由王国之门的钥匙。将这些与交易相关的费用都包括在你的交易账户中，相当于引入一种现场核实的机制。如果你能弥补这些费用，而收益率还能高过短期国债，你就不再是一个交易新手了。

2. 中级水平（严谨的业余交易者或半职业交易者）

（1）对一个严谨的业余交易者来说，他最低可接受的表现是其资本收益率为短期国债当前利率的两倍。这类交易者的进步不是飞跃式的，而是渐进式的。他应该尽快止损，尽早的兑现利润，再多学一些交易技巧。一旦你能弥补和交易有关的费用，而收益率还能达到短期国债收益率的两倍，你已经可以甩那些有效市场理论家几条街了。

（2）一个严谨的业余交易者或半职业交易者的目标是年资产收益率到达到20%。在这一阶段，你的交易资金规模成为一个重要因素。如果你的交易资金高达上百万美元，你可能只靠利润就可以生存了。但如果你的交易账户相对较小（如50 000美元），情况又将如何呢？你知道你可以交易，但50 000美元的20%还不够你生活的。大部分资金不足的交易者因过度交易毁了自己的交易生涯，他们总想用微小的账户来赚取不切实际的回报。疯狂的冒险，只能以疯狂的结果告终——要么上天堂，要么下地狱。你最好还是严格遵守自己的交易系统，用交易别人的钱来提高自己的交易技术水平。

3. 职业交易者

（1）对那些职业交易者来说，他们最低可接受的表现比较灵活。他们的回报很稳定，但不一定超过那些严谨的业余投资者。你的表现得持续地超过短期国债——如果表现还赶不上短期国债，那就太荒谬了。在年景好的时候，一个职业交易者的收益率是100%，但如果你年复一年的用大量资金交易的话，年收益率达到20%以上就算是不错的表现了。像乔治·索罗斯这样公认的天才交易者，其一生中的年平均收益率接近30%。

（2）职业交易者的目标是将足够的钱投入无风险投资中，这样，即便他不交易了，他也能永远保持当前的生活标准。在这一阶段，交易成了一份自娱自乐的游戏。索罗斯手里的钱肯定够他的个人开销，但他仍然在交易，这是因为他喜欢在政治与慈善事业上投入巨额财富。说来也奇怪，当你不再为了赚钱而疲于奔命的时候，你赚钱的速度却比从前要快得多。

📈 成为专业交易者

一个交易新手最好从较小的账户起步。而那些已达到半职业水准的交易者需要扩大交易资金的规模，以增加利润。一个账户很大的专业交易者必须谨慎从事，不能让自己的交易影响那些交投清淡的市场。他还要警惕业绩的滑坡，这通常是大户所带来的一个副作用。

这一阶段所需交易资金的最小规模大约为20 000美元。一旦你已进入严谨的业余交易者或半职业交易者这一阶段，如果你手里有80 000美元，你将有更大的自由来分散投资。一旦你账户上的资金达到 250 000 美元，你就要开始考虑做专业交易了。这些数字绝对是最低要求，如果你能增加这些数字，你就可以轻松生活了。一开始以 50 000 美元起步，到了半职业交易者时，账户上达到 120 000 美元，在达到专业交易水平时，账户上达到 500 000 美元，这会增加你的成功机会。

如果没有这么多钱，你该怎么办？微薄的交易资金会让你产生致命的压力。一个资金账户很小的交易者将无法使用必要的 2% 规则。如果他的账户上只有 5 000 美元，每笔交易只能承受 100 美元的风险，这意味着只要市场稍有噪声，他就出局了。绝望的交易新手感到左右为难，于是冒险不设止损，直接交易。大多数情况下，他会亏钱；但如果他赢了，账户上的资金就达到了 7 000 美元，然后，他应该再做一笔交易，让账户上的资金涨到 10 000 美元吗？如果他足够聪明，他会大幅削减交易规模，马上开始运用 2% 规则。到目前为止，他很幸运，现在他应该把利润放进一套理性的交易程序中。大多数人都被胜利冲昏了头脑，无法收手。一个将 5 000 美元翻番的交易新手一般会觉得这个游戏很简单，而自己是天才。他以为自己可以在水中漫步，但很快就会溺水而亡。

你也许可以将交易工作作为职业生涯的起点，但华尔街的公司不会雇佣一个 25 岁以上的人来当领工资的交易实习生。一个更为现实的选择是大幅削减开支，找一份兼职工作，尽快攒钱，同时做模拟交易。这需要纪律，某些最优秀的交易者就是以这种方式起家的。第三个选择是用别人的钱交易。

用自己的资金交易会减少压力。筹集资金会加剧紧张，影响交易。以贷款的方式筹资不是一种明智的做法，因为利息对你的成功构成了一个不可逾越的障碍。如果从家人和朋友那里借钱也会增加你的负担：你不能辜负他们的信任，也不能过分张扬。

让你担惊受怕的钱也会为你带来损失。如果老是惦记着还钱，你就无法专心致志地交易。公司在雇用高管时，经常会对那些候选者进行信用核查。债台高筑的应聘者会被取消资格，因为一个人如果总是为钱担忧，他就不能专心工作。我认识一个长期的失败者，他从妈妈那里得了 25 万美元，作为他的结婚礼物。他的妈妈让他在交易所买一个席位作为投资，但他讨厌在财务上依靠自己强势的老妈，决心证明自己有多么能干。他以交易席位做抵押，申请了一笔贷款，做了一名场内交易者。他的结局可想而知,一直到今天,他的家人还在谈论那个"失去的交易席位"。

你最好用自己的钱来学习交易。当你知道自己该怎么做,想利用自己的技能赚钱时,你就可以用别人的钱交易了。在金融体系中流动着大量的资金,它们在寻找称职的基金经理。如果你能拿出过去几年的光鲜的交易记录,你就可以得到你所追求的资金管理职位。

我有一个朋友,他有一个工学学位,但却到一家期货交易所当了场内交易助理。他用几年的时间来学习交易,攒了50 000美元,然后辞职做全职交易。他还兼职写书,教一些课程,尽管他的年收益率稳定在50%左右,他还是要为生存而奔波。他每年的利润大约是25 000美元,但他要付房租、吃饭,偶尔要买一副新网球拍和一双鞋。就这样过了几年以后,他又赶上一个坏年景,只能做到不赔不赚。这时他只能坐吃山空——用交易本金来维持生活开支,直到他联系上了一家大的基金管理公司。

这家公司检查了他的交易记录,然后给他追加了50 000美元的资金。于是,他通过这家公司交易,支付少量的交易佣金,从所获利润中抽取20%的管理费用。他的表现一直不错,公司也不断地让他管理更多的资金。在几年间,他管理的资金高达1 100万美元,但是又赶上了一个坏年景,其利润率只有18%。要在过去,他只能吃老本了,但这次不一样了。1 100万美元的18%将近有200万美元,而他所得的20%收入也有400 000美元。这还是他在年景不好时所赚的钱。他现在管理的资金高达1亿美元。作为交易者,他的表现变化不大,但他所获得回报却大幅上涨。

你可以从代客非正式操盘开始,这不需要执照,但当你管理的资金超过了一定限度后,你要去注册。由于监管主体不同,股票和期货在这方面的规则并不一样。

一开始,你可以要求别人授权你使用他们的账户,你可以用这个账户交易,但不能从中划钱。一旦登记注册,再单独管理每个人的交易账户就不是一个好办法了,因为每个账户的所有者会为每笔交易收到一笔确认单,你还会收到铺天盖地的问题。你最好把所有账户都集中在一起,形成一个资产池,每个成员只在月底收到一份清单,上面列明资产池的总值是多少、每人拥有多少份额。

期货基金经理受美国期货协会（National Futures Association，NFA）监管。要想成为一名商品期货交易顾问（Commodity Trading Advisor，CTA），你必须通过一个名为"系列3"的考试。如果你是一名场内交易者，可以免试。股票市场的基金经理受证券交易委员会（Securities and Exchange Commission，SEC）监管。他们的考试叫"系列7"，这一考试难度更大，很多人要花费几个月的时间来备考。

美国期货协会更自由一些，它允许会员从利润中收取一部分绩效费用，这有点类似于美国律师收取胜诉费用。基金经理通常收取利润的20%，但这并不是大多数基金经理的赚钱方式。很多基金经理收取基金资产总额的1%～2%作为管理费。如果你从5 000万美元的基金中收取1%，你只要表现得中规中矩，一年就能拿到50万美元。而业绩提成是这笔钱之外的纯收入。

证券交易委员会则更为正统，它不允许收取绩效费用，只允许其会员收取资产总值的一小部分。由于股票市场的资产规模远比期货市场大得多，这笔费用绝不可小觑。在所有共同基金的广告宣传中，这些费用是决定基金长期绩效的关键因素。先锋基金（Vanguard Fund）一直把低廉的管理费用作为其关键卖点，该基金的长期业绩表现一直超过大多数著名的基金经理。

股票市场基金经理已经找到一种办法，可以绕过证券交易委员会对绩效费的规定。他们设立了一种名为对冲基金的投资工具。只有那些通过了收入与资产检验的所谓合格投资者才能投资对冲基金。对冲基金经理通常将自己的钱投入基金，然后收取绩效费，其形式与期货市场中的费用相同。对冲基金经理将他自己和客户的钱放在一起交易，这也是对冲基金的整体表现优于共同基金的原因。对那些有钱的投资者来说，追踪对冲基金经理并在不同的基金之间进行转换，是追踪市场的另一种选择。如果你也这么做，你要确认他们在基金中投入自有资金的比例是多少。

成功的基金经理的要经历这3个发展阶段。许多人在一开始都是非正式的管理一些中等规模的账户。然后他们登记注册，管理的资金规模达到百万美元的级别。只有那些获取稳定收益的交易记录保持在5年以上，损失较少的基金经理才能追逐关键的奖项——管理养老基金与捐赠基金。能够管理这类资产的人，堪称专业基金经理中的精英阶层。

走进我的交易室

优秀的交易者自始至终都在遵守资金管理的法则——其中，6%原则在初始阶段帮助你确定是否进行交易；然后，在下单之前，2%原则在计算你的入场点位和止损价位的基础上，帮助你确定最大的交易规模；位于前两项原则之间的是市场分析方法，在本章中，我要详细地阐述其具体的操作流程。

不管你信不信，交易类丛书的作者大都没有做过单。为了拼凑他们的著作，这些人精心选择了一些虚构的交易案例；而有义务披露自己交易记录的人只有资金管理者。我用自己的钱进行交易，我没有必要把我的账户向那些猎奇者公开。但是，你信任我，购买了我的书，而信任是相互的，因此，我愿意向你展示我的部分交易记录，以此作为回报。

下面是我在近几个月的一些交易实录，重要的是它们已经结束了。展示未平仓合约是交易者的大忌之一，因为这样会增加其自我主观的判断而干扰决策的过程；而已完成的交易成为历史，从中我们可以学到比较客观的交易知识。

图表的作用是为了展示一个交易者是如何做出买卖决策的。我主要是基于三重滤网系统来选择图表的——根据长期时间结构项下的图表做出战略性决策；根据短期图表进行战术性调整。

当我做单时，我会把图表打印出来，并且标注那些让我进行相关操作的信号；当我结束交易之时，我会再次打印图表，同时标注促使我离场的相关信号。我可能写下几行字，说明我是如何在初始阶段发现潜在的交易机会，如何寻找进场和离场点位等。对每笔交易我不会洋洋洒洒地写下一篇论文，我只是记录下一些要点，这样会更加快速、简洁。

我的交易日志是一个硬皮螺旋式文件夹，放在我交易室的书架上。我有时在晚上懒散地坐在椅子上，逐个翻看我的交易记录。有些记录令我振奋，有些记录使我痛心，但所有这些都具有教育意义。

当你翻看交易日志的时候，不要以为你必须去发现与之相同的模式，因为这些不过是某一个人最近几个月几笔交易的日志摘录；还有，交易是非常个性化的，不同的人对游戏的不同方面所做出的反应是不一样的。在市场中，有很多赚钱的方法，也有很多赔钱的方法。我希望：从我的交易日志的几页摘要当中，你能够学习相关的经验，对自己的交易进行记录，并因之而形成你自己的交易经验。

📈 交易日志摘要

在我的交易日志当中，图表是彩印的，我用手工对其进行了标注，栏外注解采用的是电报体裁，并且使用缩略语。但在向出版社提交手稿的时候，我被要求图表只能是黑白颜色；同时，我对一些注解进行了扩展，使之便于理解。

向陌生人展示你的交易记录感觉好像邀请他们进入你的私人空间。随着我年龄的越来越大，我不太关心别人如何评价我，要是在几年前，我自己都不会相信我会向你们展示我的交易记录。

现在，核心的问题是：你会如何对待这些日志摘要？你是否会随意地翻过这些书页？你能否仔细地、慢慢地进行浏览，能否认真地评估每一个交易信号？你是否受到启发？你对那些做得不那么完美的交易是不是很挑剔？在我向你展示最近期的 6 笔交易记录之前，我还有一个问题：你有自己的交易日志吗？如果我的案例鼓舞了你，我就达到目的了。

1. 第一笔交易——做多 CSCO

股票市场下跌了一年，近几个月的降势尤其迅猛。我做这一笔交易之前一个月，在一个为交易者举办的训练营的活动中，我邀请一位著名的专家进行客座讲演，我问他：当前，严峻的经济与金融的形势正在触底、下跌，那么，哪些公司可以最后胜出呢？其实，我是想问：在一片跌势之中，哪些股票值得购进？他回答我 BGEN 公司、思科公司和 IBM 公司的股票可以买。于是我就在周线图上扫描这 3 只股票（见图 10-1 ～图 10-3）。

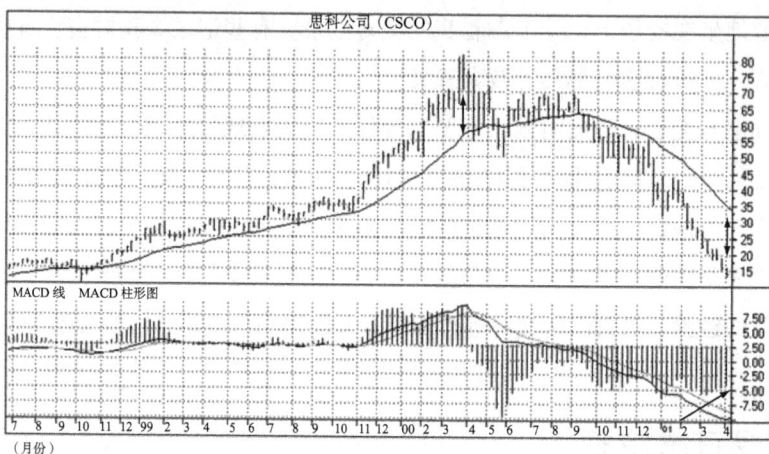

图 10-1 确定入场点位的周线图

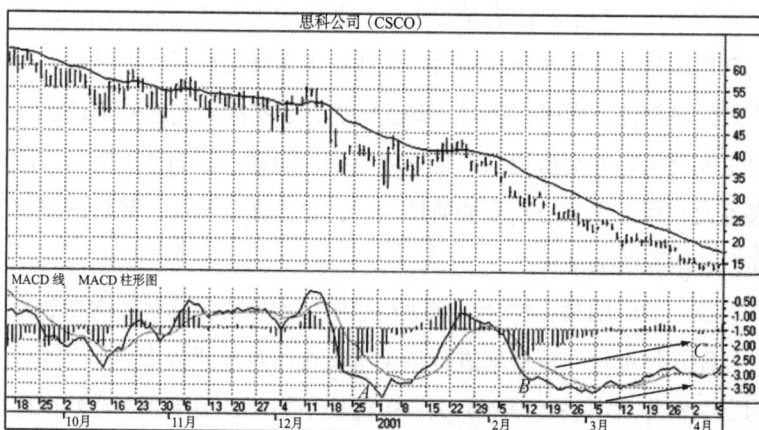

图 10-2 确定入场点位的日线图 1

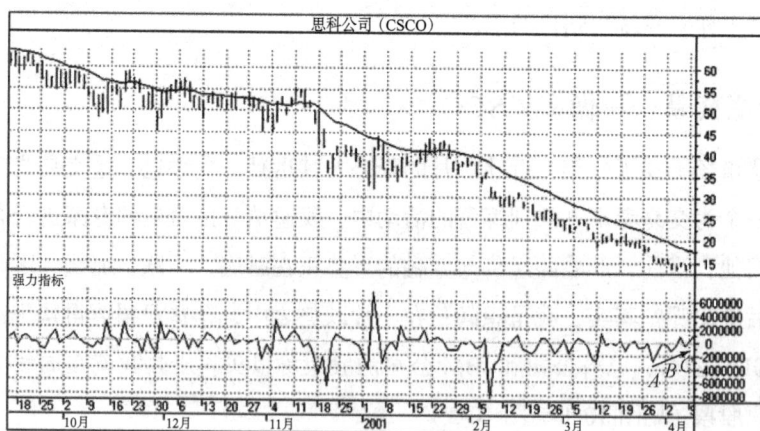

图 10-3 确定入场点位的日线图 2

（1）下单入场。

周线图　如图 10-1 所示，思科公司的股价已经折损 85%，但这家公司不会像其他那些 ".com" 一类的小企业那样破产、消失。从周线图上看——其交易区间已经变得很窄；接近右端的价格波动幅度只有几美元，一年之前还是 10 美元，此状态表明这只股票包含的投机因素已然消失；在周线图的右端，MACD柱形图 6 周之中持续上涨，显示出牛市行情；价格走势远在其指数均线以下，与2000 年的均线之上的顶部价位相比，距离相当；连接价格曲线与指数均线的 "橡皮筋" 已经被过度拉伸，即将弹回。

日线图　如图 10-2 和图 10-3 所示，在价格走势与 MACD 柱形图之间，出现底背离形态。在 A 底处，空方力量超强；在 B 底处，空方势力渐弱；在 C 底处，价格非常低，但空方已然力竭；同时，在 $B \sim C$ 底区间内，价格柱子与MACD 条形线之间，一个罕见的底背离形态呈现出来；另外，在 $A \sim B \sim C$ 底区间，价格走势与 2 日强力指标之间出现三重底背离形态，显示价格的下行驱动力与之前相比正在减弱。前述的背离形态表明空方已经力竭，多方即将控制市场。

下单　2001 年 4 月 9 日，我以 13.91 美元的价格买入这只股票，在近期低点之下的 13.18 处设置止损。

（2）平仓离场。

日线图　价格反弹，升至指数均线之上，超卖的行情结束，此时价格的升势有些停滞；2 日强力指数在 $A \sim B$ 的区间出现顶背离的形态，表明 3 天以来的升势比一周之前弱。

平仓　如图 10-4 所示，2001 年 4 月 20 日，我在 18.85 美元的价位卖出平仓。交易获利 55%（在 9 点的通道轨距当中获利 4.94 个点）。

2. 第二笔交易——做多 GX

不同的股票在一段时间内呈现相似的形态。如果你发现了率先引领行情的股票的走势，你可从随后跟进的股票当中寻找近似的形态。我的一位朋友给我打电话，告诉我一些她喜欢的股票并咨询我的建议，她把我的注意力引向 GX 公司的股票。我发现：这只股票的价格形态与 CSCO 股票的形态非常相似，于是我便来了兴致。

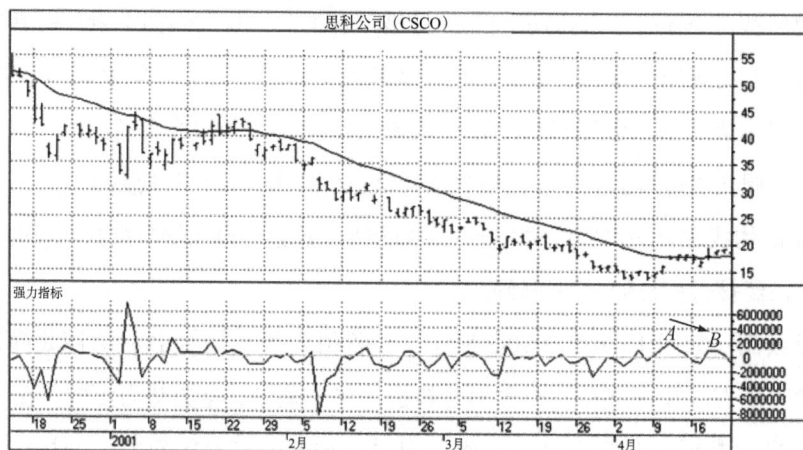

图 10-4　确定离场价位

（1）下单进场。

周线图（见图 10-5）　GX 公司（GLDBAL CROSSING LTD）股票已经折价 80%。周线图上，价格走势在其指数均线之下达到前所未有的低点，只比 10 美元心理支撑位高一点儿；MACD 柱形图与 MACD 线同时呈现壮观的底背离形态（前者见于 $A \sim B \sim C$ 区间，后者见于 $B \sim C$ 区间）。

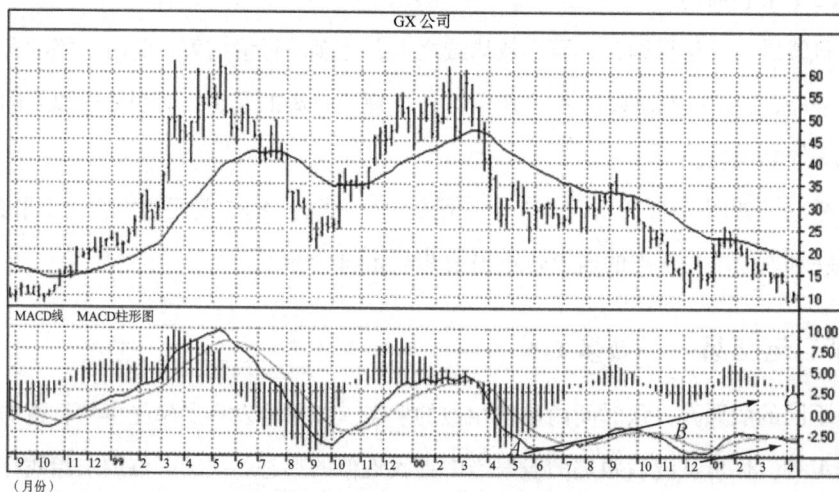

图 10-5　确定进场价位的周线图

　　日线图（见图 10-6 和图 10-7）　$A \sim B$ 的区间上，MACD 柱形图与价格走势呈现底背离形态，表明空方势力减弱，价格下跌属于惯性所致，没有一个强大的做空压力；几个交易日之前，存在一个穿透 10 美元价位的假破，最右端的柱形正在下探，意欲重新验证这个心理支撑位；前一周破位而形成的底部提供出一个逻辑上的止损价位；2 日强力指标在 $A \sim B \sim C$ 区间呈现三重底背离形态，表明空方乏力，此时可以做多，预期价格反弹，升至指数均线之上。

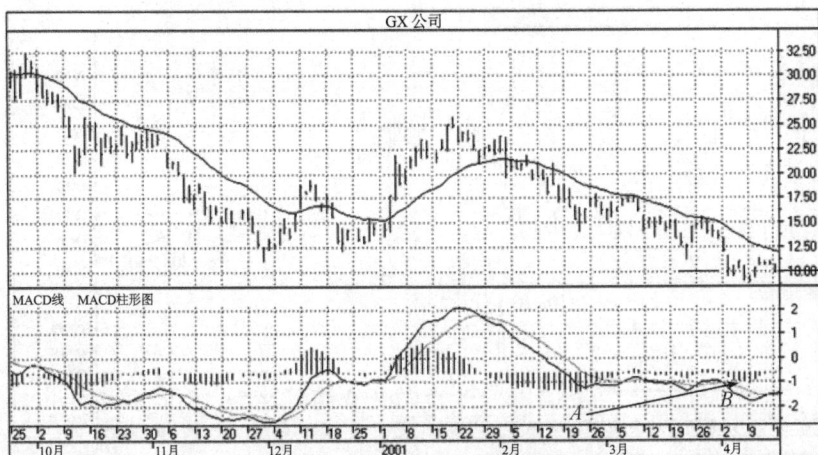

图 10-6　确定入场价位的日线图 1

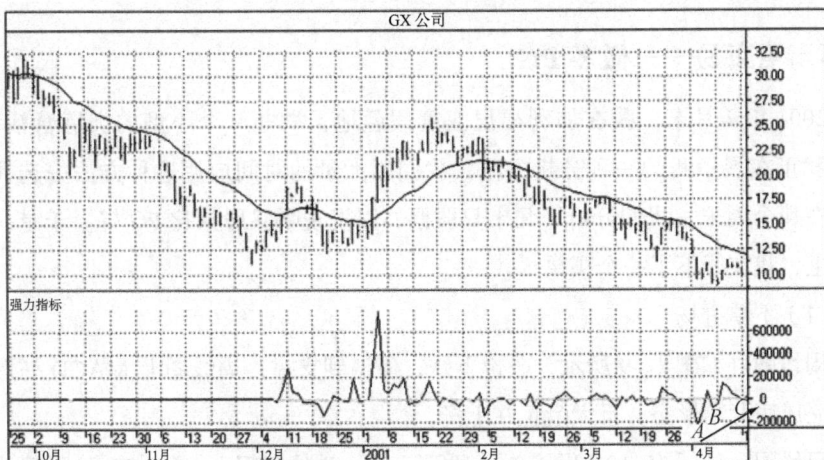

图 10-7　确定入场价位的日线图 2

　　下单　2001 年 4 月 16 日，我在 10.05 美元的价位买入，在近期低点之下的

8.76 的点位，设置止损。

（2）平仓离场

日线图　随着价格稍稍位于指数均线之上，其升势有些停滞；2 日强力指数在 A～B 的区间出现顶背离的形态，表明在图形的右端，升势力竭。

平仓　如图 10-8 所示，2001 年 4 月 27 日，在 11.47 美元的价位卖出平仓。交易获利 24%（在 5.82 点的通道轨距当中获利 1.42 个点）。

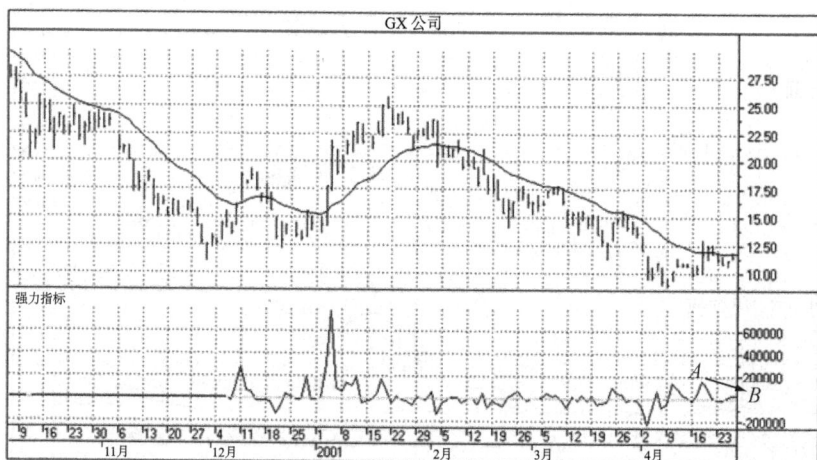

图 10-8　确定离场价位

3. 第三笔交易——做多 PG

2001 年 4 月末，我在加利福尼亚度假胜地，举办一个小型的训练营活动。当时我正在展示我的一种分析方法，我们用大量的时间应用这种方法去选择股票，在那个周末，我们分析了几十只股票，以发现哪只股票比 PG 好。于是，周一早上，我在线下了一个买单。

（1）下单进场

周线图　如图 10-9 所示，股价下跌，但遇到支撑；周线图上 MACD 柱形图即将完成底背离形态，且大盘正在上扬。

日线图　如图 10-10 和图 10-11 所示，A～B 的区间上，MACD 柱形图的第二个底部 B 非常之浅，表明空方乏力，由此呈现底背离形态，没有一个强大的做空压力；自 2 月以来，2 日强力指标在 A～B～C～D 区间呈现两次长期底

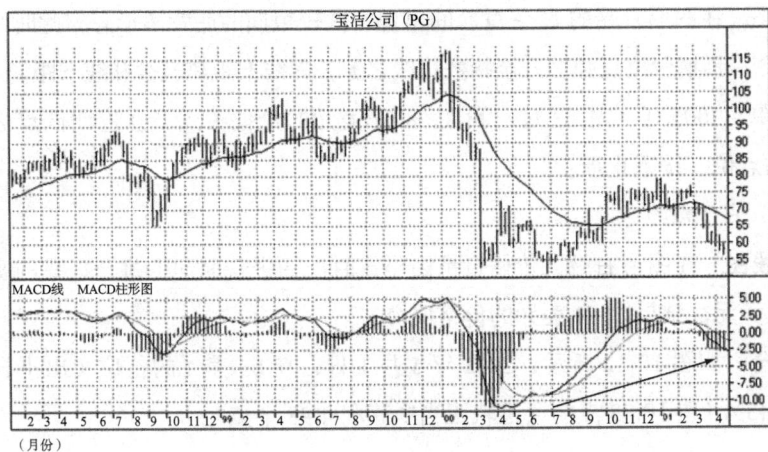

图 10-9

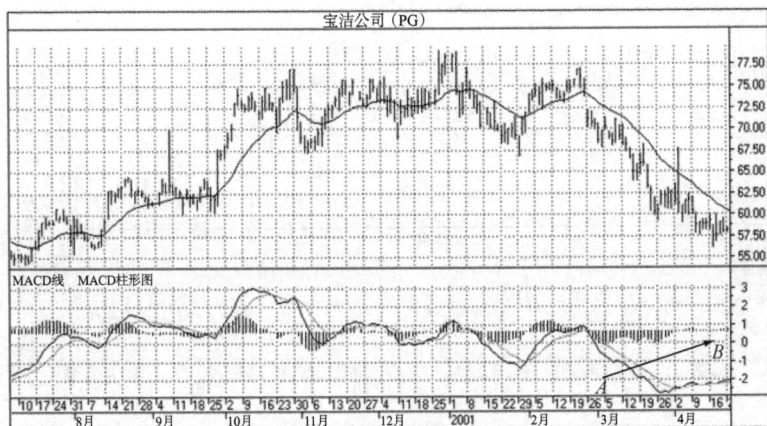

图 10-10

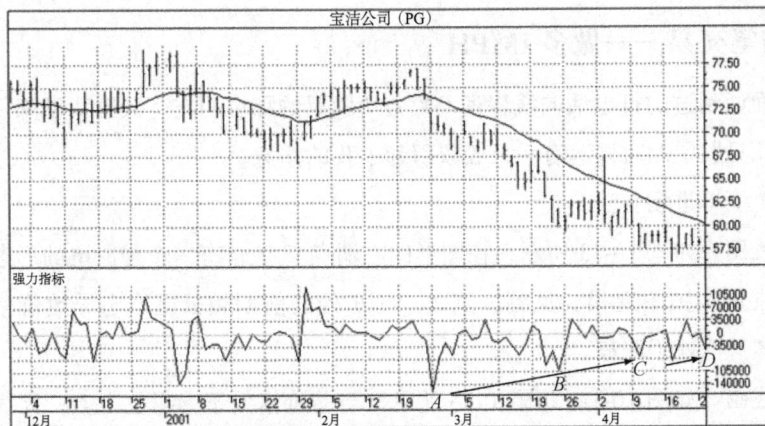

图 10-11

背离形态，在图形右端的 C ~ D 区间出现一次较短期的底背离形态，此时做多的最后指令。预期价格反弹，升至指数均线之上，其线上距离至少和线下距离相等。

下单 2001 年 4 月 23 日，我在 58.02 美元的价位买入，在近期低点之下的 55.95 的点位，设置止损。

（2）平仓离场

日线图 在图形右端，价格行情因早盘时段的报告而向上跳开，我的卖出指令是 62 美元，结果以 63 美元的价格成交。

平仓 如图 10-12 所示，2001 年 5 月 1 日，在 63 美元的价位卖出平仓。交易获利 45%（在 10.83 点的通道轨距当中获利 4.98 个点）。

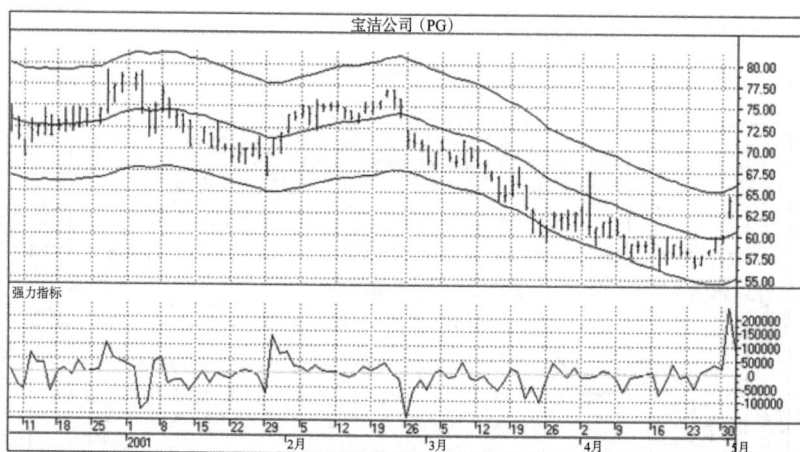

图 10-12

4. 第四笔交易——做多 IMPH

前面谈到过的打电话向我咨询 GX 公司股票的那位朋友，又给我发邮件咨询另外十几只股票的时候，有一只股票引起了我的注意。

（1）下单进场。

周线图 如图 10-13 所示，在图形的右端点 C 处，有一个袋鼠尾的形态，此种形态在周线图图上很少见到，点 A、点 B 处的前期袋鼠尾形态导致价格的上扬，整体行情处于涨势。

日线图 如图 10-14 和图 10-15 所示，当前价格处于支撑位之上；周线图中

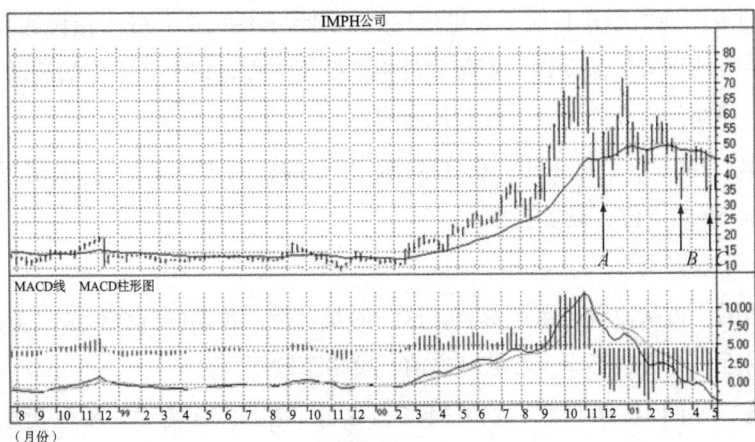

图　10-13

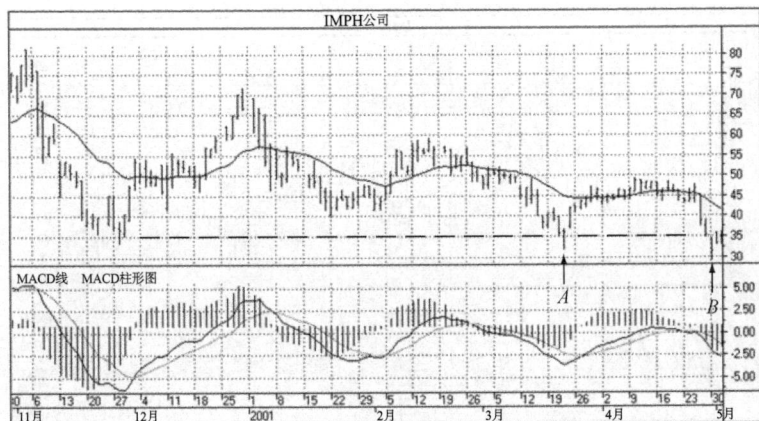

图　10-14

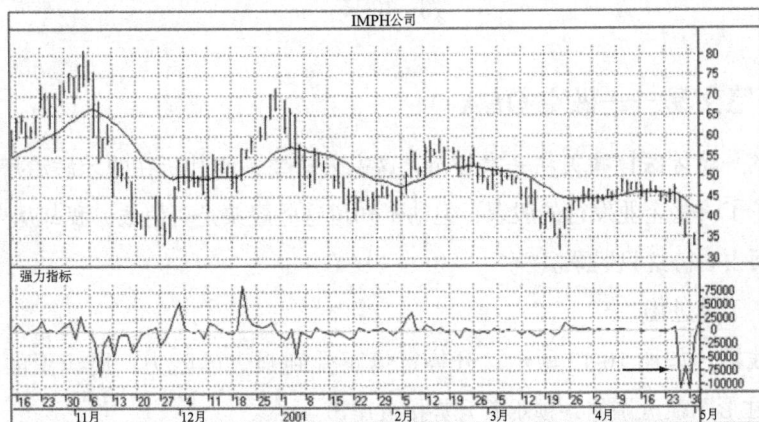

图　10-15

点 B 处的袋鼠尾形态在日线图上也能见到；图形右端的 2 日强力指标底部很深，显示出空方的强势的流动性，但随着价格上扬至支撑位以上，空方的流动性则消失殆尽。预期价格反弹，升至指数均线附近。

下单 2001 年 5 月 2 日，我在 33.86 美元的价位买入，在袋鼠尾下的 1/2 处，即 30.50 的点位，设置止损。

（2）平仓离场。

日线图 再次出现袋鼠尾形态，这一回是上指。预期的升势行情已上扬至指数均线附近；但是很不幸，在获利之前，价格下跌了。

平仓 如图 10-16 所示，2001 年 5 月 8 日，在 36.39 美元的价位卖出平仓。交易获利 16%（在 16 点的通道轨距当中获利 2.53 个点）。

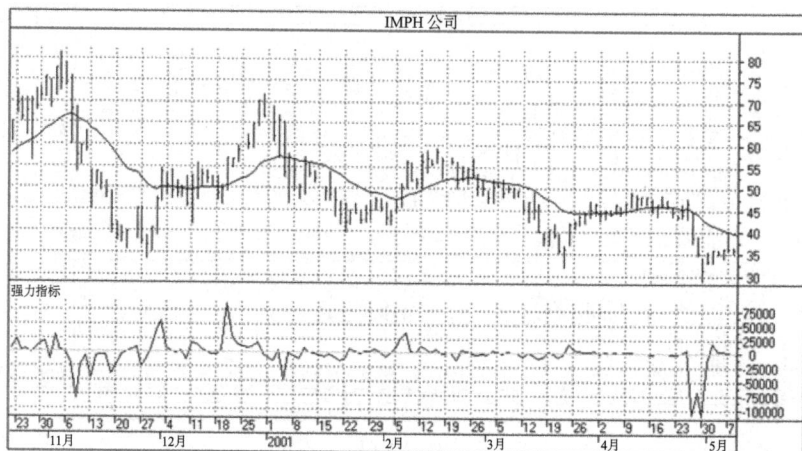

图 10-16

5. 第五笔交易——做空 OCA

我的一位牙医让我关注一家公司，这家公司要并购其所在的牙病治疗机构，他被赠予了一些企业发行的股票，但他不知道这些股票是否值钱，我却从乐观情绪的反面去看待这只股票。

（1）下单进场。

周线图 如图 10-17 所示，升势行情正受到强大的阻力；周线图的右端，MACD 柱形图横盘调整，预示着升势接近尾声。

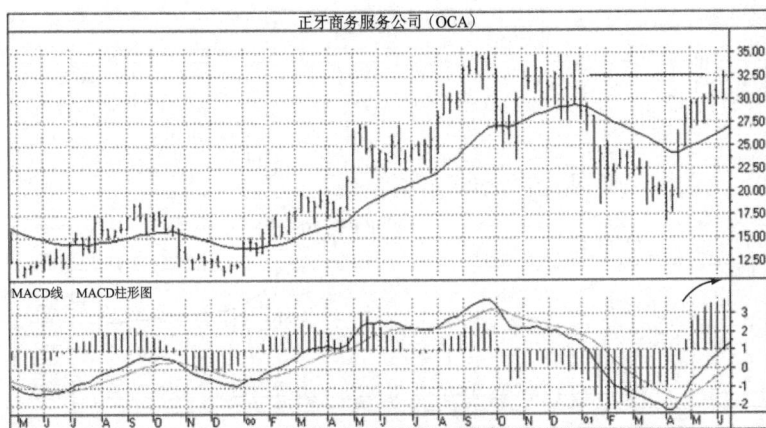

图   10-17

日线图   如图 10-18 和图 10-19 所示，日线图上的 $A \sim B \sim C$ 区间，MACD 柱形图、MACD 线、强力指标同时呈现顶背离状态；在上周，每天的价格波动幅度非常之小，这表明多方将会从市场退出；空方对升势的打压即将获得成功。此时要有做空的计划，并设置安全区域止损。

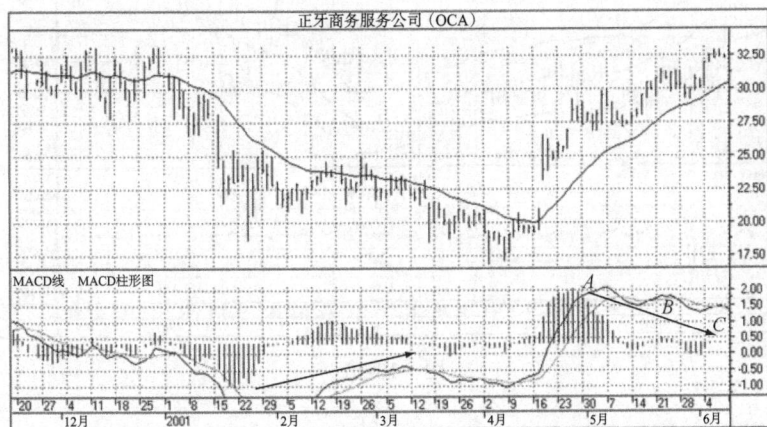

图   10-18

下单   2001 年 6 月 11 日，我在 32.21 美元的价位卖出；在 33.49 点位，设置止损。

（2）平仓离场。

日线图   在指数均线附近，股价一个强大的支撑位，所以它不再下跌；在图形的右端，最新一波上扬的行情触碰了根据安全区域指标系统原则设置的止损点。

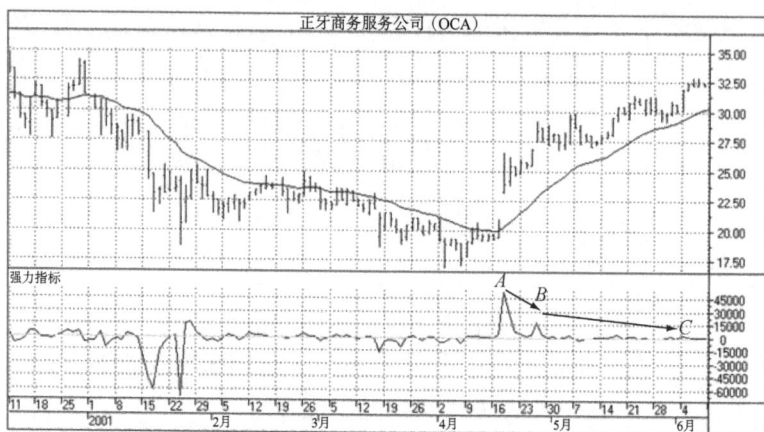

图 10-19

平仓 如图 10-20 所示，2001 年 6 月 28 日，在 31.46 美元的价位平掉空单；交易获利 11%（在 7 点的通道轨距当中获利 0.75 个点）。

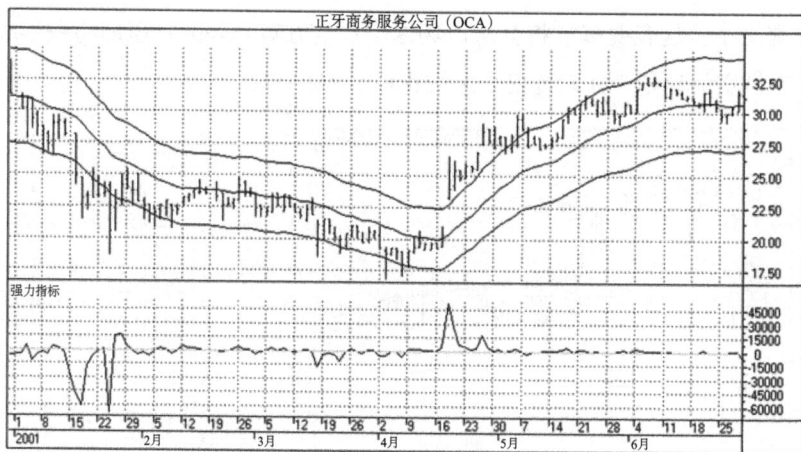

图 10-20

6. 第六笔交易——做空 EBAY

2001 年夏季，金融市场形势逐渐变得严峻起来，很多股票破位下行，我在对股票清单进行正常的扫描时，发现了易趣公司。

（1）下单进场。

周线图 如图 10-21 所示，升势行情正受到强大的阻力；周线图上，MACD柱形图在过去的 4 周里，一直掉头向下；脉冲指标系统不再显示买入信号，最后

在点 A 处提示做空。

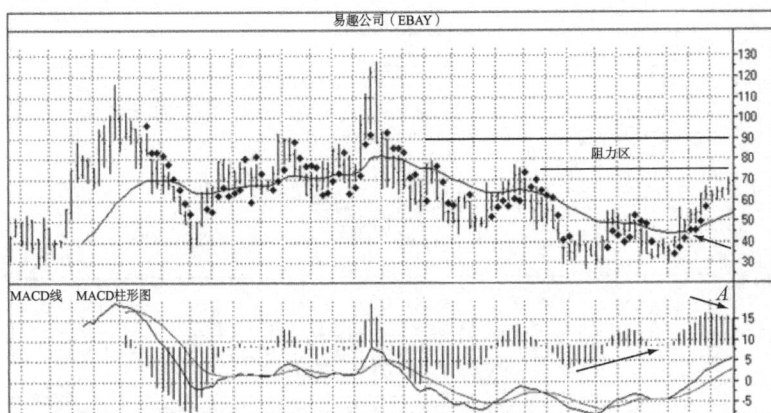

图　10-21

日线图　如图 10-22 和图 10-23 所示，日线图上的 $A \sim B \sim C$ 区间，MACD 柱形图和价格走势呈现强烈的顶背离状态；在 $B \sim C$ 区间，MACD 线也罕见地显示出顶背离的状态；图形右端，强力指标和价格走势在 $A \sim B \sim C$ 区间上，显示出三重顶背离状态。这样，一个卖出的信号就出现了；此时要有做空的计划，并设置安全区域止损。

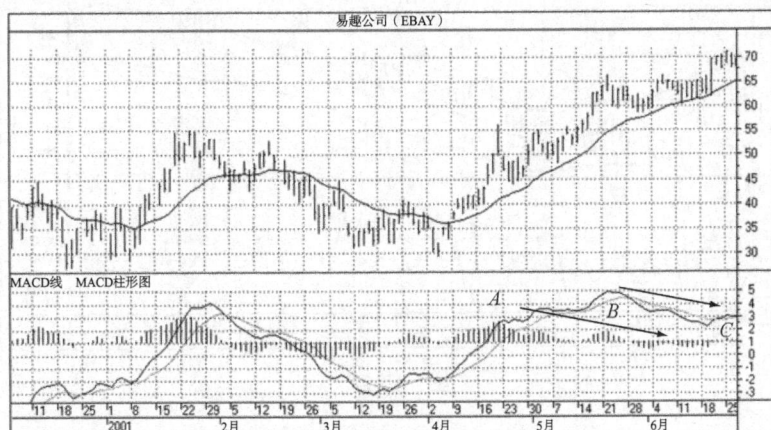

图　10-22

下单　2001 年 6 月 25 日，我在 69 美元的价位卖出；在 72.51 的点位，设置止损。

（2）平仓离场。

日线图　在指数均线以下，股价大跌，线下跌幅与其以往的线上高度基本相等；强力指标线也跌至极低的位置，显示要平掉空单。

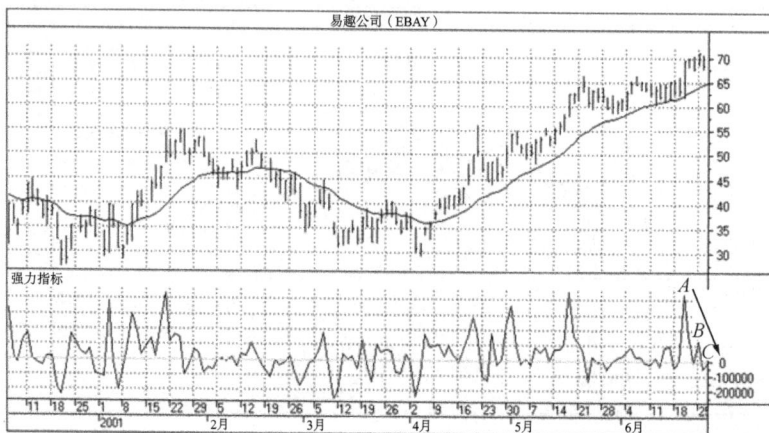

图 10-23

平仓 如图 10-24 所示，2001 年 7 月 11 日，我在 59.34 美元的价位平掉空单；交易获利 42%（在 23 点的通道轨距当中获利 9.79 个点）。

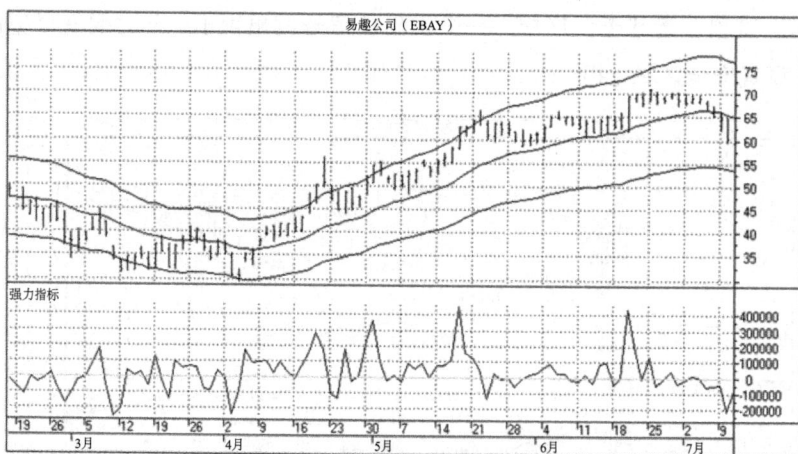

图 10-24

📈 属于你的下一次交易

我以 20 年的交易经验，花了 3 年时间完成了这部书。工作很累，但是我很享受这个过程。阅读此书对你来说，也是一项艰苦的工作，特别是如果你要钻研它，而不是随便翻一下。我在写作中设置了几个不同的层次，可能你要阅读不止一次方能理解所有的观点和概念。几个月或几年以后，随着你的交易水平不断提高，新的问题将不断涌现，你可能要重新温习书中的某些章节。

我们在一起很长时间了，但是从现在开始，我们要分道扬镳了。

我已经完成了相应的工作，总结了我的交易理念，并以文字的形式表示出来。接下来，我要去追求我想要的东西，主要是交易和旅行。我会继续坐在电脑屏幕之前，继续到远方去旅行，但如果所到之处有很好的网络连接，我会在那里交易，这样我的两种兴趣爱好就能联系在一起。

那你接下来要做什么呢？

在书中，你学习了交易心理、技术分析、资金管理以及记录保存一类的知识体系。如果你真的想成为一名成功的交易人士，你就要运用所学，到实践当中去锻炼。

你的第一项工作就是创建一套记录存储系统。保存交易记录就像对着镜子用锋利的刀片刮脸一样——因为你自己能看到，你才觉得安全。说到这个问题，我想起了当年我带着一个有酒瘾的患者去一个匿名的酗酒者协会参加活动，而他过后告诉我说，这个聚会粉碎了他作为一名酗酒者的梦想，因为喝醉之后一点儿都不好玩。那么，不断对交易进行记录的道理是一样的，它能使你自律，使你避免产生冲动的赌博念头。

你的第二项工作是进行资金管理的规划。你要遵守自己制订的交易计划，这是一棵决策树。如果你有计划，你的行动方向就会和交易群体当中大多数人的相反。你要对从各种相关书籍当中所阅读到的每一个问题进行验证，因为只有通过验证，相应的方法才能成为你自己的手段。

那些只关心收益的交易者，会患得患失，经常使自己处于艰难的境地。所以，你的交易规模不宜太大，这样你会很放松，能够享受锻炼学习的整个过程；然后，你将不仅以富裕的姿态出现，你还能变得更加警惕，更加明白事理，更加自由，也会变得更加平和。

我已经走过了这条路，做出了自己的抉择，也曾和自己的心魔做过激烈的斗争；现在我从一个无知的初学者，成长为一个知道自己在做什么的人。这个旅程很坎坷，然而其中的阅历与回报值得你为它付出。

　　合上这本书并不意味着说"再见"。如果我继续举办"交易者训练营"之类的活动，你可以花上一周的时间和我们一起进行交易工作。书中的一些新的理念都在第一时间展示给了训练营的成员，这也是我对他们的一种奉献。

　　在写作当中，我尽了最大的努力，毫无保留地把最好的东西给了你们；我希望你们也同样尽最大的努力去成为一名优秀的交易者。现在，我要返回我的交易室，同时祝你们成功。

亚历山大·埃尔德博士

2002 年 2 月于纽约

致　　谢

写这部分的感觉就像是吃饭后甜点——花了3年多的时间完成本书，我得借机感谢一下那些一路上帮助我的人。

首先，我要感谢全体训练营学员，本书就是为他们而写的。在过去的几年里，我一直在组织交易者训练营，并和一些市场上最聪敏、最好学的交易者成为朋友。他们的问题迫使我进行更深入的研究，也让我的思路更清晰。直至今日，我在曼哈顿住所与训练营学员的聚会都是我在每月中最有意义的一天。

我要感谢我的员工，尤其是我的经理，茵娜·费尔德曼。当我出外旅行或是在国外交易时，我可以放心地让她来照看我的客人。

弗瑞德·舒茨曼，我的一位忠实的老朋友，他从繁忙的日程表中抽时间审阅我的全部稿件。他目光锐利，找到了好几个疏漏之处。弗瑞德也对我的上一本书《以交易为生》进行了类似的审阅。在那本书的出版招待会上，我给他介绍了一位女朋友，是我的助理经理。他们开始约会并喜结连理，去年，他们迎来了第3个孩子。弗瑞德有一个幸福的家庭，也算是他努力工作带来的一份意外奖赏了。

还有我最好的朋友卢·泰勒，《以交易为生》就是为他写的，他在本书付梓前一年去世了。他充满智慧的建议对我来说是无价之宝，他没能出现在本书的出版招待会上，真是一个极大的缺憾。

我的大女儿米丽亚姆是一名记者，她在巴黎工作，她帮助我编辑了本书的手稿。好像就在几年前，我还在帮她修改家庭作业，现在她已经帮我改稿子了。她的英文水准及写作风格都是无可挑剔的，看来她的家庭作业没白做。我的二女儿名叫妮卡，是一名艺术史专家，她在纽约工作。她的艺术品位如同剃刀般敏锐，帮我设计了本书的封面。她还帮本书设计了字体，并就本书的外观及总体感觉提出了一些改进意见。我这两个女儿和我最小的儿子丹尼，为我带来了许多意外的幸福时光。我经常带他们去旅行，因为他们喜欢睡懒觉，我才有机会在每天滑雪或参观博物馆之前写作。本书的很多内容都是在威尼斯、斐济、新西兰和一些地方的咖啡馆里完成的。

我从前的经理名叫凯罗尔·基根·凯恩，她编辑了我之前的全部著作，审核了本书的校样。她让我确信，没有她的签字，我的书根本就不能算完工。

我的老朋友泰德·布亚诺勇挑重担，帮我一力承担了著书过程中最难办的事情——和出版商谈合同。泰德是一位奥运会赛艇教练（不久前，他还参加了悉尼奥运会，托他的福，我可以 3 个月不用去健身房了），我们一起健身，和泰德在跑步或举重的间隙探讨生意，真是一件乐事。

最后，但同样重要的是，我还要感谢那些世界各地的朋友们，在写作本书期间，我曾经到他们在海边、山中或都市里的家中做客。因为他们当中的许多人都是交易者，我愿意同他们一起分享我的思考成果，希望他们都能从中获益，以此作为我对他们热情款待的回报。

亚历山大·埃尔德博士

纽约

2002 年 2 月

作 者 简 介

亚历山大·埃尔德，医学博士、交易专家和交易者导师，著书十余本，其中《以交易为生》和《以交易为生的学习向导》被众多交易员誉为现代交易经典之作。

埃尔德博士出生于彼得格勒并在爱沙尼亚长大，16 岁时在爱沙尼亚学习医学，23 岁时成为船上医护工作者，收到美国的政治避难函后随船前往美国，曾在纽约哥伦比亚大学教授心理学课程。

埃尔德博士对交易心理有独到的研究，他是全球领先的交易专家，他的书籍、文章和观点多数已经出版，他本人的多次交易也出现在本书中。

埃尔德博士是交易训练营的发起人，该训练营专门为交易者展开为期一周的交易培训。他也是 SpikeTrade 网站的创始人，其成员都是专业和准专业的交易者。SpikeTrade 成员之间每周分享自己最看好的股票以挣得奖金。

埃尔德博士目前还在交易，并为交易者组织在线会议，他是广受欢迎的会议演讲者。他欢迎本书的读者通过电子方式申请免费订阅其电子新闻通讯。

推荐阅读

序号	书号	书名	作者	定价
1	30250	江恩华尔街45年（珍藏版）	（美）威廉 D. 江恩	36.00
2	30248	如何从商品期货贸易中获利（珍藏版）	（美）威廉 D. 江恩	58.00
3	30247	漫步华尔街（原书第9版）（珍藏版）	（美）伯顿 G. 马尔基尔	48.00
4	30244	股市晴雨表（珍藏版）	（美）威廉·彼得·汉密尔顿	38.00
5	30251	以交易为生（珍藏版）	（美）亚历山大·埃尔德	36.00
6	30246	专业投机原理（珍藏版）	（美）维克托·斯波朗迪	68.00
7	30242	与天为敌：风险探索传奇（珍藏版）	（美）彼得 L. 伯恩斯坦	45.00
8	30243	投机与骗局（珍藏版）	（美）马丁 S. 弗里德森	36.00
9	30245	客户的游艇在哪里（珍藏版）	（美）小弗雷德·施韦德	25.00
10	30249	彼得·林奇的成功投资（珍藏版）	（美）彼得·林奇	38.00
11	30252	战胜华尔街（珍藏版）	（美）彼得·林奇	48.00
12	30604	投资新革命（珍藏版）	（美）彼得 L. 伯恩斯坦	36.00
13	30632	投资者的未来（珍藏版）	（美）杰里米 J.西格尔	42.00
14	30633	超级金钱（珍藏版）	（美）亚当·史密斯	36.00
15	30630	华尔街50年（珍藏版）	（美）亨利·克卢斯	38.00
16	30631	短线交易秘诀（珍藏版）	（美）拉里·威廉斯	38.00
17	30629	股市心理博弈（原书第2版）（珍藏版）	（美）约翰·迈吉	58.00
18	30835	赢得输家的游戏（原书第5版）	（美）查尔斯 D.埃利斯	36.00
19	30978	恐慌与机会	（美）史蒂芬·韦恩斯	36.00
20	30606	股市趋势技术分析（原书第9版）（珍藏版）	（美）罗伯特 D. 爱德华兹	78.00
21	31016	艾略特波浪理论：市场行为的关键（珍藏版）	（美）小罗伯特 R. 普莱切特	38.00
22	31377	解读华尔街（原书第5版）	（美）杰弗里 B. 利特尔	48.00
23	30635	蜡烛图方法：从入门到精通（珍藏版）	（美）斯蒂芬 W. 比加洛	32.00
24	29194	期权投资策略（原书第4版）	（美）劳伦斯 G. 麦克米伦	128.00
25	30628	通向财务自由之路（珍藏版）	（美）范 K. 撒普	48.00
26	32473	向最伟大的股票作手学习	（美）约翰·波伊克	36.00
27	32872	向格雷厄姆学思考，向巴菲特学投资	（美）劳伦斯 A. 坎宁安	38.00
28	33175	艾略特名著集（珍藏版）	（美）小罗伯特 R. 普莱切特	32.00
29	35212	技术分析（原书第4版）	（美）马丁 J. 普林格	65.00
30	28405	彼得·林奇教你理财	（美）彼得·林奇	36.00
31	29374	笑傲股市（原书第4版）	（美）威廉·欧奈尔	58.00
32	30024	安东尼·波顿的成功投资	（英）安东尼·波顿	28.00
33	35411	日本蜡烛图技术新解	（美）史蒂夫·尼森	38.00
34	35651	麦克米伦谈期权（珍藏版）	（美）劳伦斯 G. 麦克米伦	80.00
35	35883	股市长线法宝（原书第4版）（珍藏版）	（美）杰里米 J. 西格尔	48.00
36	37812	漫步华尔街（原书第10版）	（美）伯顿 G. 马尔基尔	56.00
37	38436	约翰·聂夫的成功投资（珍藏版）	（美）约翰·聂夫	39.00

推荐阅读

序号	书号	书名	作者	定价
38	38520	经典技术分析（上册）	（美）小查尔斯 D. 柯克帕特里克	69.00
39	38519	经典技术分析（下册）	（美）小查尔斯 D. 柯克帕特里克	69.00
40	38433	在股市大崩溃前抛出的人：巴鲁克自传（珍藏版）	（美）伯纳德·巴鲁克	56.00
41	38839	投资思想史	（美）马克·鲁宾斯坦	59.00
42	41880	超级强势股：如何投资小盘价值成长股	（美）肯尼思 L. 费雪	39.00
43	39516	股市获利倍增术（珍藏版）	（美）杰森·凯利	39.00
44	40302	投资交易心理分析	（美）布雷特 N. 斯蒂恩博格	59.00
45	40430	短线交易秘诀（原书第2版）	（美）拉里·威廉斯	49.00
46	41001	有效资产管理	（美）威廉 J. 伯恩斯坦	39.00
47	38073	股票大作手利弗莫尔回忆录	（美）埃德温·勒菲弗	39.80
48	38542	股票大作手利弗莫尔谈如何操盘	（美）杰西 L. 利弗莫尔	25.00
49	41474	逆向投资策略	（美）大卫·德雷曼	59.00
50	42022	外汇交易的10堂必修课	（美）贾里德 F. 马丁内斯	39.00
51	41935	对冲基金奇才：常胜交易员的秘籍	（美）杰克·施瓦格	80.00
52	42615	股票投资的24堂必修课	（美）威廉·欧奈尔	35.00
53	42750	投资在第二个失去的十年	（美）马丁 J. 普林格	49.00
54	44059	期权入门与精通（原书第2版）	（美）爱德华·奥姆斯特德	49.00
55	43956	以交易为生II：卖出的艺术	（美）亚历山大·埃尔德	55.00
56	43501	投资心理学（原书第5版）	（美）约翰 R. 诺夫辛格	49.00
57	44062	马丁·惠特曼的价值投资方法：回归基本面	（美）马丁·惠特曼	49.00
58	44156	巴菲特的投资组合（珍藏版）	（美）罗伯特·哈格斯特朗	35.00
59	44711	黄金屋：宏观对冲基金顶尖交易者的掘金之道	（美）史蒂文·卓布尼	59.00
60	45046	蜡烛图精解（原书第3版）	（美）格里高里·莫里斯、赖安·里奇菲尔德	60.00
61	45030	投资策略实战分析	（美）詹姆斯·奥肖内西	129.00
62	44995	走进我的交易室	（美）亚历山大·埃尔德	55.00
63	46567	证券混沌操作法	（美）比尔·威廉斯、贾丝廷·格雷戈里-威廉斯	49.00
64	47508	驾驭交易（原书第2版）	（美）约翰 F. 卡特	75.00
65	47906	赢得输家的游戏	（美）查尔斯·埃利斯	45.00
66	48513	简易期权	（美）盖伊·科恩	59.00
67	48693	跨市场交易策略	（美）约翰 J. 墨菲	49.00
68	48840	股市长线法宝	（美）杰里米 J. 西格尔	59.00
69	49259	实证技术分析	（美）戴维·阿伦森	75.00
70	49716	金融怪杰：华尔街的顶级交易员	（美）杰克 D. 施瓦格	59.00
71	49893	现代证券分析	（美）马丁 J. 惠特曼、费尔南多·迪兹	80.00
72	52433	缺口技术分析：让缺口变为股票的盈利	（美）朱丽叶 R. 达尔奎斯特、小理查德 J. 鲍尔	59.00
73	52601	技术分析（原书第5版）	（美）马丁 J. 普林格	100.00
74	54332	择时与选股	（美）拉里·威廉斯	45.00
75	54670	交易择时技术分析：RSI、波浪理论、斐波纳契预测及复合指标的综合运用（原书第2版）	（美）康斯坦丝 M. 布朗	59.00
	13303	巴菲特致股东的信		